欠薪保障法律制度研究

周贤日 著

人民出版社

组稿编辑:王青林
责任编辑:李椒元
装帧设计:肖　辉
责任校对:文　正

图书在版编目(CIP)数据

欠薪保障法律制度研究/周贤日著.-北京:人民出版社,2010.8
ISBN 978－7－01－009827－2

Ⅰ.①欠…　Ⅱ.①周…　Ⅲ.①劳动报酬-劳动法-研究-中国
Ⅳ.①D922.514

中国版本图书馆 CIP 数据核字(2010)第 064566 号

欠薪保障法律制度研究

QIANXIN BAOZHANG FALÜ ZHIDU YANJIU

周贤日　著

人民出版社 出版发行
(100706　北京朝阳门内大街 166 号)

北京世纪雨田印刷有限公司印刷　新华书店经销

2011年8月第1版　2011年8月北京第1次印刷
开本:700 毫米×1000 毫米 1/16　印张:19
字数:292 千字　印数:0,001－3,000 册

ISBN 978－7－01－009827－2　定价:36.00 元

邮购地址 100706　北京朝阳门内大街 166 号
人民东方图书销售中心　电话 (010)65250042　65289539

目　录

图表索引

致　谢

　　洪迈写《容斋随笔》花了十八年仍嫌仓促，陈寅恪著《柳如是别传》用了整整十年。对于花前月下之人，十年一觉扬州梦。然而对于写作者，却可能是夹杂着悲欢离合、走火入魔般的漫长的数千个日日夜夜奋笔疾书或苦思冥想。在写作本书过程中，我曾有两三个月写作到"这里的黎明静悄悄"的时刻，特别是 2010 年春节前后的数周，广州罕见的寒冷气温平均在 10 度以下，有近一星期在 5 度左右，每到凌晨两三点，南方没有暖气的室内更是春寒料峭，虽然敲打键盘的指头冻得有点僵硬，但脑袋却处于亢奋状态，终于在 2010 年春节长假结束的前一天将全部思路敲打进了文稿。望着广州天空难得露出的霞光，我长长地舒了一口气。

　　特别要说明的是，在 2009 年 3 月我以该选题"欠薪保障法律制度研究"申请获得广州市社会科学规划课题的"立项不资助课题"立项（项目编号：09B16）后，鉴于该课题的理论和实践意义重大，为了保证时间完成课题，深入研究相关问题，我以该课题作为同名博士论文选题，加大收集资料，深入相关问题挖掘，进行社会调查，终于顺利完成了课题任务和同名博士论文，在 2010 年 5 月以本课题相关的一个专门问题"欠薪保障基金制度比较研究"获得中国法学会部级课题的"立项不资助课题"立项（项目编号：CLS—D1072）。随后在《比较法研究》、《中国政法大学学报》、《广东社会科学》等刊物陆续发表了数篇相关专业论文。这些成绩的取得与无数师长亲友的支持和厚爱密切相关。本来想请我的博士生导师黎建飞教授等写序以鞭策自己，但本书的出版因为某些条件限制不能预期出版时间，所以只好以本篇超长的"致谢"以表达我的感激之情。本书的出版得到了广东胜伦律师事务所等单位的鼎力资助和人民出版社编辑的大力支持。

　　本书写作过程中以及我在人民大学三年的学习期间得到众多亲人、师长、学友们的热忱帮助、关心和关爱，使我的学习和写作没有变得"离群索居"，每次回到人民大学校园感觉有"入院潜修"的乐趣，使我体会到"学而时习之，不亦说乎？有朋自远方来，不亦乐乎？人不知而不愠，不亦君子乎？"的意蕴。特别要衷心感谢以下人士：

衷心感谢我的博士生导师黎建飞教授和博士研究生选题报告考评小组的林嘉教授、姚辉教授，三位老师从博士课程学习到博士论文选题、开题、评阅、答辩一直给予热忱的指导和支持。恩师黎建飞教授严厉而饱含期望、心存温暖的教诲，督促我倍加勤奋，方使我得以入学人民大学，步入研究之道，他对我的博士学习和论文写作倾注了师长的谆谆教诲之情，让我铭感终生。万分感谢中国人民大学法学院的 曾宪义 教授、王利明教授、韩大元教授、关怀教授、王轶教授、叶林教授、龙翼飞教授、杨立新教授、董安生教授、张新宝教授、刘俊海教授、张志铭教授等师长，以及人民大学曾经授业于我的众多师长，他们或曾授课、或曾指导、或曾关心过我。突然想起我发表在某日报的拙诗中的几句话："……美好的日子，是弯弯的月儿，是一个个平静的时光，是无数关爱的师长亲友，共同呵护雕刻出来的收获。……"

衷心感谢百忙中对我的论文进行评阅和参加答辩工作的各位前辈，感谢他们的辛勤劳动和教诲。他们是方向教授、杜万华教授、余明勤教授、郑尚元教授、程延园教授、林嘉教授、姚辉教授和叶林教授等，他们对我的论文提出了许多极为宝贵的建议，使我的论文更臻完善。

衷心感谢我的父母大地般的情怀和期望，感谢我的妻子、我的岳母数年来默默无闻辛勤操持家务和宽容，感谢我的儿子给我带来了人生向上进取的动力和乐趣，亲人们的期盼和支持，使得我数年来能安心潜心学府、与书为伴、修身著述。感谢陆河县的彭东翔、林超彬、叶佐展、彭文扬和黄洪亮等好朋友，他们那份浓浓的乡情，让我虽远在北京，但深深地牵挂家乡。

衷心感谢我在清华大学访学期间的指导老师王保树教授和朱慈蕴教授，两位老师多年来一直给予我恳切的鼓励和指导，还要感谢在访学期间授业于我的民法、商法的多位师长。

衷心感谢我在教育部、中国社会科学院法学所等部门短期进修学习商法、民法期间以及在北京学习期间给予我热心指导、关心、帮助的江平教授和梁慧星教授等师长，他们曾经给我题字或赠书勉励，使我深为感动。

特别要感谢柳经纬教授不辞本人之愚钝和晚成,慨然准允我的申请,接纳我为中国政法大学博士后研究人员,使我有幸继续在学术的殿堂求索。

衷心感谢在学术等方面一直给予我支持和帮助的 蔡定剑 教授、王全兴教授、王贵勤博士、叶静漪教授、蒋月教授、周林彬教授、朱羿锟教授、葛洪义教授、孙国忠研究员、刘兴桂教授、李坤刚教授、刘永光博士、刘小楠博士和美国EMPORIA STATE UNIVERSITY 的好朋友罗明楚研究员等。

衷心感谢给我的工作、学习以极大的支持与帮助的华南师范大学法学院及学校其他部门的各位领导和同事们。

衷心感谢中共河源市委陈建华书记,这位来自乡梓的贤哲,从我大学本科入学开始,就成了我学习的榜样,他倾注了对我这位来自家乡学子的谆谆教诲之情。感谢广州亚运会组委会的曾伟玉女士,她对本书给予了热情的关心和帮助。特别要感谢中共增城市委组织部以及冼银崧女士、陈志威先生等人,他们与我合作于 2009 年 7 月—9 月期间开展的《增城市农村基层组织制度建设研究》,不仅给我的社会科学研究予以资助,而且使我深切感受到了社会科学在中国基层的生动实践和现实价值。

衷心感谢全国人大代表、原广州市律师协会秘书长、广东胜伦律师事务所顾问陈舒女士,感谢中华律师协会劳动法委员会主任姜俊禄律师,他们对我攻读博士和相关研究给予了热情的支持。衷心感谢肖胜方律师领导下的广东胜伦律师事务所全体同事,广东胜伦律师事务所长期关注劳动法和社会保障法,成功处理了大量劳动争议案件,参与了大量地方劳动立法的论证工作,并与中华全国律师协会劳动法委员会、北京市律师协会劳动法委员会、北京市劳动法学会、广东省律师协会劳动法委员会、广州市律师协会劳动社会保障专业委员会和地方人力资源与社会保障部门等有长期合作交流,他们为我提供了大量实务材料,为本书的实证层面提供了有益宝贵的帮助。

感谢对我的研究给予支持和帮助的朱占同先生、余明永先生、林锡明先生、陆展中先生、刘国斌先生、许平坚先生、张嘉琪女士、薛晓光先生、黄敏洽先生、关彬枫先生、宋会勇先生、彭书红先生、彭苏先生和方明博士等,衷心感谢多年来给予我帮助的实务界、实业界数十位朋友,初稿时曾一一署名致谢,但深感举一漏三,所以只能删繁就简,铭记于心。

感谢出版界、新闻界的茅友生编辑、李椒元编辑、邰利琪编辑、高亚男编辑、赵利铭编辑、陈夏红编辑、丁红涛编辑、陈松涛编辑、赵小华编辑、卢晓珊编辑、潘艺编辑、王莉萍编辑、舒丹编辑、戴蕊编辑、班晓琼编辑、郭虹编辑、周联合编辑、钟婉曼编辑、马汉青记者、申欣旺记者、万玉凤记者、朱国丰记者、邱春艳记者等朋友。他们给我的学术活动给予热情的帮助。特别是戴蕊编辑和申信旺记者热情仔细地帮我审读文稿，提出宝贵的修改意见。

感谢我的博士导师指导的多位博士和硕士学友对我论文提出的宝贵意见和相关资料；感谢我自己指导的多位硕士，他们帮助我收集整理了相关文献资料，使得我的研究能按期顺利完成。感谢我在人民大学的博士、硕士学友们，他们对我的博士论文选题、文献资料收集、提纲、初稿和论文答辩等提供了十分宝贵的意见和帮助。邓娟博士利用去台湾地区访学的机会，帮我收集了台湾地区积欠工资垫偿制度的宝贵资料；孟涛博士对我的提纲从法理角度提出了意见，并帮我收集复印了法理学方面的部分资料；施允丹硕士帮我收集了一些外文资料，并耐心向我讲解各种外文资料数据库的使用方法；严垠章硕士、律师帮我审读了论文初稿，提出了修改意见；特此致谢。

还记得在博士英语班的学习上，我作为虚名的"班长"，得到了全班三十多名博士同学的热情支持，在来自大洋彼岸的美国 Mr. webster 老师和本土赵雁丽老师的课堂上，我们齐声朗读音标，合作翻译法学英语论文，回味了中学时代那种温馨如昨的时光。感谢上百位人民大学博士、硕士学友，感谢在南粤工作、生活来北国求学的十多位广东学友，他们或是左邻右舍、或者一起纵谈民生、或者偶聚小酌品茗、或是踏雪追思国殇于圆明园的学友，在我攻读博士期间给予我热情的帮助和融洽相处，使我感受到了温馨的校园生活。还要感谢"品园登山队"曾经一起经风历雨的多位队友，我们登览了北京周边许多山峰，使常常熬夜的我有了放松心境和锻炼身体的途径。上述人民大学上百位博士和硕士学友、英语班三十多位同窗、广东十多位北漂学友，初稿时详列了姓名，但不免挂一漏万，还是通过学友通讯录来记下他们更合适。

诚挚地感谢我大学、中学时代和家乡的上百位良师益友，他们让我在寒冷的北国求学中，感受到了求学的动力。他们的名字已铭刻于心，辑成通讯录，就不一一列举了。

就要结束此后记时，2010 年 3 月 8 日，静悄悄的清晨，与南方同来北国求学的学友偶叙间，转眼寒舍窗外，动人心弦的雪花纷飞，像宇宙中传来的天籁音符。昨夜灰尘满布的大地，枯枝萧萧的老树，不经意间已是银装素裹，像披着洁白婚纱的新娘，露出羞涩的脸庞。趁着雪花踏步校园，小心翼翼地触摸羽绒般厚软的雪面，模糊地感受到，也许我多年南来北往，流离颠沛，在珠水长江黄河间，寻觅的就是这样一种莫名的心情，这样一种南方无法体验的一叶知秋，这样一种北国雪韵。记得数年前，访学清华，昨日满园金色的银杏树，半夜寒风，推开窗户，突然冰天雪地，那些金色迷人的银杏叶，睡梦中已被融入了皑皑白雪的大地……还要感谢的人很多很多，可惜"笔钝纸短"，只能默记此情，长留心间，以此为记。

2010 年 2 月 20 日于云山下、珠水畔
2010 年 2 月 28 日修改于螺河边城南小区 3 巷 1 号
2010 年 5 月 15 日改于中国人民大学品园
2011 年 3 月 6 日改于中国政法大学博士后流动站

千万双手辛勤劳动，
团结一致，互相帮助，
在火一样的活动之中，
显出一切伟大的力量。

——席勒《大钟歌》①

导　言

一、本论题的研究背景与价值

在工商业社会，工资是劳动者生存权得以实现的最主要依托、甚至是唯一的依托，是劳动者得以养家糊口的基本来源，也是劳动者提升素质的最主要来源。"劳动者的工资是劳动权的核心内容，也是劳动行为追求的终极目的。如果劳动者付出劳动后不能得到工资，则法定的劳动权就会在现实中落空，劳动者的劳动目的也从根本上得不到实现。"②因此工资问题自19世纪开始就是劳动法的核心问题。

在现代宪政理念和国家制度中，生存权是人类社会最基本的权利，是自由、财产、工作三权的上位概念，生存得不到保障，自由权、财产权和工作权就是一种侈谈。"对国民的社会生活尤其是经济生活，国家应该通过财政等手段，积极地加以干预。通过这样的措施，来确保所有阶层的国民能过像人那样的文化性的最低限度生活，使国民中的每一个人，在实际生活中确实能实现自由和平等。"③因此，各国对于工资大多有特别的保障法律制度，有些国家和地

---

① 钱春绮译：《席勒诗选》，人民文学出版社1987年版，第116页。
② 黎建飞：《拖欠民工工资中的法律问题》，《法学杂志》2004年第2期。
③ ［日］大须贺明：《生存权论》，林浩译，法律出版社2001年版，第13页。

区规定劳动者的工资享有最优先受偿的权利,有些国家和地区规定工资保障的特别基金制度以保证劳动债权得以实现,有些国家则将这两种制度融合在一起来实现对工资的保障,有些国家和地区则对欠薪采取了严格的无过错责任原则或者严格责任原则和对恶意欠薪采取刑罚制裁手段。欠薪保障法律制度在缓解劳动者困苦、缓和社会矛盾方面发挥了关键的作用,但其性质和相关机制尚有许多探讨空间。

　　从相对和谐的现代社会看,劳动收入占国民总收入的比例应随着经济社会发展由30%逐步增加到70%。我国改革开放三十年以来,争议最多、冲突最多、分歧最明显的社会结构因素为收入分配领域。① 我国国民经济增长每年以接近10%的速度发展,而目前我国劳动者的收入占国民总收入的比重停留在大约30%左右。即使在高新技术产业,人力资本构成了主要劳动要素,劳动者的收入所占的比例大约维持在50%左右。② 面对2008年以来的金融危机,政府相关部门出台了一系列应对政策,其中为了缓解压力,暂缓了企业最低工资标准向上调整。现在我国各地的最低工资标准普遍偏低。按照国际上通用的方法(社会平均工资法),月最低工资标准一般是月平均工资的40%—60%,而目前中国所有地区的最低工资的上限仅为平均工资的43%左右,平均水平则明显低于40%的下限。③ 不少地方的最低工资还将各项社会保险费包含在内。笔者进行的实证调查数据发现,大多数用人单位存在按照最低工资为劳动者缴纳社会保险费的做法或倾向,不少企业实际支付的工资在没有加班加点的情况下几乎接近最低工资。我国2007年在岗职工人均年工资24932元,企业职工人均年工资24046元。而农、林、牧、渔业职工的人均年工资仅为11086元。④ 可见,我国普通劳动者、特别是劳动密集型产业和企

---

① 《壮大中产阶层要提高个税起征点医疗住房"减负"》,《羊城晚报》2010年1月9日。

② 汪丁丁:《中国劳动工资问题》,《南方都市报》2009年12月20日。不过,人力资源和社会保障部、国家统计局于2009年5月发布的《2008年度人力资源和社会保障事业发展统计公报》显示,全年全国城镇单位在岗职工平均工资为29,229元,比上年增长17.2%,扣除物价因素,实际增长11.0%。国有单位在岗职工年平均工资为31,005元,城镇集体单位为18,338元,其他单位为28,387元。全国城镇单位在岗职工日平均工资为111.99元,比上年增加12.68元。

③ 《壮大中产阶层要提高个税起征点医疗住房"减负"》,《羊城晚报》2010年1月9日。

④ 国家统计局人口和就业统计司、人力资源和社会保障部规划财务司编:《中国劳动统计年鉴2008》,中国统计出版社2008年版,第167、237—239页。

业劳动者的收入水平,严重偏低,导致内需不足和劳动者缺乏提高自身素质的负担支付能力。而农、林、牧、渔业职工的人均工资严重偏低的事实反过来影响了劳动力留在这些行业,导致这些行业的劳动力不足,对低碳绿色产业产生恶性影响;大量劳动力流向制造业、商业和服务业,造成劳动力供求失衡,大量污染消耗型产品过剩,降低企业的竞争力,反过来影响企业提高劳动报酬的能力和影响依法按时足额支付劳动报酬的积极性,进而使得劳动效率产生内耗,无力升级改造,导致我国经济社会结构失衡。

然而在这样低于可比较和可想象的一般均衡水平的工资情况下,以市场为导向的劳动关系体制改革二十多年来,欠薪问题一直成为困扰我国的严重社会问题,特别是2008年以美国次贷泡沫为导火线①引发的全球金融危机爆发以来,不少企业或者确实经营困难,或者借机裁员减薪欠薪、逃避社会责任、损害劳动者权益,劳动争议迅速上升。

以广东省为例,2008年9月至2009年2月,广东省共有9338家企业关停破产倒闭,失业农民工总数达到89万人。另据统计,自2008年金融危机发生以来,广东省共处理劳动争议案件25.46万宗,其中仲裁立案受理10万宗,涉及劳动者19.2万人,当期结案率90%以上,涨幅达到20%。广东省的劳动纠纷集中在珠三角地区,尤其以广州市、深圳市、佛山市、东莞市为主,其中广州市劳动纠纷约占广东省劳动纠纷的四分之一。而这些案件中95%以上与工资有关。②

以广东省东莞市为例,2006年东莞市的诉讼案件数量几乎是2005年的两倍,而2008年东莞市的诉讼案件数量是2006年的三倍多,东莞两级法院共受理该类案件23,000余宗,这些案件中大量涉及拖欠加班费和经济补偿金问题。近年来该市劳动争议案件上诉率居高不下,2008年东莞市的劳动争议案件的上诉率仍接近27%。而且劳动争议案件占普通民事案件的比例增大。2005年,劳动争议案件占东莞市中级法院民一庭普通民事案件的比例为45%,其后两年均为55%,而2008年度更高达68%以上。这些案件有九成以

---

① 2007年8月美国次贷危机全面爆发,2008年9月7日美国政府宣布接管陷入困境的房利美公司和房地美公司,标志着次贷危机开始步入高潮。参见张明:《政府高调接管"两房"》,中国里外吃亏》,《南方周末》2008年9月11日。

② 《广东省劳保厅呼吁:欠薪保障规定尽快出台》,《羊城晚报》2009年8月11日。

上涉及劳动报酬问题。①

再以广东省广州市为例,广州市中级人民法院披露的数据显示,2008 年广州市劳动争议案同比增长 83.6%,而 2009 年上半年,在 2008 年上升的基础上,新收劳动争议案同比又增 88.9%。自 2007—2009 年上半年,广州法院共新收劳动争议案件 8,440 件,审结 6,888 件。工资和加班工资是引发劳动争议的首要因素,占劳动争议总量的近七成;解除劳动关系的经济补偿金纠纷占四成左右。② 而在这些劳动争议案件中,夹杂着欠薪因素的群体性案件占了很大比重,矛盾尖锐。广州市荔湾区法院的一项统计数据显示,该院 2005 年群体性劳动纠纷占受理的劳动纠纷总量的 64.80%,2006 年达到 71.82%,2006 年比 2005 年受理的群体性劳动纠纷上升了 104.72%,2007 年、2008 年群体性劳动纠纷占受理的劳动纠纷总量的比例虽有所下降,但 2008 年比 2007 年受理的群体性劳动纠纷绝对值上升了 127.13%。2005—2008 年的群体性劳动纠纷中,请求确认事实劳动关系的 41 件,涉及追劳动报酬的 654 件,涉及经济补偿金的 414 件(多为劳动报酬与经济补偿交织请求),涉及补缴社会保险的 76 件。③ 2011 年 4 月 25 日我因另一项课题④到广州市天河区总工会调研,该区工会工作人员反映,投诉的劳动争议约 60% 与欠薪有关。

从全国的统计数据看,2007 年全国劳动争议未结和当年受理案件合计为 375,606 件,其中劳动报酬 108,953 件,社会保险 97,731 件,福利 18,486 件,三类案件占总数近 60%。⑤ 从保障劳动者生存权的角度看,社会保险、福利实际也涉及劳动者的劳动报酬权实现程度问题。

大量的欠薪案件突出反映了我国对劳动报酬权的现行法律保护不周延,

---

① 感谢 DG 中级人民法院民一庭 P 先生提供的上述数据和相关情况。

② 《市人大建议设劳动争议保障基金》,《南方都市报》2009 年 10 月 14 日。

③ 区锦韬、蒋斌:《妥善处理群体性劳动纠纷,构建和谐劳动关系——来自广州市荔湾区人民法院的调查与思考》,《广东法学》2009 年第 3 期。特别要说明的是,该文作者区锦韬是广州市荔湾区法院副院长、蒋斌是该院民一庭审判员。该文统计数据来自该院民一庭。

④ 该课题是我主持的华南师范大学法学院劳动法和社会保障法研究所应广东省总工会邀请合作的课题《信访渠道与法律渠道对接的理论与实践——以劳动争议处理机制为切入点》。这次调查所闻,也是促使我下决心出版本书的一个原因。

⑤ 国家统计局人口和就业统计司、人力资源和社会保障部规划财务司编:《中国劳动统计年鉴 2008》,中国统计出版社 2008 年版,第 498 页。

严重影响了劳动力素质的提高和持续供给,影响企业提升竞争力,对欠薪处理的各项法律制度需要加紧完善,相关理论研究也迫切需要加强。虽然上述部分数据反映的是局部地区情况,但全国性数据也反映了全国欠薪情况的严重性,而且某些地区的欠薪涉及的劳动者是分布全国的,影响也波及全国。如何解决事关劳动者生存权的这些欠薪保障问题,在理论上和实践中均存在不同的认识。"过高的经济增长速度如果不能带来收益分配的相对合理,必然导致社会失序。"①解决欠薪问题的相关法律保障制度,是事关我国社会安全的一项重要社会法制度,是社会安全制度中的一项重要子制度。开展本项制度的研究,对于拓展社会法各项制度研究具有重要的理论和现实意义。

"安全是主体的利益不受来自外部和内部的破坏、威胁以及任何其他危害性影响的一种状态。"②安全可以从个体安全、国家安全和国际安全三个层面展开论述,个体安全包括了自然人个人的安全和单一组织体(例如企业)的安全,主要是个体的生命、自由和财产权利得到保障状态,国家安全主要是国家享有主权、独立、领土完整和自决国内政治经济文化生活方式的状态,而国际安全是在国家安全的前提下国际社会的和平和有序状态。国家安全可以区分为对内和对外两个方面,对内是指国家的安宁和稳定,这实际就是社会安全,侧重讲一个国家内部社会的和平与有序状态,对外则是指国家免受外来的侵略、干涉和控制③。毫无疑义,在一个国家内部存在的大量欠薪事件,引起一国社会内部的各种冲突,导致的社会失序,累积的社会仇恨,主要害及个体安全和社会安全,进而害及国家的国际竞争力和综合实力。正是在这一角度上,本书提出劳动报酬权不是单纯的私权,欠薪问题不是单纯的私人生活问题,而是危及我国社会安全的公共领域问题。因此,研究欠薪保障法律制度这一论题对构建和平有序的法治社会具有十分重要的价值。

二、国内外对本论题的研究概况

从前人研究的文献情况看,涉及"欠薪"相关主题的我国大陆地区论文有

---

① 陆学艺主编:《当代中国社会结构》,社会科学文献出版社 2010 年版,第 208 页。
② 子彬:《国家的选择与安全》,上海三联书店 2006 年版,第 4 页。
③ 子彬:《国家的选择与安全》,上海三联书店 2006 年版,第 9 页。

近百篇,数量不少,但这些论文多数是从单一角度论述某一个方面的具体问题,或者在论述工资制度中涉及论述欠薪保障的个别措施,需要对这些已有文献进行系统梳理和理论升华,对欠薪保障法律制度的理论构建、价值分析、制度比较、机构设置和实际运行等深入系统论证分析。目前国内文献中涉及"欠薪保障"这一相关主题的论文有二十多篇,其中学位论文中有 2004 年的一篇公共管理硕士论文题目为《我国企业欠薪保障体系与基金构建研究》①,该论文在系统分析我国企业欠薪的现状、特点、原因和影响后,结合国外和我国香港、台湾地区建立欠薪保障体系的成功经验和北京、上海、深圳等地在欠薪保障体系建设上的有益探索,综合考虑国际、国内环境,提出了我国的企业欠薪保障体系框架:法律保障子体系、劳动监察保障子体系、行政管理保障子体系、经济保障子体系四个子体系。该作者认为,建立欠薪保障基金是企业欠薪保障体系的具体实现形式,而如何运用好企业的欠薪保障基金是当前我国面临的主要难题。为此,该论文提出了欠薪保障基金收支平衡模型。这是一篇很有见地的论文,其中的一些数据有重要参考价值,例如作者收集的深圳市欠薪保障基金 1997—2003 年运行情况数据,由于当时难以在公开资料查找到,对分析深圳市欠薪保障基金运行情况是很重要的资料,笔者在本书附录 7 中的部分数据以该论文中的部分数据作为归纳的对照基础。而法学方面国内目前尚没有专门以"欠薪保障法律制度"为题目的硕士、博士学位论文,其他多篇论文是以工资保障和工资优先权为论述内容的。这些相关论文有:赵莹莹:《工资债权优先性法律研究》(法学硕士学位论文),中国人民大学 2008年;翟玉娟:《对深圳工资保障制度的探索》,《中国劳动》2004 年第 2 期;许建宇:《构建我国欠薪保障制度的法学思考》,《中州学刊》2006 年第 5 期;张学良:《国外企业欠薪保障制度及其对我国的借鉴》,《当代经济管理》2006 年第6 期;王连国:《"欠薪支付令"法律适用问题探析——〈劳动合同法〉第 30 条第二款之理解与应用》,《中国劳动》2009 年第 1 期;杨冬梅:《内地和香港有关欠薪立法的比较研究》,《工会理论与实践》1998 年第 4 期;邱宝华:《欠薪保障制度及其在我国的建立》,《工友》2007 年第 5 期;程乐华、董曙辉:《欠薪

---

① 曾志红:《我国企业欠薪保障体系与基金构建研究》,国防科学技术大学 2004 年公共管理硕士学位论文。

保障制度的初步探析》,《社会学研究》1997 年第 3 期;魏蜀明:《香港欠薪保
障制度》,《企业改革与管理》2007 年第 11 期;张文:《深圳市企业欠薪保障制
度的运作实践、存在的问题及解决办法》,《特区经济》1998 年第 8 期;翟玉娟:
《深港两地欠薪保障法律制度比较研究》,《天津市政法管理干部学院学报》
2004 年第 3 期;翟玉娟:《深圳的工资保障制度及其立法借鉴》,《深圳大学学
报(人文社会科学版)》2003 年第 4 期;刘焱白:《论我国欠薪保障优先权法律
制度》,《南华大学学报(社会科学版)》2006 年第 2 期;于海涌:《法国工资优
先权制度研究——兼论我国工资保护制度的完善》,《中山大学学报(社会科
学版)》2006 年第 1 期;魏丽:《工资优先权制度的合理性分析及其立法完
善》,《江西社会科学》2007 年第 6 期;胡玉浪:《我国欠薪法律责任制度的反
思和重构》,《福建政法管理干部学院学报》2007 第 3 期;冯梅、丛海彬、徐楷:
《浅析俄罗斯刑法恶意欠薪罪及对我国的启示》,《黑龙江省政法管理干部学
院学报》2009 年第 1 期;徐楷、宋敏:《俄罗斯刑法恶意欠薪罪解构与借鉴》,
《山东省青年管理干部学院学报》2009 年第 2 期;邱宝华:《建立欠薪保障法律
制度,促进劳动就业》,《政治与法律》2006 年第 1 期;劳动科学研究院工资所
课题组:《关于建立我国工资保障制度的研究》,《经济研究参考》1997 年第
AO 期;徐延君、王崇光:《我国实施最低工资保障制度的现状、问题与对策建
议》,《经济研究参考》1996 年第 F7 期;周立英:《论企业欠薪的规制》,《企业
研究》2006 年第 1 期;易重华:《从欠薪看我国工会建设面临的历史转折》,
《学习月刊》2004 年第 2 期;王嘉林:《加强立法,建立欠薪处理机制》,《中国
劳动》2002 年第 12 期。代表性专著有胡玉浪:《劳动报酬权研究》,知识产权
出版社 2009 年版,这是作者在其博士论文基础上修改出版的专门论述劳动报
酬权的著作。其他相关著作参见文中注释和文后的参考文献。

　　国内在论述欠薪保障基金制度的一些论文中,多数论文是片段性地转载
一些文献加以分析或综述,没有系统地实证考察我国台湾地区、香港地区、深
圳市、上海市的基金运作情况并进行比较研究,没有完整的地区性和地方性实
证数据分析,只是论述者互相转引的结论性意见,有些结论存在片面性,有些
数据与有关部门公布的数据存在差异;对制度设计上垫付欠薪与不垫付欠薪
的各种情形缺乏深入的比较分析,对工资保障各项制度没有梳理其相互关系。

　　我国台湾、香港相关期刊、学位论文中与欠薪问题有关的二十多篇,这些

文献对工资债权问题和本地区的欠薪垫付制度作了论证,为我们考察这些地区解决欠薪保障的立法提供了有益的参考资料,特别是我国香港的破产欠薪保障基金制度和台湾的积欠工资垫偿基金制度中的官方详细数据,为我们考察具有类似文化传承人群中的劳动关系提供了十分有益的借鉴。我国台湾地区和香港地区的相关文献资料有:张昌吉、姜瑞麟:《我国积欠工资垫偿制度之探讨》,《政大劳动学报》第17期(2006年1月);刘士豪:《我国积欠工资垫偿制度的分析》,台湾"行政院"劳工委员会、台湾铭传大学《劳动基准法实务争议问题学术研讨会论文手册》(2007年12月);江振昌:《欠薪问题与近期大陆工潮——集体行为观点》,《中国大陆研究》2000年第5期;焦兴铠:《全球化与基本劳动人权之保障》,《理论与政策》2004年第4期;林虹均:《企业并购中劳工权益保障之相关问题研究》,中国文化大学劳动学研究所硕士论文2006年;王振家:《我国国家对关厂、歇业劳工权益保障作为之研究》,台湾"国家图书馆"典藏电子全文2002年;王惠玲:《积欠工资垫偿基金制度修正刍议》,台湾国立政治大学劳工研究所《工资保护制度学术研讨会》(1999年11月);董泰祺等:《积欠工资垫偿基金制度改进之研究》,台湾"行政院"1994年度研考经费补助案;林洁仪:《香港及选定地方的劳资审裁机构及其他解决劳资纠纷机制的运作》,等等。

　　本书参考的我国台湾地区和香港地区统计数据主要为:台湾"行政院"劳工委员会:《积欠工资垫偿基金预算》(2007年、2008年、2009年),《积欠工资垫偿基金决算(整编本)》(2007年、2008年),《积欠工资垫偿基金统计年报》(1986—2008年),《积欠工资垫偿基金统计月报》(1986—2008年);香港破产欠薪保障基金委员会周年报告(2002—2009年),等。但是台湾、香港的欠薪保障制度主要是针对雇主组织在清算、破产或者其他情势终止营业时所作的垫付制度,没有系统地规范整个欠薪保障问题,特别是没有涉及人数较多的欠薪事件如何处理的规范,对欠薪保障基金制度的论述也往往囿于既有法令而难有突破,而现有的法令其实存在不少模糊含混的规范,没有理清相关制度之间的关系。

　　至于英文期刊的论文经初步检索,可能因为语义和用词问题,主要是有关工资保护方面的论文,而鲜见专门论述欠薪保障法律制度的论文。有些国家将欠薪问题放在劳动法和社会保障法中规定,有些国家在破产法中涉及欠薪的规定。但日本和德国实行了类似我国香港和台湾的工资积欠垫偿基金制度、工资保护制度。①

可见，国内专门研究欠薪保障法律制度的论著较少，在基础理论和具体制度的研究上相对单薄，专门的博士、硕士论文也缺乏。散见的一些关于欠薪保障的介绍阐释性论文，还有一些论文是从劳动权、生存权等角度去论述劳动者的劳动报酬权利，有些论文重复地介绍我国香港的破产欠薪基金制度，简单地比较香港和深圳的欠薪保障基金制度，所引用的数据存在陈旧、零散和片面问题，缺乏就欠薪保障法律制度的法理基础、产生原因、具体制度系统比较，对欠薪保障基金的征收管理制度和机构、欠薪保障救济法律机制、欠薪保障法律责任制度等方面没有深入展开论证。特别是上述列举的著作，带有这些作者的主观认知和内心判断色彩，缺乏实证调查数据和地区性实证比较，有些论文重复性引述已有的研究结论，没有提出自己的创新性研究结论。然而，欠薪问题作为社会生活失序的反映，不能过分倚重于心理学那样的研究者自我内省来解释。本书希望借助考察欠薪问题和欠薪保障制度的社会基础，以法学研究方法为研究支撑点，结合经济学、伦理学和社会学的相关理论，探究社会群体对于这些问题和相关制度如何认识。实际上，只有这种认识才具有社会效果和实践意义。然而，仅从内部观察还不能达到这种认识，因为我们任何一个人都不可能具有全部的集体认识；必须找出若干使这种集体认识成为可感知的外部特征。再则，集体认识并非凭空而生，它本身也是外在原因的结果，而为了能够评价它在将来的作用，就应该知道这些外在原因。② 因此，笔者不是闭门造车和冥思苦想，而是通过广泛而深入的实证调查、访问，参与各类部门参加的各种劳动法律理论和实务会议，寻求欠薪和相关保障制度这一社会事实的外在原因和社会认识，在这些基础上对相关制度进行了法学视角的论述，提出我国欠薪保障基金立法构想。经过分析前人已有的文献，研究我国台湾地区、香港地区、深圳市、上海市等地方性的欠薪保障基金制度及其实践效果，为解决我国此起彼伏的大量欠薪事

---

① 董泰琪、李来希、陈慧玲、陈聪楷：《积欠工资垫偿基金制度改进之研究》，台湾"行政院"1994 年度研考经费补助案。

② ［法］E. 迪尔凯姆：《社会学方法的准则》，狄玉明译，商务印书馆 1995 年版，第 10 页。

件,有必要和有理由提出《欠薪保障基金法》的建议稿及其论证意见,推动我国欠薪保障基金制度在内的各项欠薪保障法律制度立法和实践。这是本著作努力的一个目标。

三、本论题的研究思路和主要方法

劳动报酬权是保障劳动者身体健康和社会活动的最低限度生活需求的一项基本生存权,是社会权的范畴。有关欠薪问题的研究与劳动相关联,这是一项有意义的课题,反映着人的本性和社会发展的方向。解决欠薪这一社会问题,一方面要通过宣导尊重劳动者的生存发展权的理念和精神,这些因素对用人单位及其管理者的行动具有影响作用;另一方面要通过制度来约束用人单位的行为,纯粹的观念和精神无法扭转用人单位在市场经济上的"趋利行为",因此需要有政治、法律、经济和文化等各项制度去协同制约用人单位的行为。自由资本主义发展的经验告诉我们,资本的逐利行为,劳动者缺乏有效的和平对抗能力,而工资不仅具有财产权的属性又具有人身权的属性,是劳动者实现个人自由、发展人格和维护尊严的基本物质保证,劳动者劳动报酬的取得是社会安全的一个基本前提。当资本将劳动者作为商品,在供大于求的格局下,劳动者之间不免恶性竞争和自我压价,此时需要国家通过公权力来干预这种失衡,这种干预在立法上主要表现在工资法、最低工资法、工资集体协商法、欠薪保障法等法律规范。欠薪保障法律制度是众多保障劳动者权益制度中的一项制度,而欠薪保障法律制度又是一个系统性的制度,需要多方面的子制度支撑和协同发挥作用,才能有效处理欠薪问题。本书重点在欠薪保障基金制度、欠薪保障救济制度和欠薪保障法律责任制度三个方面的子制度,同时也会涉及其他相关的一些子制度。

本书运用历史分析方法、实证分析方法,采取实证调查(问卷调查和对人力资源和社会保障部门、工会、法院、用人单位、劳动者等的访谈)展开研究,从珠三角地区企业欠薪情况的调查入手,结合比较法学方法和历史考察方法,考察我国台湾、香港地区和其他一些地方的欠薪保障法律制度,收集其他国家处理欠薪问题的立法和实践资料,从多个学科视角,分析目前相关制度的利弊得失,提出目前我国欠薪问题加剧了社会分化和贫富悬殊,压抑了社会有效需求,危及了我国社会安全①,影响我国社会的有序良性发展,而我国法学界对欠薪及欠薪保障问题尚没有认真深入地分析论证。这是本研究课题值得花时间进行田野调查和综合运用社会学、哲学、法学考察的一个依据。

　　本书采取"总—分—总"结构展开:第一、第二两章是本书的"总",是基本理论和实证分析;第三、四、五章是"分",分别选择欠薪保障基金制度、欠薪保障救济制度、欠薪保障法律责任制度三项重点制度具体展开;在上述论证基础上,第六章提出《欠薪保障基金法(意见稿)》及其论证意见作为代结论,是本书的"总"。

---

　　①　此起彼伏的欠薪讨薪案件,以及由此引发的堵路、上访群体性事件,无奈悲凉的自杀、跳楼和跳桥事件,恶性的讨薪者杀人和被杀事件,甚至报复社会的极端反社会行为,应当引起整个社会的反思。

第一章　欠薪保障法律制度的法理基础

当工资被仅仅作为劳动的对价,只有劳动者为雇主提供了正常的劳动后,才可能得到相应的报酬。由于提供劳动和取得报酬在时间上的分离,使得雇主在劳动者提供劳动后会因种种原因拖欠劳动者的工资。

二十世纪初,风起云涌的无产阶级运动,迫使过去过分维护雇主利益的自由资本主义体制进行内部调整,以缓和社会矛盾,于是现代意义上的劳工保护立法开始出现。

我国从 1949 年至 1979 年长达三十年的时间里,由于政治体制和经济政策上的失误,导致劳工保护立法被中断,劳动立法处于停滞迟缓状态。及至1979—2009 年以来的三十年,我国开始在包括劳工保护立法在内的法治进程上取得了一些进展。然而,即使是我国 1995 年 1 月 1 日起施行的《劳动法》中也没有对欠薪保障、工资集体协商等问题做出具有操作性的制度规定,仍然规定用人单位的自主决定工资权。在我国经济体制转轨后,滞后的工资保护立法为此起彼伏的欠薪事件埋下了隐患。

第一节　欠薪保障法律制度的基本内涵和外延

工资是劳动者及其家属生存和发展的主要甚至是唯一依托,欠薪问题涉及基本的社会准则问题。因此,欠薪保障法律制度不仅是法律问题,而且涉及哲学、社会学、经济学和伦理学等各方面的问题。但是,从法规范视角看,首先要厘清的是法学意义上的欠薪、欠薪保障法律制度的内涵和外延问题。

一、欠薪的内涵和外延

劳动报酬作为劳动者及其家属维系生存和发展的基本物质保障,自出现了资本主义的生产方式而采取雇佣劳动以来,就作为一项社会基本安排出现了,伴随而生的则是雇主对受雇者的欠薪与讨薪的博弈,是劳动者的生存发展需求和资本家的超额利润之间的博弈,是身单体薄的劳动者与垄断掌控国家政治经济命脉的资本集团的博弈。但是,"合同必须是合理地,而不仅仅是自由地产生的。按照合理的价格学说来看,不仅仅合同规定的要交换的物品应有相同的价值,而且合同伙伴的工资也应该是平衡的。合同伙伴的社会境况和贫穷在评价合同时也应被考虑进去。"①而在人们占有私有财产(包括生产资料)、追求最大限度地获取高额利润的目标、通过市场和价格体系来实现对经济活动协调很鲜明的社会②,显然需要国家对工资加以干预,才能实现上述的平衡,由此可见政府承担工资保障责任是其行使权力的一个基本内容。与十九世纪自由主义支配下的私权至上社会方式不同,通过法律规制成为当今社会必要的协调手段。当然,我们在这里对劳动报酬和欠薪下定义显然无法表达问题的本质,只是为了我们考察和论述相关制度,从劳动报酬和欠薪的属性出发,为我们提供解释欠薪保障法律制度所必须的法理依据。

(一)欠薪、劳动与工资的基本含义

欠薪是与劳动、工资相关联的一个概念,欠薪就是拖欠劳动报酬。劳动者享有提供劳动后的劳动报酬权,这是人类社会发展到今天的一个基本社会事实和规律。工资一旦被以拖欠等方式侵犯,就使得工资和欠薪问题关联起来。因此,对欠薪的内涵和外延展开分析,需要对劳动、工资的内涵和外延展开分析。

劳动法中的工资以劳动为产生前提,劳动法中的劳动具有区别于一般意义上的劳动的特定内涵和外延。"广义的劳动,谓人间之有意识的且有一定目的之肉体的或精神的操作,然在劳动法上之劳动,则须具备下列之要件:(1)为法律的义务之履行;(2)为基于契约的关系(而民法上基于夫妇关系及亲子关系之劳动非劳动法上之劳动);(3)为有偿的;(4)为有职业的;(5)为

---

　　①　[德]P. 科斯洛夫斯基:《资本主义的伦理学》,王彤译,中国社会科学出版社1996年版,第12页。

　　②　[德]P. 科斯洛夫斯基:《资本主义的伦理学》,王彤译,中国社会科学出版社1996年版,第6—7页。

在于从属的关系。依上列要件可知劳动法上劳动为基于契约上义务在从属的关系所为之职业上有偿的劳动。"①其中,"契约"指的是劳动合同,而"有偿"即是指工资的支付。工资是劳动法上劳动内涵的必要构成要素。劳动法的产生和发展过程实际上是劳动上升为权利,进而由国内立法的保护扩展到国际立法的保护的过程。在这个过程中,对工资的法律保护一直是保护劳动权利的重中之重,工资债权也是劳动权利必不可缺的重要组成部分。因此,工资债权不同于一般的合同债权,不再是单纯的私权利,而是具有了劳动权利的自由权和社会权属性,工资债权的实现是维系劳动者及其赡养、抚养人口的生存和社会安定之基础。

"中国人无与伦比的吃苦耐劳精神一直为世人所公认。"②但是中国传统社会里,家族团结得像一个人一样,支持任何一个感到受冤屈的成员,家族的共同抵制自然比西方国家里自由形成的同业工会的罢工更有效得多。仅此一项,其他如"劳动纪律"、自由市场上的劳动力挑选,现代大企业的特征在中国传统社会都没有出现。③ 韦伯对中国传统社会的人民和社会结构的归纳分析,在今天看来,虽然中国宗族和家族等观念已逐步淡化,但仍然对我们研究类似欠薪保障问题有所启示。我们考虑构建欠薪保障法律制度,需要结合我国工会制度不发达、缺少有效的集体谈判制度,企业的营商环境不理想等现实情况出发,在赋予和支持劳动者运用各种欠薪保障法律制度维护自己的合法权益的同时,要对动用家族和宗族等其他非法律手段的限制和禁止,以达到制度设计上的平衡④。

工资是劳动的对等给付,劳动者按照用人单位或者雇主的指示提供劳动

① 史尚宽:《劳动法原论》,上海正大印书馆 1934 年版,第 1 页。

② [德]韦伯:《文明的历史脚步》,黄宪起、张晓琳译,上海三联书店 1997 年第 2 版,第 60 页。

③ [德]韦伯:《文明的历史脚步》,黄宪起、张晓琳译,上海三联书店 1997 年第 2 版,第 66 页。

④ 近年来,发生一些劳动者维权案件,特别是在一些工伤赔偿案件中,个别人动用宗族或家族势力,群体性地围攻用人单位等,造成用人单位生产经营中断,迫使用人单位超过法定的赔偿额赔偿工伤人员。这种私力救济的方式,一方面反映了我国公权力救济的效率值得检讨和公信力得不到认可,另一方面反映了我国对这类私力救济缺乏有效的制约手段,导致了一些人仿效,进而害及法治。

后,用人单位或者雇主按照法定标准和约定数额给付的劳动报酬,故通常又称薪酬、薪资、薪水、薪金,一般以劳动所在国家或地区的法定货币支付,以实物支付为例外。① 日本《劳动基准法》第 11 条将工资定义为,不论以工资、薪金、津贴、奖金,以及雇主对劳工因劳动的对价的任何给付。我国台湾"劳动基准法"第 2 条规定,工资"谓劳工因工作而获得之报酬;包括工资、薪金及按计时、计日、计月、计件以现金或实物等方式给付之奖金、津贴及其他任何名义之经常性给予均属之。"有些国家则禁止以实物方式支付工资,例如我国 1995 年1 月 1 日起执行的《工资支付暂行规定》规定,工资应当以法定货币支付;不得以实物及有价证券替代货币支付。

我国《劳动法》没有对工资外延作出具体界定。我国劳动法学者认为,工资有广义和狭义之分。广义的工资,泛指"人们从事各种劳动而获得的货币收入或有价物"。狭义的工资,则专指"劳动法中所调整的劳动者基于劳动关系取得的各种劳动收入,它包括计时工资、计件工资、奖金、津贴和补贴、延长工作时间的工资报酬以及特殊情况下支付的工资等",但是"不包括支付给劳动者的保险福利费用及其他非劳动收入"②。国际劳工组织 1949 年的《保护工资公约》将工资定义为"无论采用何种名称或者计算方法,由一位雇主根据书面或者口头的雇佣合同为一位雇员已完成和将要完成的工作或者已提供和将要提供的服务而向该雇员支付的,可以用货币结算并且通过共同协议、内国

---

① 根据《新汉英法学词典》,表示工资或劳动报酬概念的英语单词有:wage,salary,pay,laborage,remuneration 等,并用 Wageguarantee 表示工资保障。上述各词含义有差异,不同公约、不同国家的劳动立法各有使用。《元照英美法词典》的"wages"词条为:工资,工资收入,报酬,指由雇主定期按一定标准以工作时间或工作量为基准支付给雇员的就业收入。它包括以现金或其他形式支付的薪金[salaries]、佣金[commissions]、假期工资[vacation pay]、解雇工资[dismissal wages]、奖金[bonus]、小费[gratuities or tips]以及合理的膳宿费用或者雇主提供给雇员的膳宿便利。从广泛的意义上来说,它不仅仅限于定期就业收入,还包括各种形式的劳动收入。在狭义上,wages 与 salaries 的主要区别在于:前者被用来支付从事体力劳动或办公室较简单工作的雇员;后者被用来支付管理人员和经理人员。但国际劳工组织颁布的《保护工资公约》中使用的是wage,所以本研究使用该公约对工资的定义,其核心是劳动者出卖劳动力获得的报酬。至于"欠薪"对应的英文用词,我国香港《破产欠薪保障条例》中的"欠薪"官方英文用词为 wages,从一般英文用语看,也可以使用:the wages owed to workers,back wages,等,本书英文摘要中采用了我国香港法例的英文用语"wages"。

② 黎建飞:《劳动与社会保障法教程》,中国人民大学出版社 2010 年版,第 190 页。

法律或者法规予以确定的报酬或者收入"①。

我国台湾地区"劳动基准法"还将工资的给付区分为"经常性给付"和"非经常性给付",其目的应在于避免计算平均工资作为给付资遣费(类似我国劳动法上的经济补偿金、代通知金)与退休金标准时,不致因雇主偶然的给付,导致过苛刻的负担,这种区分有其合理性,但"经常性给付"和"非经常性给付"均属于工资应无异议。②

我国《劳动法》第91条所指"克扣"或者"无故拖欠"劳动者工资,有其法定标准和特定的含义。按照原劳动部《对〈工资支付暂行规定〉有关问题的补充规定》(劳部发〔1995〕226号),所谓"克扣"系指用人单位无正当理由扣减劳动者应得工资,该应得工资是指劳动者已提供正常劳动的前提下用人单位按劳动合同规定的标准应当支付给劳动者的全部劳动报酬。所谓"无故拖欠"是指用人单位无正当理由超过规定付薪时间未支付劳动者工资。但是上述部门规章还规定了减发工资的五种情形和不属于拖欠工资的两种情形。不属于拖欠工资的其中一种情形为,用人单位确因生产经营困难、资金周转受到影响,在征得本单位工会同意后,可暂时延期支付劳动者工资,延期时间的最长限制可由各省、自治区、直辖市劳动行政部门根据各地情况确定。这一规定为用人单位拖欠工资打开了一个口子,应废止这一情形方为妥当。

我国现行法律中对劳动债权有明确规定的是我国于2006年8月27日通过并公布、自2007年6月1日起施行的《企业破产法》。该法第113条第一款第(一)项规定,破产财产在优先清偿破产费用和共益债务后,第一顺序应清偿破产人所欠职工的工资和医疗、伤残补助、抚恤费用,所欠的应当划入职工个人账户的基本养老保险、基本医疗保险费用,以及法律、行政法规规定应当支付给职工的补偿金。同条第二款规定,破产财产不足以清偿同一顺序的清偿要求的,按照比例分配。但是对该条第(一)项内的各项劳动债权没有区分先后的清偿顺序,这将导致破产人财产不足以支付该项内的劳动债权时,是否应在本项内区分先后清偿顺序成为法律适用的一个困惑。同时该条与该法第

---

① 译自 International Labor Organization，*Article 1 of Protection of Wages Convention*，1949.

② 陈金泉:《雇主片面减薪之法律效果——以复兴航空机师劳资争议案为例》,《工资保护制度学术研讨会会议实录》,台湾"行政院劳工委员会"、政治大学劳工研究所,1999年11月3日。

132条一样,没有将生育保险和失业保险费用这两项列入与工资同一清偿顺序,立法似乎有意回避这两项社会保险费用在优先权范畴内。

《企业破产法》第132条规定对劳动债权范畴的规定与该法第113条的规定是一致的,同时对担保债权和劳动债权作了一个过渡性安排,并从立法上清楚地排除了破产财产不包括担保财产,担保债权不包括在破产债权中。用担保财产优先清偿破产债权中的劳动债权只是一种过渡性的安排。

我国2007年12月29日通过、2008年5月1日起施行的《劳动争议调解仲裁法》第27条明确规定,对工资债权的诉求从知道或者应当知道权利受侵害之日起,或者劳动关系存续期间已经知道或者应当知道的至迟应在劳动关系终止或解除之日起,1年内申请仲裁。按照此时间计算,在《企业破产法》2006年8月27日通过并公布日以前的绝大多数劳动债权已经超过了申请仲裁的1年时间,何况对2008年5月1日以前形成的劳动争议(包括劳动债权争议),各地劳动争议仲裁、法院采取按照《劳动法》的申请时效制度,即自劳动争议发生之日起60日内的实际做法,自2007年6月1日起施行的《企业破产法》第123条设置的劳动债权优先于担保债权的过渡性安排涉及的劳动者人数和劳动债权额是有限的。但是《企业破产法》有关工资债权的规定,为我们分析工资债权范畴和工资债权优先制度提供了立法素材。

工资债权是指劳动者基于劳动关系所享有的金钱债权请求权,即请求用人单位根据劳动关系中的约定或者法律的规定按时足额支付相应的金钱报酬的劳动权利,是一种生存性债权。根据以上的法律规定和相关分析,工资债权可分为广义工资债权和狭义工资债权。

广义工资债权的具体内容可以我国《企业破产法》第132条的规定为法律基础来分析,包括职工的工资和医疗、伤残补助、抚恤费用,应当划入职工个人账户的基本养老保险、基本医疗保险费用,以及法律、行政法规规定应当支付给职工的补偿金等,例如基于工伤保险、失业保险、生育保险和住房公积金制度等应由劳动者享有的对应金额之权益。

而狭义工资债权,根据劳动部《工资支付暂行规定》和《关于贯彻执行〈中华人民共和国劳动法〉若干问题的意见》,是指用人单位依据国家有关规定或劳动合同(劳动关系)的约定,以货币形式直接支付给本单位劳动者的劳动报酬。笔者认为,欠薪保障基金保障的首先应是狭义工资债权的项目和有限

(拖欠时间和数额上的限定)金额,不宜覆盖过广。

工资债权人是劳动者(外国法、我国台湾法和香港法例通常称为雇员),而工资债务人是与劳动者建立劳动关系的用人单位或者劳动力使用人(外国法、我国台湾法和香港法例通常称为雇主)。工资债权是建立在劳动的基础之上的,只要在用人单位与劳动者之间存在劳动法上的劳动,劳动者就对用人单位享有工资债权。劳动合同的形式,书面、口头或者事实劳动关系,不影响工资债权的产生和存在。工资债权的基础是"劳动",强调的不是"劳动者付出劳动",而是"建立劳动关系",即工资的支付不以实际劳动的完成为必要条件,如上述狭义工资的概念就包括节假日工资和产假、探亲假工资等。此外,工资债权的概念还强调三项内容:(1)按时,就是要求用人单位在劳动关系约定或者法律规定的期限内向劳动者支付工资;(2)足额,就是禁止用人单位以任何名义或者借口克扣或者拒付劳动者的工资;(3)金钱,即是要求工资必须以法定货币形式支付,不能以实物等代替,因为取得法定货币才是劳动者劳动的目的,实物并不能满足劳动者及其家庭成员的全部生活所需。否则,即可以认为构成欠薪,落入欠薪保障法律制度规制的范畴。但对欠薪保障基金垫付的具体项目、金额则应允许各地根据实际情况有所选择。有些国家和地区的工资立法还要求支付工资要在合适的场所和状态下支付,例如不能在赌场或者其他容易引起劳动者挥霍的消费场所支付工资,不能在劳动者醉酒等状态下支付等。

(二)工资债权的保护原则

工资债权的保护与普通民事债权的保护在保护原则上有重大区别,鉴于工资债权的特殊性[①],对工资债权的保护形成了特有的原则。这些原则具有公法性质,与普通民事债权保护原则的私法性质意趣大异。

我国有的学者根据我国现有的劳动法律、法规比较系统地归纳了我国工资支付保障的规则,包括工资支付一般规则、特殊情况下工资支付、禁止非法扣除工资、工资支付的资金来源保障、欠薪索赔权、工资支付令和其他程序法保障措施等基本规则,而工资支付一般规则具体包括货币支付规则、直接支付

[①]　有学者归纳了工资的财产属性、债权属性、价值属性和社会属性,并对工资的特殊保护作了深刻论述。参见黎建飞:《工资的属性与特殊保护》,《法治论坛》第 10 辑(2008 年第 2 期)。

规则、足额支付规则、定期支付规则、定地支付规则、优先支付规则和紧急支付规则①。我国有的学者归纳了工资保障措施包括规定工资支付办法、禁止克扣和无故拖欠劳动者工资等,没有明确列举若干原则②。按照台湾"劳动基准法"的规定和台湾学者的论述,工资保护的原则有扣押禁止原则和工资给付保证原则,其中工资给付保证原则包含规定发放工资的种类与方式、抵消禁止、收入处分权、工资优先权等四项。③ 日本《劳动基准法》明确规定工资给付的规则有:付现规则、直接给付规则、全额给付规则、按月至少给付一次规则、固定期间给付规则等五项。

1. 扣押禁止原则

我国台湾"劳动基准法"第 26 条规定:"雇主不得预扣劳工工资作为违约金或赔偿费用。"此为台湾劳动法工资"扣押禁止原则"的法源。

我国香港《雇佣条例》第 66 条规定:"法庭不得下令扣押雇员工资,或对第 IIA 部适用的雇员而言,法庭不得下令扣押雇员的任何年终酬金或部分年终酬金;但根据任何成文法则欠下政府的民事债项,可借扣押雇员工资或其他方法追讨。"

瑞士债法第 325 条规定,除了担保亲属法上扶养义务为目的,对劳动者未到期的工资请求权的让与或设质之约定无效。

我国《劳动法》第 50 条规定不得克扣或者无故拖欠劳动者的工资。《工资支付暂行规定》规定用人单位不得克扣劳动者工资,同时对代扣工资和扣除工资抵作赔偿的规则作了规定。有下列情况之一的,用人单位可以代扣劳动者工资:(一)用人单位代扣代缴的个人所得税;(二)用人单位代扣代缴的应由劳动者个人负担的各项社会保险费用;(三)法院判决、裁定中要求代扣的抚养费、赡养费;(四)法律、法规规定可以从劳动者工资中扣除的其他费用。

2. 工资给付保证原则

该项原则具体包括以下四项具体规则,包括:

---

① 王全兴主编:《劳动法学》(第二版),高等教育出版社 2008 年版,第 318—325 页。
② 关怀主编:《劳动法》(第三版),中国人民大学出版社 2008 年版,第 210—211 页。
③ 黄越钦:《劳动法新论》(修订三版),台北翰芦图书出版有限公司 2006 年版,第 311—313 页。

（1）给付的种类与方式。劳动法上关于工资给付的种类与方式，其规范属性属于绝对强行法，不得违反。

我国《劳动法》和《工资支付暂行规定》对工资给付的种类和方式作了规制，主要的内容有：①给付的种类。工资应以法定货币支付，不得以实物及有价证券替代货币支付。②给付的方式。用人单位应将工资支付给劳动者本人。劳动者本人因故不能领取工资时，可由其亲属或委托他人代领。用人单位可委托银行代发工资。工资支付时，用人单位必须书面记录劳动者工资的数额、时间、领取人①的姓名和签字，并保存签收记录（工资台账）2 年以上备查；应向劳动者提供一份劳动者个人的工资清单②。③给付的时间和次数。工资要在用人单位与劳动者约定的日期支付，如遇节假日或休息日，则应提前在最近的工作日支付；工资至少每月支付一次，实行周、日、小时工资制的可按周、日、小时支付工资；对完成一次性临时劳动或某项具体工作的劳动者，用人单位应按有关协议或合同规定在其完成劳动任务后即支付工资；劳动关系双方依法解除或终止劳动合同时，用人单位应在解除或终止劳动合同时一次付清劳动者工资。

我国台湾"劳动基准法"对工资给付的种类和方式也作了规范。其主要规定有：①给付的种类。工资应以法定通用货币给付；基于习惯或业务性质，可以在劳动契约内订明一部分以实物给付。工资的一部分以实物给付时，其实物的作价应公平合理，并适合劳工及其家属的需要。②给付的方式。工资应全额直接给付劳工；但法令另有规定或劳雇双方另有约定的，不在此限。雇主应置备劳工工资清册，将发放工资、工资计算项目、工资总额等事项记入。工资清册应保存 5 年。③给付的时间和次数。工资的给付，除当事人有特别约定或按月预付者外，每月至少定期发给 2 次；按件计酬者亦同。

---

①　鉴于实践中曾出现一些用人单位的财务会计人员等代劳动者或者冒名劳动者领取工资的情况，严重损害了劳动者的劳动报酬权。笔者认为如果没有劳动者的书面授权委托，不应由他人代领劳动者的工资，最好是尽可能通过银行代发工资。

②　实践中，我国用人单位提供给劳动者的工资清单并没有用人单位盖章、负责人签字等，对劳动者来说可以说是一张"白条"，这对保障劳动者的权利极为不利。建议立法强制规定，用人单位应当提供给劳动者有用人单位盖章及其负责人签署的工资清单，这样才能使工资清单有实质意义。

可见，我国两岸在工资给付的种类和方式上均采用强行法的规制，但两者有以下区别：第一，我国大陆禁止以法定货币外的工资支付种类；台湾则允许在符合法定的限制条件下，雇主与劳动者约定除法定货币支付部分工资以外，以实物方式支付部分工资。台湾的规定比较符合劳雇双方的实情和需要。例如，假设一开发房地产的公司，该公司与劳动者约定以该公司开发的房屋作为薪酬的一部分，该公司减少出售房屋的麻烦，劳动者取得了房屋的好处。但是我国大陆禁止以法定货币外的工资支付种类，也有其道理，由于实物或者有价证券的价值和价格往往难以估量，如果在劳动基准上允许雇主与雇员约定以实物等种类支付部分工资，容易造成劳动者劳动报酬权受侵害。所以《工资保护公约》第3条规定，工资款项须以法定货币支付，以期票、券或代用券，或以任何其他形式的非法定货币形式支付，均应予以禁止；主管当局可允许或规定由银行支票或邮政支票或汇票支付工资的情形中，以这种方式支付习惯或因特殊情况，或有必要在集体协议或仲裁裁决作出规定，或没有这么规定，已得到劳动者的同意。第二，我国大陆规定签收记录（工资台账）要保存2年以上备查，并应向劳动者提供一份劳动者个人的工资清单。而台湾则规定工资清册应保存5年，保存时间更长，但没有规定应向劳动者提供一份劳动者个人的工资清单。第三，我国大陆规定工资至少每月支付一次；台湾规定除当事人有特别约定或按月预付者外，工资每月至少定期发给2次，这样可以更有效防止拖欠工资、危及劳动者生存现象发生。

（2）抵消禁止。工资原则上不得抵消，但因劳动者故意侵权行为所产生的赔偿请求权可以抵消。根据我国《工资支付暂行规定》，如果因劳动者本人原因给用人单位造成经济损失的，用人单位可按照劳动合同的约定要求其赔偿经济损失；该项赔偿额，可从劳动者本人的工资中扣除；但每月扣除的部分不得超过劳动者当月工资的20%；若扣除后的剩余工资部分低于当地月最低工资标准，则按最低工资标准支付。我国台湾"民法"第338条规定，原则上，工资应禁止抵消，但因受雇人故意侵权行为所致者，不在此限。瑞士债法规定，雇主可以其请求权对劳工的工资请求权主张抵消，但以可扣押者为限，其因为劳工故意损害所产生的赔偿请求权不在此限。

但是，在实务中，是否属于故意损害，是一个复杂的事实认定和法律推定问题。举一实例①,司机陈某 2008 年 8 月到某公司担任司机职务,陈某从 2010 年 1 月开始负责驾驶该公司 2009 年 9 月购买的捷达车,交车时车辆状况良好,2010 年 3 月该公司发现陈某驾驶的捷达车接连出现刹车皮严重磨损,陈某未及时报告申请更换,并长时间使用,导致金属碟严重磨损无法修复,行车波箱异响严重,经 4S 店拆检后,4S 店结论如下:"波箱内部多个零件破损,其起因是倒挡齿受到撞击脱落碎片后,碎片掉到了其他齿轮的结合处,引起其他齿轮破损,属于人为操作引起的故障。"该公司认为陈某故意损害车辆,欲辞退陈某,并由陈某负担因此造成的一半维修费,准备用陈某的工资抵消损害的维修费用;陈某认为车辆损害不是自己的过错所致。笔者认为,在这一案件中,不能简单认为陈某是故意侵权造成车辆损害,但陈某操作不当、缺乏机械知识导致车辆损坏是明显的。在笔者的建议下,该公司在陈某自愿离职的前提下补偿给陈某 2 个月基本工资的生活补助费和付清工资,双方达成了陈某自愿离职的和解协议。这一案件给我们的启示是,在实际案件中,如何认定是否故意侵权并不简单,类似上述案例可以说是处于故意和过失的"中间状态"、"模糊状态"或"两可状态",因为作为一个专业司机本应注意车辆的运行和维护,但上述案例中的车辆故障存在驾驶人的过错和操作不当。从民事侵权责任角度说,如果不深入区分故意和过失,只要存在过错并造成损害,就要承担赔偿责任,车辆使用人承担全部的维修费用是当然之理;但是从劳动法角度看,却不能简单地以民事侵权责任来追究劳动者的损害赔偿责任,要求劳动者承担全部或一半的车辆维修费用均属牵强,除非该劳动者自己承认存在主观故意,否则这种工作过失不能作为承担损害赔偿的依据。因此,工资抵消禁止之例外也应从严把握,不能简单地搬用民法侵权责任的一般原理。

(3)收入处分权及其限制。这一问题事关劳动者的工资请求权可否让与或出售问题。根据《工资保护公约》第 6 条的规定,禁止雇主以任何方式限制工人自由支配其工资。因此,工资的处分以自由处分为原则,工人具有自由处分其工资的权利,雇主不得以任何方法限制。对劳动者收入处分权加以限制的约定无效,但经过工会同意的可做部分限制,至于对将来福利、职业训练等

---

① 该案例是笔者在调研中一家公司提供的实际案件,但公司名称、劳动者姓名和具体时间做了虚拟化处理。

权利的期待权则绝对禁止让与或出售。

（4）工资优先权。根据《工资保护公约》第11条的规定，在雇主破产或司法清算的情况下，受雇工人应列为特别优先清偿债权人。根据我国《工资支付暂行规定》第14条规定，用人单位依法破产时，劳动者有权获得其工资。在破产清偿中用人单位应按《企业破产法》规定的破产债权清偿顺序，优先支付欠付本单位劳动者的工资。

二、构建欠薪保障法律制度的基本关系

劳动报酬权和生命健康权是劳动者各项权利中最基本的两项权利，取得符合生存和发展需要的劳动报酬是维系劳动者生命健康、履行赡养义务、培育后代的基本保障，在职业活动中得到生命健康保障是取得持续劳动报酬的基本前提。保持生命健康，是人类从事劳动获取劳动报酬的意义所在。然而要保障劳动报酬权这项劳动者的基本权利，是一个宏大而重要的系统性法律工程，涉及诸多方面的关系和制度，其中的一个关键制度是构建欠薪保障基金制度。围绕构建欠薪保障基金制度这一关键制度，应慎重妥当地处理好欠薪保障法律制度涉及的各方面关系。

（一）欠薪保障基金制度与我国《立法法》的关系

众所周知，欠薪保障基金的充足与否是欠薪保障基金制度有效运行的关键，我国目前尚不具备由国家财政统一拨款构成欠薪保障基金的条件。因此，欠薪保障基金的构建必然需要直接或者间接向企业收取欠薪保障费。《立法法》第8条规定对非国有财产的征收必须制定法律，而我国目前尚没有任何一部法律涉及向企业收取欠薪保障费的规定，因此构建欠薪保障基金制度的首要前提是解决向企业收费的立法权限和各地方制度的衔接问题。解决这一问题的基本思路是通过国家立法机关的立法，实现全国范围内构建欠薪保障基金制度，使地方制定具体的欠薪保障基金制度有法可依。

（二）欠薪保障基金制度与工资支付法律制度的关系

欠薪保障基金制度的设立理念之一是应急帮助，即为了保障被拖欠劳动报酬的劳动者的基本生活。这一设立理念决定了欠薪保障基金制度不应该也不可能从根本上解决欠薪问题。欠薪保障基金制度只能在劳动者被拖欠劳动报酬，生存面临威胁的情况下给予基本的物质帮助，使劳动者有能力继续向用

人单位追偿未获得垫付的劳动报酬。简言之,欠薪保障基金制度只是解决特殊情况下劳动者被拖欠劳动报酬的基本生活问题,一般情况下的欠薪问题以及垫付之外的劳动报酬,还需要通过现行的工资支付法规、工资追索机制来救济。因此,明晰欠薪保障基金制度与工资支付法规的关系,对于构建欠薪保障基金制度至关重要。

在处理欠薪保障基金制度与工资支付法规的关系中,还要构建和完善最低工资保障制度,构建工资集体协商(谈判)制度,将欠薪保障基金垫付的限额与最低工资作为关联系数。因为,最低工资是劳动者基本生存权的物质依托,不仅是没有发生欠薪时的工资保障底线,还是发生欠薪需要垫付时的参考标准。

我国现行的《劳动法》《劳动合同法》虽然对因用人单位欠薪导致劳动者提出解除劳动关系,用人单位需要按规定给予经济补偿金、赔偿金等,但当出现用人单位不能或不支付工资,这些经济补偿金、赔偿金也往往落空。于是,欠薪保障基金制度这种事后处置机制的价值就发挥了救济作用。

(三)欠薪保障基金制度与工资支付保证金制度的关系

目前,为应对欠薪比较普遍的建筑行业和其他一些劳动者流动性大的行业的欠薪问题,我国部分地区设立了工资支付保证金制度。例如,广州市在2009 年 7 月 1 日起施行了《广州市建筑施工企业工人工资支付保证金管理办法》。这一制度的基本做法是,让建设单位在申领工程项目施工许可证前,按照工程造价的一定比例作为首付工资保证金存入中标建筑企业开设的专用存款账户,以备将来支付拖欠劳动者的劳动报酬。

由此可见,工资支付保证金制度与欠薪保障基金制度都是为了解决特殊情况下的工资支付问题,工资支付保证金制度如果能有效实施可以解决建筑行业和其他某些劳动者流动性大的行业的欠薪问题,不需再适用欠薪保障基金制度。因此,在构建欠薪保障基金制度的时候理应考虑到其与现行相关制度的衔接关系。

(四)欠薪保障基金制度与欠薪保障救济制度的关系

在构建我国欠薪保障基金制度的同时,我们要完善欠薪保障救济制度,使劳动者有更便捷、快速、有效的救济欠薪的制度。因为,欠薪保障基金制度只是有限垫付而不是全额垫付欠薪,欠薪保障基金只是应急救济而不是常规救济。完善欠薪支付令、欠薪调解、欠薪劳动监察和其他各项欠薪救济制度,才是常规的法律救济制度。

劳动监察机制的重点是事前防范,从预防欠薪和冲突的角度看,劳动监察机制是一个当然的制度选择。但是,我国大量欠薪的事实和纠纷,反映了我国劳动监察机制事前防范的实效是可质疑的。用人单位与劳动者之间的欠薪纠纷,固然有些纠纷是可以简单、便捷地厘定属于用人单位单方面责任造成的,然而有些欠薪纠纷可能夹杂着双方各有"是非"的说道,并不是简单的"非此即彼"关系;在这类纠纷中,劳动监察的边界是模糊的。加上劳动监察是政府的一个职能机构,在追求经济效益往往高于公平正义的地区性利益驱动下,劳动监察执法的公开、公平和平等也是受到制度内外种种压力掣肘的。但是,我们也不能基于上述原因,"因噎废食"地认为可以废止劳动监察,将政府应当担当的监察职责拱手让给自由市场调节,由当事人通过事后的纠纷申请来解决,这是不符合社会法原理中公权力必要和适当介入劳动关系基本要求的。

(五)欠薪保障基金制度与我国社会保险立法的关系

社会保险是国家通过立法,规定各级政府财政、用人单位和劳动者按照法定的承担费用比率,筹集各项社会保险基金,在劳动者发生养老、工伤、失业、生育和医等法定情形下,获得社会保险金救济的制度。社会保险制度虽然与欠薪没有直接的联系,是劳动者发生了特定的社会保险风险情形下的救济机制,社会保险不能解决欠薪的事前防范和事后处置问题,但依法为劳动者缴纳社会保险费,使劳动者遇到劳动风险时有保障和救济,有效缓解矛盾。

虽然欠薪保障基金也是通过向用人单位征缴一定的费率筹集欠薪保障基金,以救济被欠薪劳动者的生活急需,但这是保护劳动者的劳动报酬权。而社会保险则是保护因为某种法定的社会保险风险,劳动者无法正常工作、劳动收入减少的情形下,给予的救济。可见,社会保险基金救济的对象和事由与欠薪保障基金是不同的。

(六)欠薪保障基金制度与我国《刑法》的关系

欠薪保障基金制度与《刑法》的关系主要是指,恶意欠薪的法律责任中是否应当追究刑事责任。对于恶意欠薪入罪问题,理论界与实务界展开了激烈的争论。有人认为,恶意欠薪社会危害性极大,我国现行民事立法不能有效解决恶意欠薪问题,拒不执行生效裁判罪的构成要件过于严格,对恶意欠薪者不能产生足够的威慑力,因此主张应当设立恶意欠薪罪。从一般民众的民意看,他们也偏向增设恶意欠薪罪对欠薪责任人追究刑事责任,直接、简单。有人认为,基于刑法谦抑性的考虑,恶意欠薪入罪应当慎重,对有支付能力而拒不履行生效裁判义务的欠薪责任人处以拒不执行生效裁判罪,体现了慎刑理念和罪刑相当原则。

2011年2月25日通过、5月1日实施的我国《刑法》修正案(八)将拒不支付劳动报酬等严重危害群众利益的行为规定为犯罪,追究刑事责任。该修正案第四十一条用三款对此加以规定:以转移财产、逃匿等方法逃避支付劳动者的劳动报酬或者有能力支付而不支付劳动者的劳动报酬,数额较大,经政府有关部门责令支付仍不支付的,处三年以下有期徒刑或者拘役,并处或者单处罚金;造成严重后果的,处三年以上七年以下有期徒刑,并处罚金。单位犯前款罪的,对单位判处罚金,并对其直接负责的主管人员和其他直接责任人员,依照前款的规定处罚。有前两款行为,尚未造成严重后果,在提起公诉前支付劳动者的劳动报酬,并依法承担相应赔偿责任的,可以减轻或者免除处罚。至此,"恶意欠薪罪"似乎尘埃落定了。

但笔者认为治理欠薪问题不能过分依赖《刑法》增设的"恶意欠薪罪",我们要兼顾刑法的谦抑性和威慑力,注重治理欠薪问题的长效机制。笔者在本书第五章中详述了自己的主张和理由。

第二节 欠薪保障法律制度的法理基础

劳动是人类区别于其他动物的本质所在,劳动使人类得以繁衍发展。工资债权是劳动之债,体现的是劳动价值,具有高度的社会属性,从而使工资与其他所得相异,使得人类社会完全有必要通过立法使劳动债权得到优先于任何物权和其他债权的保护。劳动过程产生的劳动成果归用人单位所有,劳动者本人不能直接得到劳动成果,而且劳动成果也不是劳动者劳动的目的。"工资乃矿工出卖劳动力之报酬,出卖血汗之代价,在未受清偿前,沉淀于矿场之资产部,但本属于矿工所有,不容任意剥弃,较诸土地增值税尤为显然。工资具有绝对神圣性,必须予以保护,始足实现社会正义。"①

---

① 王泽鉴:《民法学说与判例研究》(一),中国政法大学出版社1998年版,第513页。

　　构建欠薪保障法律制度符合保障劳动者生存权、劳动报酬权的基本法理，欠薪保障法律制度符合社会法的基本原则，欠薪保障法律制度符合用人单位对劳动者承担社会责任的基本理论。不论是从现象到本质看，通过构建欠薪保障法律制度，赋予行政和司法介入欠薪保障领域的公权力，解决我国欠薪处置的非法律化手段与民法、行政法、刑法的种种冲突，是欠薪保障法律制度存在的直接原因和正当价值。

一、欠薪保障法律制度与社会法的生存权理念

　　"民亦劳止，汔可小康。惠此中国，以绥四方。"①塑造整个社会公共生活秩序和谐的基本条件在于有遵守法律制度的精神。欠薪保障法律制度作为营造和体现保障生存权这一社会法理念的制度设计，劳动者的生存与发展得以维系，使得整个社会公共生活更有序和谐、安宁。一项调查数据显示，"在接受调查的人中，有超过51%的人认为不平等（收入分配差距）威胁社会安定"②。不论是从经验判断、理论分析还是实证数据均可印证，如果连劳动者本来应当得到的微薄薪酬都不能得到保障，社会负面性影响极大，害及整个社会安定。

　　（一）欠薪保障是事关社会安全的社会公共问题

　　对于劳动者的工资，是属于私法领域的问题，还是属于公法领域的问题，历来存在许多不同观点。黄越钦先生认为："工资是劳工给付劳务的对价。资方从事生产，购买机械、原料等生产工具，必须支付价金，而雇佣劳动者提供劳务，其所支出的价金即是工资。从法律上的关系来看，劳动者的劳务提供与使用者的支付工资是给付与对待给付关系，是私法上债权债务的契约关系。"③这一观点显然是从契约自由的私法理念出发，对工资债权属性所作的界定。

　　但黄越钦先生的这一观点与黄越钦先生在其著作中的其他部分观点、与

---

　　①　《诗经·民劳》。

　　②　怀默庭：《中国民众如何看待当前的社会不平等》，《社会学研究》2009年第1期。

　　③　黄越钦：《劳动法新论》（修订第三版），台北翰芦图书出版有限公司2006年版，第291页。

台湾的劳动立法又是冲突的。例如,台湾"劳动基准法"第 21 条规定:"工资由劳雇双方议定之,但不得低于基本工资。"前者是劳雇双方合意的"议定工资",后者则是公权力机关制定的"基本工资",是公权力对私法领域的合意的干预,使得工资不再是单纯的私法领域的问题。即使是透过集体合同或者团体协约,形成包括工资在内的集体合同或者团体协议,协商确定工资,也是国家公权力保障劳动者团体和雇主团体按照一定的程序和规则展开对话和调适的产物。

现代市场经济不是绝对自由的原始积累时期的市场经济,而应当是负有社会责任的市场经济。负有社会责任的市场经济,不仅要维护市场经济的基本原则,而且要兼顾社会平均和社会保护的原则。① 由于劳动者在现代工商业社会,随着城市化与工业化的迅速扩张和冲击,仅有的可耕种地水土严重受污染,价格低廉且深受气候影响的农产品无法与迅速获利且基本不受气候变化影响的工业产品竞争,劳动者再也无法通过自给自足的农业、手工业或家庭来保障生存和发展的体面需求。因此,工资问题不再是简单的私法领域问题,而是社会公共领域的重要问题,工资保障制度和社会保险制度就成为了维护社会安全的两大支柱。工资保障制度在维护社会安全稳定上,比社会保险制度发挥更基础和更关键的作用。但工资保障制度与社会保险制度又有密切的关系。例如,我国台湾地区的积欠工资垫偿制度就是按照事业单位缴纳的社会保险费总额征收万分之二点五的费用,而且现行的积欠工资垫偿申请与事业单位是否缴纳费用已不直接关联,使得积欠工资垫偿基金成为一项既像社会保险又类似公共救助的复合形态社会保障制度②。

从我国香港欠薪保障基金制度、台湾积欠工资垫偿制度实行二十多年来的效果看,这两个地区的工资保障制度发挥了舒缓社会矛盾、调和劳动关系、维护社会稳定安全的积极功能。二十多年来,两地没有发生因为欠薪问题而引发的大规模暴力冲突事件或者频发恶性事件。

---

① 郭明政:《社会安全制度与社会法》,台北翰芦图书出版有限公司 1997 年版,第 46—47 页。

② 台湾有学者称台湾的积欠工资垫偿制度为"工资保障的社会保险措施"。参见郭明政:《社会安全制度与社会法》,台北翰芦图书出版有限公司 1997 年版,第 56 页。

　　(二)欠薪保障机制是实现劳动者生存权的基本保证

　　在古代奴隶社会和封建社会里,已经有了调整劳动关系的某些法律规范;由于奴隶社会和封建社会中,劳动者的人身完全依附性,这些法律规范不能视作保障劳动者生存权的规范。

　　在资本主义原始积累时期,资本主义制度产生最早的英国,为了强制被剥夺了土地的农民从事雇佣劳动,曾经公布过许多强制劳动的法律。当时人们把这些法律统称为"劳工法规"。这些"劳工法规"具有两重性,即兼具封建压迫和资本剥削两方面的作用,它也不是现代意义的保障劳动者生存权的劳动法。

　　17世纪中叶以后,以英国为首的西方国家陆续取得资产阶级革命的胜利,资本主义生产方式占据统治地位,确立了资本主义劳动关系。从18世纪30年代起,英国首先开始了产业革命,实现了手工业向机器大工业的过渡。产业革命以后,随着劳资矛盾的激化,18世纪中叶以后,工人阶级为了维护自身的生存,自发起来和资产阶级斗争;其中包括要求公布法律来限制工作日长度,特别是童工和女工的工作时间。在各方面的压力下,英国议会于1802年被迫通过《学徒健康与道德法》。在此后的100多年中,英国议会又先后通过了几部有利于劳动者的法律。① 继英国之后,欧洲其他几个工业化较早的国家,如瑞士、德国、法国等也先后公布了限制童工工作时间和夜工的法律。这些法律统称为"工厂立法"。

　　"工厂立法"所调整的劳动关系与过去的法律不同,同资本主义萌芽时期的"劳工法规"有根本的区别。"工厂立法"不同于以往调整劳动关系的法律的基本特征就在于它是资产阶级被迫作出的让步,它是旨在限制剥削而不是加强剥削的法律,在一定程度上有利于维护劳动者的权利,是旨在保护劳工生存权的现代劳动法起源。

　　德国1919年8月11日颁布施行的《魏玛宪法》②否定了君主制,采用了

---

　　①　参见关怀主编:《劳动法学》(第三版),中国人民大学出版社2008年版,第28—30页。

　　②　但是,1933年希特勒建立独裁统治后,先用紧急命令宣布《魏玛宪法》中许多关于人民权利的条文停止生效,后又制定了《消除国民与国家危机的法律》(《授权法》),规定政府可以自行制定与宪法相抵触的法津。于是《魏玛宪法》名存实亡。第二次世界大战后,《魏玛宪法》为1949年的《德意志联邦共和国基本法》所代替。

立宪主义的民主制,该法第五章"经济生活"中有多个条款对劳动等社会权作了规定,在世界上首次以宪法保障生存权[1]。

《魏玛宪法》第 151 条第一款规定:"经济生活之组织,应与公平之原则及人类生存维持之目的相适应。在此范围内,各人之经济自由,应予保障。"该法第 157 条规定,劳力,受国家特别保护。联邦应制定划一之劳工法。该法从第 157 条开始用了 9 个条款规定了社会权。《魏玛宪法》规定的"人类生存维持之目的"是生存权的基本法规范。

但是 1929 年至 1933 年史无前例的世界经济危机,导致大量失业,使工人和农民的生活极度贫困化,也催生了邪恶的德、意、日法西斯极端政权的上台,从而爆发了第二次世界大战,并摧毁了包括《魏玛宪法》在内的人类法治愿景。

然而,美国在这一时期虽艰难但最终成功实行了"新政",美国国会于 1933 年制定了《联邦紧急救济法》,规定国家通过向州等地方自治体支付补助金,直接救济贫困国民生活;又于 1935 年制定了《社会保障法》,实现了从临时性紧急政策向永久性保障国民生活政策的转化。美国国会还于 1935 年颁行了《全国产业复兴法》,以国家财政为基础开展各种公共事业,创造出不少劳动机会,减少了失业,保障了劳动权。该法还通过各行业缔结协定,规定了最低工资和最长劳动时间,以强化对劳动者的保护。其后,又增加了禁止雇佣少年劳动的内容。1935 年还颁行了《全国劳动关系法》进一步保障劳动者的基本权利,保障团体行动权,扩大不适当劳动行为的范围。这些规范进而被1938 年的《公平劳动标准法》所继承,使劳动基本权得到保障。[2]

基于第二次世界大战期间,德、意、日法西斯政权给人类带来的极大悲剧,也为了消弭垄断资本主义社会日趋强大的资本势力对弱小劳动者的肆意剥削而累积的种种社会仇恨,1948 年 12 月 10 日联合国大会通过并颁布的《世界人权宣言》第 22 条规定:"每个人,作为社会的一员,有权享受社会保障,并有权享受他的个人尊严和人格的自由发展所必需的经济、社会和文化方面各种权利的实现,这种实现是通过国家努力和国际合作并依照各国的组织和资源情况。"该宣言第 23 条规定,所有公民有权工作、自由选择职业、享受公正和

---

[1]　[日]大须贺明:《生存权论》,林浩译,法律出版社 2001 年版,第 3 页。

[2]　[日]大须贺明:《生存权论》,林浩译,法律出版社 2001 年版,第 7 页。

合适的工作条件并享受免于失业的保障;有同工同酬的权利,不受任何歧视;每一个工作的人,有权享受公正和合适的报酬,保证使他本人和家属有一个符合人的生活条件,必要时并辅以其他方式的社会保障;所有公民有为维护其利益而组织和参加工会的权利。该宣言第 25 条规定,所有公民有权享受为维持他本人和家属的健康和福利所需的生活水准,包括食物、衣着、住房、医疗和必要的社会服务;在遭到失业、疾病、残废、守寡、衰老或在其他不能控制的情况下丧失谋生能力时,有权享受保障。母亲和儿童有权享受特别照顾和协助。一切儿童,无论婚生或非婚生,都应享受同样的社会保护。《经济、社会、文化权利公约》第 7 条也申明了保障劳动报酬的基本精神。

　　我国 1982 年《宪法》在第 42 条和第 45 条也明确规定了公民的劳动权和公民的生存权(物质生活帮助权)。

　　从上述宪法、劳动法和国际公约有关生存权的规定看,生存权的核心是保障公民能过上人一样的生活,确保公民在社会生活中人的尊严。劳动权是宪法规定的公民一项基本权利,劳动报酬权则是劳动权的核心内容之一。如果将此与一般人格权理论联系起来看,生存权也是一般人格权得以实现的基础,而"在理念上,一般人格权的实质性内容主要是指'人之尊严和人格自由发展',即'人之为人'的那些最基本、最重要的价值,而这与道德伦理意义上的人权的内容基本无差。"[1]由此可见生存权与一般人格权的密切关系。生存权的内容主要是公民在遭遇不幸或贫困时有权要求国家和社会组织在物质生活上给予帮助;生存权要求国家有所作为,通过公权力保护帮助生活贫困者和经济上的弱者。这与自由权要求国家权力不干预个人私权、不侵害公民自由领域,保护路径是不同的。人类的生存具有应受到最优先保护的普遍价值,劳动债权因其关系到劳工及其家属的最起码生存需要,同样具有应受最优先保护的普遍价值,在法律保护的物质权利序列中应给予最优先的安排。可见,生存权要求国家积极干预,为国家权力划定介入的范畴;而自由权是要求国家不干预,为国家权力划定不介入的范畴。[2]

　　为了实现公民宪法上的生存权和劳动权,就需要对事关公民生存依托的工

---

①　姚辉:《侵权责任法视域下的人格权》,《中国人民大学学报》2009 年第 3 期。
②　[日]大须贺明:《生存权论》,林浩译,法律出版社 2001 年版,第 16 页。

资加以特别保障。其中设定最低工资标准,规定工资集体协商,用强行法加以推行,成为公法干预私法领域劳动合同内容之一的工资之典型标志。通过确定最低工资标准并不断调整标准,以逐步提高劳动者的生活素质,不致因为劳动者的过度贫困而导致社会的尖锐冲突破坏社会秩序,成为各国公权力介入的切入点,最低工资保障制度成为了保障劳动者生存权的一项基本劳动法律制度。

然而,当发生拖欠劳动者劳动报酬的事件,欠薪责任人逃之夭夭时,最低工资保障制度只是确定了劳动标准,甚至是欠薪刑事责任制度也无法发挥真正救济劳动者的作用。追究欠薪者的刑事责任并不能救济被欠薪劳动者遭遇的生存困境,最终要通过欠薪保障基金或欠薪保障救济手段来实现被欠劳动报酬。虽然对欠薪责任人的刑责规定可以威吓意图欠薪者,但这种威吓也可能成为公权力寻租、偏护性执法的一个温床。当劳动者被欠薪的事实发生,我们更需要的是寻求一定的储备资金给予被欠薪劳动者应急救助。由此,通过国家公权力征收一定的费用来建立欠薪保障基金或者类似的保障工资支付制度,就成了国家公权力保护生存权的另一个切入点。循此思路,建立欠薪保障基金制度和欠薪优先权制度等就有了法理依据。但是,"一个社会制度从来也不可能终结性地被证明是合理的,因为,观点的数量和分量(人们必须根据这些观点来评判这个社会制度)总是随着时间而改变。"①本书所要倡导的欠薪保障基金制度和欠薪优先权制度也是如此,当未来我国社会具备法治的基本要素或标准时,整个社会恪守诚实信用和依法行事,用人单位自觉承担对劳动者的社会责任,欠薪问题也许会成为历史的旧名词时,那时欠薪保障基金制度、欠薪优先权制度和欠薪刑事责任制度将成为备而不用的制度,我们的国家将真正成为法治强国,我们的民族将获得伟大复兴。

二、立法、行政和司法介入欠薪保障的正当性与必要性

(一)劳动报酬权是宪法赋予劳动者的基本人权

2004 年,我国将"国家尊重和保障人权"载入宪法②,此为我国法治进程

---

① [德]P. 科斯洛夫斯基:《资本主义的伦理学》,王彤译,中国社会科学出版社 1996 年版,第 5 页。

② 《中华人民共和国宪法》第 33 条第 3 款。

中具有里程碑意义的事件。我国《宪法》第 42 条规定,我国公民有劳动的权利和义务。同时,我国《宪法》第 45 条规定,我国公民在年老、疾病或者丧失劳动能力的情况下,有从国家和社会获得物质帮助的权利。国家发展为公民享受这些权利所需要的社会保险、社会救济和医疗卫生事业。这一规定是以国家名义作为保障生存权的基本义务主体,也可以说这是公民向国家申请获得生存保障的一项基本权利。

可见,劳动者的劳动报酬权和生命健康权事关劳动者及其家属的生存发展,属于基本人权范畴。现实中,用人单位与劳动者的相互关系总体情况究竟如何,是一个值得探讨的命题,这是直接涉及立法、行政和司法介入欠薪保障以及如何介入的正当性与必要性的价值判断。

(二)我国劳动关系不和谐的严峻现状为公权力介入欠薪保障提供了现实理据

1. 我国用人单位与劳动者关系不和谐的严峻现状

根据我国人力资源和社会保障部《2007 年劳动和社会保障事业发展统计公报》公布的情况,2007 年在全国范围内重点开展了农民工工资支付情况、清理整顿劳动力市场秩序、劳动用工情况和整治非法用工打击违法犯罪等专项检查活动,全年主动检查用人单位 160 万户,对 138 万户用人单位进行了书面审查,调查处理举报投诉案件 40.9 万件,查处各类劳动保障违法案件 40.8 万件。通过劳动保障监察执法,责令用人单位为 1626 万名劳动者补签了劳动合同,责令用人单位为 791 万名劳动者补发工资待遇等 62 亿元,督促 18 万户用人单位补缴社会保险费 52 亿元,督促 11 万户用人单位办理了社会保险登记、申报,取缔非法职业中介机构 7346 户,责令用人单位退还收取劳动者的风险抵押金 3.3 亿元。全年各级劳动争议仲裁委员会处理劳动争议案件 50 万件,比 2006 年增长 11.9%。其中,案前调解 15 万件;立案受理劳动争议案件 35 万件,涉及劳动者 65 万人。立案受理的劳动争议案件中,集体劳动争议案件 1.3 万件,涉及劳动者 27 万人。立案受理的劳动争议案件结案率为 92.3%。①

---

① 国家人力资源和社会保障部、国家统计局:《2007 年劳动和社会保障事业发展统计公报》(2008 年 5 月 21 日发布),参见 http://w1. mohrss. gov. cn/gb/zwxx/2008 - 06/05/content_240415. htm,访问时间 2009 年 9 月 2 日。

2008 年全国各级劳动争议仲裁机构共办理劳动争议案件96.4 万件(含2007 年未结争议案件)。其中,当期立案 69.3 万件,当期案外调解 23.7 万件。当期立案的劳动争议案件比上年增长 98.0%,涉及劳动者 121.4 万人。其中,集体劳动争议案件 2.2 万件,涉及劳动者 50.3 万人。仲裁机构当期审结案件 62.3 万件,结案率为 86%。2008 年末累积未结案件 10.4 万件。2008年在全国范围内重点开展了农民工工资支付情况、清理整顿人力资源市场秩序、整治非法用工打击违法犯罪和用人单位遵守《劳动合同法》情况等专项检查活动,2008 年检查用人单位 180.8 万户,对 171.2 万户用人单位进行了书面审查,调查处理举报投诉案件 48.1 万件,查处各类劳动保障违法案件 48.3万件。通过劳动保障监察执法,责令用人单位为 1561.7 万名劳动者补签了劳动合同,责令用人单位为 698 万名劳动者补发工资等待遇 83.3 亿元,督促16.4 万户用人单位补缴社会保险费 49 亿元,督促 12.6 万户用人单位办理了社会保险登记、申报,取缔非法职业中介机构 7,192 户,责令用人单位退还收取劳动者的风险抵押金 0.89 亿元。①

2009 年 7 月 24 日,吉林通化钢铁集团公司发生上万钢铁工人抗议企业改制的示威活动,民企派出的新任总经理在上任当天被殴致死。② 这一事件突出反映了现实中,用人单位和劳动者之间的尖锐冲突。与此类似的很多暴力流血事件警示我们应正视我国劳动者权利受到侵害而产生矛盾激化的现实③。

2. 公权力介入欠薪保障在内的劳动关系的正当性与必要性

上述数据突出反映了当前我国用人单位和劳动者关系的不和谐严峻现状,劳动者权益、特别是劳动者的劳动报酬权普遍受到侵害的严峻现实。

---

① 国家人力资源和社会保障部、国家统计局:《2008 年劳动和社会保障事业发展统计公报》(2009 年 5 月 19 日发布),参见 http://www.stats.gov.cn/tjgb/qttjgb/qgqttjgb/t20090519_402559984.htm,访问时间 2009 年 10 月 5 日。

② 胡舒立:《通钢事件警示怎样与工人对话》,《财经》2009 年第 16 期。

③ 例如已经为人们淡忘的"2004 年 4 月 23 日东莞兴昂鞋厂事件"数千工人更大范围的流血冲突事件,《商界》2004 年 12 月。再如 2008 年 9 月 28 日,工作不到一周的刘汉黄在上班时被机床扎伤,送院后右手掌被截肢,2009 年 6 月 15 日刘汉黄出厂被拦,与该厂台籍总经理林裕腾、副总经理邵正吉、赖振瑞理论过程中,用一把弹簧刀将 3 人捅伤,造成邵正吉当场死亡、林裕腾送医抢救无效死亡、赖振瑞受重伤,《南方都市报》2009 年 9 月 8 日。

这些数据为我们提供了通过立法、行政和司法介入欠薪保障以及如何适当介入的现实理据,通过欠薪保障法律制度在内的各项法律制度保障劳动者的劳动报酬权,改善劳动关系,是必要和正当的,可使宪法上抽象的劳动者生存权具有可操作的规范和规则保障。这恰恰体现了社会法与私法的不同性质,"私法的首要价值在于维护私法自治精神,鼓励私人自主安排内部事务,限制公权力过度介入私人关系。"①而社会法却主张公权力适当介入私法不能完成调整任务的劳动关系中。

回顾历史,许许多多国家在近代发生的暴力革命,与无产者的悲惨生活和社会境遇息息相关。宣扬市场至上、契约绝对自由的早期资本主义社会,累积了种种社会仇恨以及制度的积弊,导致了无法调和的无产阶级暴力革命,而不是一些学者批评的因为某种极端理论导致了这种革命,这些社会事实也迫使步入垄断阶段的资本主义国家掌权者主动调整其劳工政策与法律在内的各项社会政策,公法逐步介入劳动关系领域,制定各种劳动标准干预劳动关系。正是由于劳动力市场失灵,无法自发有效调节好劳动关系,政府担当相应的责任成为劳动关系立法、执法和司法的必然选择路径。

三、欠薪保障法律制度与用人单位对劳动者承担的社会责任

构建欠薪保障法律制度,特别是欠薪保障基金制度,使用人单位在经营困难、歇业、清算、重整、和解、破产甚至逃避义务等情形发生不能或不支付劳动者劳动报酬时,实现用人单位对劳动者承担社会责任。

（一）用人单位对劳动者承担社会责任的实现机制体系

什么是用人单位的社会责任? 从不同的角度阐述,用人单位承担的社会责任有各种不同的观点。由于用人单位主要部分是企业,因此我们从企业社会责任展开论述。

1924 年美国的谢尔顿提出企业社会责任概念时,把企业的社会责任与企业经营者满足企业内外各种人的需要的责任联系起来。在这一观点基础上,有些学者将企业应当对利益相关者承担的社会责任归纳为十几种关系,由此企业社会责任运动衍生出了包括企业与劳动者、企业与消费者、企业与债权

---

① 叶林:《商行为的性质》,《清华法学》2008 年第 4 期。

人、企业与社区、企业与环境保护、企业与国家机关等的相互关系中的社会责任①。

　　用人单位承担社会责任是社会政治经济法律发展的结果和趋势,社会责任对用人单位而言是必须承担的法律义务。我国 2005 年 10 月 27 日修订的《公司法》在世界各国公司立法中作了创举性规定。该法第 5 条规定,公司从事经营活动,必须遵守法律、行政法规,遵守社会公德、商业道德,诚实守信,接受政府和社会公众的监督,承担社会责任。公司是企业的主要形式,我国由此在商法上确立了企业应当承担的社会责任。

　　企业社会责任作为一项法律原则,已经为我国商法中的公司法明文规定,也是全社会的共识。至于其所依归之理论依据是源自利益相关者理论还是企业依存于社会共同体的自身要求,已不是问题的关键。问题的关键是,如何实现企业应承担的社会责任,或者从劳动法角度说,如何实现用人单位应承担的对劳动者在内的社会责任。

　　用人单位社会责任的内涵可以界定为两个方面:一个是法律社会责任,一个是道义社会责任。其中法律责任是被国家法律确认的用人单位应当承担的最基本的法律义务,而超越法律之上的道义社会责任则属于商业伦理和社会公共利益方面的社会责任,可以看作是用人单位自愿承担的更高层次的社会责任。"公司社会责任首先是一种法律责任,法律责任为公司社会责任设定了最低标准;同时,公司社会责任的意义更在于道德准则,道德准则反映了公司社会责任的价值追求。""公司社会责任在法律责任与道德准则的融合中落实。"②还可以将用人单位社会责任区分为消极社会责任和积极社会责任,前者是用人单位被动地按照法律要求遵守社会责任,后者是用人单位主动积极地履行各项社会责任,往往承担比法律规定更多的社会责任。

　　当然,法定的社会责任和道义的社会责任之界限并非泾渭分明,而且随着社会的发展变化其界限也会不断变化。随着我国推动用人单位履行社会责任机制的构建,用人单位承担社会责任的法定内涵也会越来越丰富。例如,从过

---

① 程鹏、张勇:《关于企业社会责任的研究综述》,《西南科技大学学报(哲学社会科学版)》2009 年第 1 期。

② 朱慈蕴:《公司的社会责任:游走于法律责任与道德准则之间》,《中外法学》2008 年第 1 期。

去对上市公司没有社会责任披露报告要求到现在有明确的披露要求,从现在的泛泛披露、避重就轻的披露到将来更加明确具体详细的披露要求。

然而,在用人单位承担的各项社会责任中,用人单位社会责任首先体现为对人承担的社会责任。用人单位对人承担的社会责任,在企业内部体现为是否充分尊重和保护劳动者的各项权益,特别关键的就是对劳动者劳动报酬权和生命健康权的尊重和保护;在用人单位外部体现为其生产经营活动及其产品对消费者权益是否尊重和保护。如果用人单位对其内部熟悉、休戚相关的劳动者之权益都不能给予尊重和保护,很难想象该用人单位能履行用人单位其他社会责任。

有人认为,社会责任本身并非法律问题,称不上欠薪保障的法理基础;法理基础意味着为一行为形成合法性理论依据,欠薪的法律保障包括行政、司法乃至刑法保障,与社会责任是两码事;一个企业连基本的法律责任都没有履行,何谈社会责任? 就好比一企业偷税做慈善一样;如果将社会责任纳入,就可能分散法律保障的力度本身。① 但是,正如笔者前文已述,社会责任既是一种法律责任制度,又是一种社会理念;一种法律制度如果缺乏社会理念的认同,靠纯粹的法律技术是无法有效解决问题的,而社会责任制度及其理念兼具了"种子和土壤"的功能,社会责任从法律制度层面看具有法律的强制性特点,社会责任当作社会理念来塑造时又有道德的呼唤和感召。

基于上述考虑,用人单位承担对劳动者社会责任的实现机制体系可以从以下三个方面来思考:

第一个方面是从用人单位外部构建明确的强制性的规则、制度等法律机制。以瑞典和台湾地区的模式为例,瑞典的劳资制度为劳动者参与企业决策,沟通企业股东、管理者与劳动者之间的矛盾提供了一系列机制,台湾地区的劳资会议制度也为化解劳资冲突发挥了积极效用。各国普遍实行的最低工资保障制度,更是保护劳动者、敦促用人单位承担社会责任的一项基本制度。

有些人认为,我国《企业破产法》规定了职工的优先权等制度,《劳动法》对最低工资制度的规定、《劳动合同法》对劳动者权益作了比较全面的保护规

---

① 《中国新闻周刊》记者申欣旺先生在审读笔者的本部分论文时提出了这一意见。笔者十分感谢申欣旺先生的宝贵意见,他的思想火花给了笔者不少完善论文的启发。

定,所以我国现行法律对职工权益的保护是完善和全面的,不需要在企业法中规定用人单位对劳动者承担社会责任。笔者认为这是错误的观点。我国《企业破产法》虽然规定了劳动债权优先权,但是由于此优先权是安排在担保债权后面清偿,根据笔者调研的情况,多数用人单位将财产担保出去后用人单位财产已经所剩无几,不足以保障维护生存权之必需的劳动债权。企业的这种做法是否能认定为我国刑法修正案(八)中的"以转移财产、逃匿等方法逃避支付劳动者的劳动报酬或者有能力支付而不支付劳动者的劳动报酬"? 依民法的基本原则,恐怕这样认定是不妥当的,否则整个民法的担保制度将被摧毁。我国《劳动合同法》是调整个别劳动关系的法律,亦不能有效解决用人单位与职工集体之间的集体劳动纠纷和冲突。

第二个方面是需要构建行业规则来作为实现用人单位对劳动者承担社会责任的机制。例如 SA8000 的规则以及类似此规则的其他国际性行业规则,这些规则既有法律上的基本义务,又有道义上的社会责任条款,其功效已经被多方肯定,并且这些规则反过来提高用人单位履行法定社会责任的自觉性。

第三个方面是用人单位自身对劳动者承担社会责任的内部规则的构建。比如用人单位年金制度的构建,用人单位文化的塑造,职工的培训培养制度,企业的章程对于董事会和监事会中职工代表任职资格和名额的具体落实规定等,都有助于用人单位自觉实践社会责任。

(二)按时足额支付劳动者劳动报酬是用人单位承担社会责任的最基本范畴

循着用人单位社会责任理论和实践的路径,在用人单位应承担的各项社会责任中,保障劳动者劳动报酬权和生命健康权的社会责任应当是最基本的范畴。

早在 1919 年德国《魏玛宪法》就规定,作为经济生活组织体系中的用人单位,应遵循公平原则和采取符合人类生存目的之行动。《世界人权宣言》也宣扬劳动者有权享受公正和合适的劳动报酬、社会保障以保证其本人及家属有一个符合人的尊严的生活条件。

因此,不论是从客观事实方面,还是从制度建设方面,不论是从法律层面,还是从道德层面,我国用人单位需要改善与劳动者的关系,应当对劳动者承担包括劳动报酬权和生命健康权等在内的各项社会责任,同时我国应当加强用人单位对劳动者承担社会责任的制度建设。

(三)瑞典劳资关系相关制度对我国劳动关系的启示

1. 瑞典劳资关系相关制度概况

瑞典极为重视企业承担社会责任问题,倡导企业承担对劳动者在内的各项社会责任。瑞典还将企业承担社会责任提升至国家竞争力的高度,塑造企业承担社会责任的各项制度和社会环境①。体现在处理劳资关系上,瑞典采取了四种有效的形式来协调处理劳资关系。

(1)劳资双方共同解决劳资纠纷制度。在19世纪末,瑞典劳动市场中就出现了集体谈判和集体契约,推行男女平等的劳动制度。这时的劳资纠纷还是很多的。1936年,工会联合会和雇主联合会开始进行谈判,到1938年双方签订了《萨尔茨耶巴登协议》,确立了"瑞典模式"的雏形。这个协议规定了解决劳资纠纷的程序、机构等,对企业主的管理特权作了一些限制。这一模式对以后瑞典社会关系的稳定和经济的发展起了重要作用。20世纪30年代以后,瑞典罢工的次数大为减少。

(2)劳资双方共同管理劳动力市场制度。第二次世界大战以后,瑞典成立了全国劳动力市场委员会。该委员会是政府、工会和资本家共同管理市场的机构。该委员会与瑞典劳动力计划、职业培训计划、就业服务、失业救济、经济计划等方面有关,成为瑞典政府进行宏观经济管理的重要机构。

(3)劳资双方共同决定企业重要事务制度。第二次世界大战后,劳资双方建立了一种在企业内部"共同决定"生产条件、劳动条件的合作制度。1976年,瑞典议会通过了《劳动生活共决法》,废除雇主联合会章程的第32条,改变原来由雇主单独决定问题,由劳资双方共同决定,工会有权参与决定投资、生产战略、企业管理、劳动条件、招工解雇等过去由资方决定的问题,工会有权查询账目和企业经营管理的有关文件。

(4)参股制度。1983年瑞典议会通过了《雇员投资基金法》。这使工人拥有集体掌握资本的权利。通过该法设立的基金由工人直接掌握,增加投资,促进就业,使经济管理民主化,调动职工积极性,缓和劳资冲突,实现生产资料

---

① 殷格非、张锡安、袁明照:《瑞典:将企业社会责任提升至国家竞争力》,《WTO 经济导刊》2009 年第 1 期。

社会化,同时使财富和权力的分配更合理。①

瑞典上述四项制度以及其他配套制度形成了维护劳动者权益、协调劳资矛盾的有效机制。②

2. 构建企业对劳动者承担社会责任的具体实现机制——瑞典相关制度和实践的启示

中国在解决劳动关系冲突过程中,在推行企业对劳动者担当社会责任过程中,是否需要像一些人主张的那样,即允许更多的非政府组织、民间组织、非营利性机构等来代表工人与雇主以及代表雇主的各类机构进行集体协商、谈判从而缔结集体协议,甚至在无法进行集体协商、谈判和签订集体协议,或者在工人认为受到不公正劳动待遇又无法通过谈判解决时,重复走早期资本主义国家的经常性的发动罢工等老路,以达到相应经济目的甚至政治目的?

如果不走这种西方国家的老路,是否有一条独立的、适合现代社会、特别是适合现代中国的路子? 现在一些人主张设立我国宪法上的罢工权,是否是最急迫的立法任务,是否就可以更有效解决欠薪、工资提升等劳动争议问题?

瑞典的制度和实践为中国解决劳动争议提供了不同于其他资本主义国家处理劳动争议问题的思路,对解决劳动力密集性企业中大规模群体性劳动争议提供了劳资共决、和平处理的借鉴机制。中国社会那种"必也使无讼"③的态度代代延续,甚至人们的用语也是相近乃至相同的。④ 这种独特的民族、文化基本价值信念,为现代的用人单位和劳动者通过相互信任和参与式的处理事务机制提供了社会空间。2008 年以来,"新一轮的调解运动正在无声地复兴,探索了十年的司法专业化改革,在这个历史时刻忽而就开始了怀旧。"⑤这一社会事实,也从另一个侧面体现了中国人对调解等处理矛盾的方法带有独

---

① 潘培新:《一份关于瑞典社会主义模式的内部报告》,1988 年 12 月 16 日全国政协学习委员会上的内部报告。

② 本部分参考了周贤日:《〈规划纲要〉的战略定位引出的立法思考》,《法治论坛》第 16 辑(2009 年 12 月)的部分内容和有关瑞典劳动法律制度的其他相关文献,本书作了归纳,特此说明。

③ 子曰:"听讼,吾犹人也。必也使无讼乎!"《论语·颜渊》。

④ 梁治平:《寻求自然秩序中的和谐——中国传统法律文化研究》,中国政法大学出版社1997 年版,第 188 页。

⑤ 黄秀丽:《司法:调解复兴》,《南方周末》2010 年 3 月 4 日。

特的偏好。

在已经实现国家统一和民族独立的中国,维持稳定的社会环境,在现有的政治、经济、法律体制下进行社会改良,才是大多数人民的愿望,经常性的、大规模的、成本代价可能更高的以及可能引发社会混乱的罢工并不符合大多数人民的愿望。往往带有政治诉求的某些非政府组织、民间组织、非营利性机构等实际上未必能充分代表劳动者真正的诉求和利益,而个别组织有时难免陷于自身的一己诉求甚至某些个人私的甚至非法的目的。加上与已得利益集团的"你死我活"之冲突,可能导致的社会动荡,会引发深层次的社会矛盾、失序和混乱。

因此,瑞典构建的让劳动者参与到企业管理、股权中的各项制度,是谋求争议在发生前消除,以及谋求争议发生后在系统内部得到妥当、合法化解,这是讲求内部和平处理的改良制度,不是通过简单的罢工等外在的政治、经济压力谋求冲突彰显,从而构成社会性压力处理冲突的老思路。通过罢工等类似斗争式的方式解决劳动争议,虽然可以彰显劳工力量形成对强势资本集团的外在政治、社会和经济压力,但对社会造成的动荡和影响也许是更大的消极效果。特别是近百年来的暴力革命,新中国成立后发生的大冒进性的、夹着暴力式的生产资料改造、土地改革和"文化大革命",使人们在心理上和政治策略上,对罢工这种容易产生暴力倾向和可能的破坏性行为采取了实际不认可的态度。① 不过,当缺少集体劳动三权即团结权、集体谈判权和争议权,就无法保障集体谈判得以开展。② 笔者的观点是,如果能够通过高效、公正的劳动争议处理机制来裁断争议,可以一定程度上弥补集体劳动权缺失导致的个体劳权易受损害问题,疏导或者引导人们通过和平有序的方式解决尖锐的利益冲突,现代法治的功能就是替代暴力革命实现社会的改良和进步。

从瑞典的制度和实践看,结合我国本身的制度资源,我们应当在寻找新路

---

① 这点也是本书与现有的一些文献不同的一个观点。目前不少研究劳动关系的学者提出要在我国宪法上明确规定罢工权,并积极推动这种罢工机制的构建,而笔者对这些主张并不简单附同,也许瑞典的路径更合理更可取。其实,我国宪法上并没有禁止罢工权,按照"无禁止即有权利"的基本法理,不能说我国公民无宪法上的罢工权。只是笔者认为罢工权并不是解决争议的最优路径。

② 程延园:《"劳动三权":构筑现代劳动法律的基础》,《中国人民大学学报》2005 年第2期。

子上有所作为。我国可以改造职工民主管理制度,将该制度扩展到各类规模企业,例如职工人数 30 人以上企业均需要构建职工民主管理制度并加以切实推行,在法律制度上保障职工民主管理制度的设置、职权、经费来源、人员权利、决策事项、争议解决等;同时还需要有其他的配套制度,例如职工持股、职工参与重大决策、职工参与劳动力市场管理、制裁破坏职工民主管理行为等制度配合,为维护劳动者的劳动报酬权提供配套的制度保障。特别是,构建省级或地级市的中立、公正的调处利益争议委员会,是解决目前我国劳动争议仲裁和司法公信力衰微的重要路径。

(四)我国台湾地区的劳资会议制度和实践启示

研究欠薪保障法律制度问题,还可以透过企业对劳动者承担社会责任的实现机制来加以思考。我国台湾地区劳资会议制度和实践是一项有效沟通用人单位与劳动者、促进用人单位对劳动者承担社会责任的机制。

1. 台湾工会和集体合同的基本情况

从台湾产业的结构看,台湾产业以中小企业为主,企业工会规模小,团体协商力量不发达。大多数企业通过工作规则来规范、决定企业内的劳动条件,这种模式对雇主虽然简便,但是忽视劳工参与协商的意愿,不符合民主参与原则。整体而言,台湾地区劳资双方的团体协商并不盛行,采用团体协约模式者多数集中于公营事业及大型民营企业。而已经签订的团体协约的内容,绝大多数重复"劳动基准法"或企业内部有关劳动条件的规定[1],实质上并未发挥规范集体劳工的劳动条件功能,这种现象在公营企事业及民营企业内差别不大。探讨团体协商功能不发达的原因,可从工会组织的特征及台湾劳动法的特征来进行。

(1)从工会组织的特征分析。台湾职业工会设立目的主要在办理劳工保险及国民健康保险业务[2],会员加入工会的动机多出于这一目的,缺乏工人集

---

① 我国大陆目前集体协商和集体合同的情况亦如此。

② 笔者于 2009 年 4 月在台湾考察期间,向台湾一些学者和普通劳动者了解了这一制度的一些情况。根据了解的情况和相关文献,笔者认为台湾工会的这种功能对促进台湾完善有关社会保障制度和增进劳工享受社会保险有积极作用。目前我国大陆自雇劳动的劳动者和受个人雇佣劳动者参加社会保险的渠道不通畅,台湾的自雇劳动者和受个人雇佣劳动者透过职业工会向政府主管部门缴纳社会保险费的做法值得借鉴。因为此内容不属于本书的主体论述内容,在此略述。

体意识；台湾工会数量少，劳工筹建工会的举动常遭雇主阻挠，影响了劳工筹建工会；工会谈判力量低，工会运作功能倾向于服务性，而不是以团体协商为主；劳工对于团体协商的意义和功能认识不足，认为团体协商破坏劳资和谐。

（2）从台湾劳动法的特征观察。团体协约未能获得进展原因有：台湾劳动政策侧重于保护个别劳工，"劳动基准法"广泛规范了劳动条件，对于大多数财力薄弱的台湾中小企业来说，无法确实履行"劳动基准法"所规定的雇主义务，压缩了雇主与工会团体协商的空间。①

但是，台湾在工会之外，又设计了"积欠工资垫偿基金委员会"和"劳资会议"制度，这是很有特色的保障劳动权利制度。

2. 台湾"劳资会议"制度概要

台湾在 2001 年 10 月 29 日颁布了修正的"劳资会议实施办法"，该办法依"劳动基准法"第 83 条的规定订定，最初是 1985 年颁布的。

该办法要求"事业单位"②应依该办法规定举办劳资会议，其分支机构人数在 30 人以上的，亦应分别举办劳资会议。劳资会议由劳资双方同数代表组成，其代表人数视"事业单位"人数多少各为 2 人至 15 人。

劳资会议的资方代表，由雇主或雇主就"事业单位"熟悉业务、劳工情形的人指派。资方代表连派可连任，资方代表可因职务变动或出缺随时改派。

劳资会议的劳方代表，有工会组织的"事业单位"，由工会会员或会员代表大会选举产生；尚未组织工会的"事业单位"，由全体劳工直接选举产生。"劳资会议实施办法"规定了非常细致严格的选举程序，以保证选举的公正、合法。

劳资会议之主席，由劳资会议代表轮流担任。但必要时，可由劳资双方代表各推派 1 人共同担任。

劳资会议的议事范围为：（1）报告事项：①关于上次会议决议事项办理情形；②关于劳工动态；③关于生产计划及业务概况；④其他报告事项。（2）讨

---

① 刘志鹏：《台湾之团体协约法制》，中国法学会社会法研究会 2009 年年会论文集，2009 年 8 月印行。

② 在台湾的法律术语中的"事业单位"与我国大陆的含义不同。在台湾"劳动基准法"第 2 条中对"事业单位"的含义规定是："适用本法各业雇佣劳工从事工作之机构。"

论事项:①关于协调劳资关系、促进劳资合作事项;②关于劳动条件事项;③关于劳工福利筹划事项;④关于提高工作效率事项。(3)建议事项,等等。

劳资会议每 3 个月至少举行 1 次,必要时可召开临时会议。劳资会议开会通知,由主席于会议 7 日前发出,会议提案应于会议 3 日前分送各代表。劳资会议应有劳资双方代表各过半数出席,其决议须有出席代表 3/4 以上同意。劳资会议代表在会议中所作的意思表示,资方代表应向雇主负责,由工会选出的劳方代表应向工会负责。劳资会议开会时,与议案有关人员得经劳资会议议决其列席说明解答有关问题。劳资会议得设项目小组处理有关议案或重要问题。劳资会议议事事务,由"事业单位"指定人员办理。劳资会议应做记录,记载会议事项,并函报当地主管机关备查。

劳资会议的决议,应由"事业单位"分送工会及有关部门办理;如不能实施时,可提交下次会议复议。劳资会议费用,由"事业单位"负担。

3. 台湾劳资会议制度的基本启示

台湾劳资会议制度是在原来的工厂会议制度基础上改良而来的一项劳动者民主参与制度。从台湾学者的一些研究情况看,对这一制度褒贬评价不一,批评者的一个主要理由是劳资会议在"事业单位"(用人单位)中的实施率低,未能发挥该制度的应有作用[1]。

但是有的台湾学者认为,台湾劳资会议制度允许劳动者参与决定劳工福利及劳动条件,与工会产生微妙的竞争关系,甚至取代工会原本应有的功能。[2]

笔者在台湾考察期间了解到,台湾的劳资会议制度对协调台湾的劳资关系发挥了一定的积极功能,弥补了工会不彰的缺陷。这项制度给我们提供了一些借鉴:在设计欠薪保障法律制度时,我国台湾的劳资会议制度也是一项可参考的实现机制,它设定和维护了用人单位代表与劳动者代表平等民主协商的程序、体现了劳动者参与管理和实现劳资共赢的特点,为沟通劳资关系、解决劳动报酬问题提供了一个渠道。

---

① 参见李筱丰:《劳资会议与组织资本:台湾的个案研究》,台湾"中央大学"人力资源管理研究所博士论文,2006 年。

② 刘志鹏:《台湾之团体协约法制》,中国法学会社会法研究会 2009 年年会论文集,2009年 8 月印行。

四、欠薪的非法律化处理与法治的冲突

法治社会下依法办事应是各方的核心理念。但是在现实中,一些欠薪、工资集体协商等事件的非法律化处理办法,违背了法治的基本理念,也不符合欠薪保障法律制度的基本理论和制度构架。

广东省劳动和社会保障厅2002年颁布实施的《关于进一步做好拖欠工资等劳动保障违法案件的预防和查处工作的通知》(粤劳社[2002]153号)第3条第3款规定,发生用人单位经营者欠薪逃匿的,应按省政府的要求,由用人单位主管部门(包括中外合作、合资企业中方企业主管部门)垫付职工工资;无主管部门的,由厂房、设备、场地的出租方垫付。

对如何看待欠薪企业主逃匿后由用人单位主管部门或出租方垫付问题,各方的意见也存在很大差异。笔者向一些劳动争议仲裁机构人员调研中,他们多数认为,这种做法有一定效果。有些地方规定出租方垫付欠薪比例不得高于30%,但是在与劳动者谈判时,劳动者通常要求100%的补偿,谈判很难达成和解,因此实际上政府垫付比例通常为规定比例的一倍以上,高达70%到80%,而且一般由村(社)经济发展公司、镇政府或者区政府垫付,但是实际上大多都是由村(社)或者出租方垫付的。

由用人单位主管部门或出租方垫付工资的方式来处理欠薪问题,既不合法、也不合理。这种短期的处理方式一方面与法律相悖,另一方面也损害了债权的相对性原则和出租方的合法权益,同时影响租赁市场的健康发展,导致劳动者和政府过分倚重这种不合法的方式来解决欠薪问题,进而可能使得解决欠薪问题的长效合法机制得不到推广施行。

广东省东莞市级和镇级政府曾在企业投资人、负责人拖欠工人工资逃逸后,采取由政府财政拨款垫付,有的镇垫付一家企业员工被拖欠工资额就达数千万元①。对此,受访的基层相关部门的人员存在不同看法,多数接受访谈人

---

① 2008年10月14日,香港联交所上市公司合俊集团(02700,HK)在东莞樟木头镇的工厂倒闭,工厂投资人、负责人集体失踪,在社会上引发强烈反响。樟木头镇政府表示,将拿出2400多万元,垫付7000多名员工的全部工资,并尽量分流员工到其他厂工作。(《樟木头最大玩具厂倒闭内幕》,《南方都市报》2008年10月17日)这一事件提示我们,当发生跨国、跨境公司在我国内地欠薪,而企业投资人、负责人逃跑的情况下,我国相关主管机关如何迅速处理,如何与有关国际组织、投资人逃往国家或地区协调处理、追偿欠薪,是值得思考的一个重要问题。

员不赞成这种做法。他们认为,这样做使地方财政背负了不确定的财政负担风险,对全体纳税人不公平,对出租厂房者也不公平;何况,全国很多地方的财政收入不足以支付这种大规模的欠薪,这种做法容易导致其他被欠薪劳动者效仿,直接向政府索要欠薪,使得其他工资救济机制闲置,可能使欠薪救济陷入私力救济和公力救济的夹缝中。

作为现代法治国家,面对事关劳动者基本生存权的劳动报酬被普遍拖欠、劳动关系不和谐的严峻现实,通过立法、行政和司法的公权力介入欠薪保障,不仅具有正当性和必要性,而且具有紧迫性。解决欠薪困境的有效机制,还是要构建类似我国台湾和香港地区的欠薪保障基金制度才是长远的法治之策。

借鉴瑞典和我国台湾地区的上述劳资关系体制,合理吸收我国台湾、香港两地和我国部分城市的欠薪保障基金制度,改进我国实行多年的职工民主管理制度和工资集体协商制度,使现有的制度发挥切实有效的功能,构建全国性欠薪保障基金制度等,实现用人单位对劳动者应当承担的社会责任。

我们应当注重用人单位内在规则的塑造和行业规则的构建,使得用人单位能够自觉履行对劳动者应当承担的社会责任,构建行业性自律规则来督促、推动用人单位对劳动者承担社会责任,遏止潜规则损耗法律规则的公信力和执行力,营造内外合力的用人单位对劳动者承担社会责任的实现机制。

同时,我们要通过构建与完善包括欠薪优先权制度、欠薪调解救济制度、欠薪支付令救济制度和欠薪劳动监察制度等在内的一系列欠薪保障救济制度,使我国欠薪问题能从法律制度上加以解决。

第二章　欠薪保障法律制度考察

　　1888 年的英国光荣革命和首先发端的以蒸汽机车为代表的工业革命,使得能获得暴利的现代工厂迅速蔓延到世界各地,伴随现代工业而起的圈地运动,以及对传统谋生手段的冲击,使得靠传统农业和手工业为生的大量劳动力失去了赖以为生的土地和市场。大量的劳动力只能与资本家掌控的生产资料结合,靠出卖劳动力为生。而早期资本主义在法国大革命后的自由主义理念支配下,强调合同自由,放任资本的垄断控制和自由支配行为,导致了劳动者的景况十分悲惨,于是陆续发生了以社会主义和共产主义为目标的无产阶级运动,这些运动在一些资本主义基础薄弱的国家取得了成功,严重冲击了资本主义自由秩序的理论和制度,欧美主要资本主义国家不得不重视其内部制度的调整、改革,反映在劳动法律上,就是通过国家法律保障劳动者的生存权等基本人权,通过限制劳动时间,保障劳动报酬,确立劳动者的社会保障权等一系列措施,缓和社会矛盾。

　　从历史考察角度分析欠薪保障法律制度问题,则可以追溯到 1919 年具有现代宪法典范意义的德国《魏玛宪法》所确立的基本宪政制度中对劳动者物质生活保障权的规范。《魏玛宪法》第 151 条规定,经济生活的组织,应与公平原则及人类生存维持目的相适应。在此范围内,各人的经济自由,应予保障。在第 165 条还规定实行劳动会议和经济会议制度。在工业革命后,产生了大量的无产者靠出卖劳动力谋生,而劳动者通过劳动获得劳动报酬成为劳动者及其家庭生活的最基本来源。因此,劳动保障权涉及千家万户的生存和发展,通过具体法律实现劳动报酬权,也是现代宪法中的物质保障权的落实。

　　然而,我国劳动者的生存状况和权益实现情况不容乐观,我国近年来各类用人单位拖欠劳动者劳动报酬、加班加点薪酬的情况比较严重,引发了不少矛盾和冲突。

第一节　欠薪保障法律制度概述和现实考察

一、欠薪保障法律制度概述

我国存在的大量欠薪事件,迫切需要我国法学研究者、立法者和司法者作出回应。欠薪问题通常与劳动权的其他各项内容交错在一起,牵涉到劳动者的劳动报酬(工资的及时足额支付和工资的逐步提升)、职业安全卫生、社会保险、工作时间和休息休假、职业培训、其他福利等实体内容,也涉及国家机关应当承担的责任,涉及在程序上的处理机制。

基于我国多数普通劳动者无法寻求有效的现有机制救济欠薪的事实,通过立法确立欠薪保障制度,是我国解决欠薪问题的一项必然选择,也是其他国家和地区的立法和法律实践给予我们的启示。但是,欠薪保障法律制度只是保护劳动权系统中的一项子制度。欠薪保障是一个系统的社会制度问题,需要通过法律、行政、经济和道德等各种机制协同发挥作用。相应地,欠薪保障法律制度不是单一的制度,需要通过工资保障规范、欠薪保障基金、欠薪救济机制和欠薪法律责任等各种子制度协同发挥调整作用。

基于我国欠薪的基本事实,本书选择我国特定地区进行欠薪实证调查,部分数据虽然限于局部地区,但被欠薪者却遍布我国各地区。因此,欠薪影响的不仅仅是选定实证分析的特定地区的社会安全问题,而且波及我国各个角落和层面。

然而,本书论述欠薪保障法律制度关注的地区范围尚存在局限性,在论述中对我国不同地区的差异性尚没有具体展开论述,一些结论也不免带有地区性的色彩,这也是本书一再强调在欠薪保障立法中既要保证国家立法权的统一,又要照顾地方实际情况的原因之一。

二、我国欠薪保障法律制度现实考察

我国是一个具有劳动力资源数量优势、但劳动力资源质量优势欠缺、自然资源欠缺、资金积累不足、法律制度尚待改革完善的国家,对保证劳动者的基本生存权和发展权的劳动报酬,我们应当采取充分的保障措施。据专家计算,每个农民工每年创造价值 2.5 万元的财富,而所得约为 8,000 元,每个农民工

每年的贡献为 1.7 万元,2002 年 9,460 万农民工,合计贡献 16,082 亿元。与此相关的另一个数据是各国政府对农业的扶持态度。2005 年世界经济合作与发展组织的一份报告显示:中国政府补贴给本国农民的钱只占本国农业总产值的 6%,而欧盟诸国平均是 34%,美国是 20%,日本是 58%,韩国是 64%。在 20 世纪 80 年代中期,中国城市居民与农民的收入差别达 1.8 倍,到了 2004 年,城乡收入差别竟然扩大到 3.2 倍。① 财政部较新的一项数据则显示,我国 10% 的富裕家庭占城市居民全部财产的 45%,而最低收入 10% 的家庭,财产总额占全部居民财产的 1.4%。从行业的平均工资来讲,1978 年我国行业的平均工资倍数最高和最低是 2.1 倍,2000 年是 2.6 倍,2008 年是 4.77 倍,差距急剧上升;地区之间最高与最低工资差距倍数增大,1985 年大概是 2.07 倍,2001 年是 2.75 倍,2008 年是 2.69 倍。② 在最低工资标准方面,较新的一项数据是浙江省人民政府在 2010 年 3 月 1 日印发《关于调整全省最低工资标准的通知》,从 2010 年 4 月 1 日起,浙江省最低月工资标准调整为 1,100 元、980 元、900 元、800 元四档。该省人力资源和社会保障厅相关负责人称:"浙江省的最低工资标准现处于全国各省、市、自治区最高。"③再以广州市为例,广州市 2010 年被列为中国五大中心城市,其 2008 年—2009 年的最低工资是每月 860 元,其中还包括了个人承担的社会保险费,实际发放到劳动者手中是 700 元左右;而据工会调查,工人在广州生活每月至少要 1,200 元。④

　　在这些数据的背后,反映了我国城乡经济发展的严重失衡,大量农民、特别是刚刚初中毕业或者失学的农村孩子涌进城镇务工,这些没有掌握专业技术、没有工作经验、没有组织依托、没有谈判能力的真正社会弱者,领取微薄的

---

　　①　熊培云:《城乡不平等的起源》(上),《南方都市报》2009 年 9 月 6 日。

　　②　陆志霖、张演钦、廖怀凌:《政协委员谈调整收入分配,政府可真金白银补贴劳动者,长远看最重要是教育公平化》,《羊城晚报》2010 年 3 月 4 日。

　　③　《最低工资 1100 元,全国最高》,《新快报》2010 年 3 月 3 日。

　　④　《基层代表委员建议广州最低工资 1200 元/月》,《羊城晚报》2010 年 1 月 31 日第 1 版。从 2010 年 5 月 1 日起,广东省提高最低工资标准,平均增幅逾两成。最低工资标准分五个级别,广州执行最高的第一类标准,为每月 1030 元,增幅 19.8%。第二类标准为每月 920 元,执行地区为珠海、佛山、东莞、中山;第三类标准为每月 810 元,执行地区为汕头、惠州、江门;第四类标准为每月 710 元,执行地区为韶关、河源、梅州等十二市;第五类标准为每月 660 元。深圳则自行制订标准。《广东最低工资标准 5 月 1 日起提 21%,广州为 1030 元》,《信息时报》2010 年 3 月 18 日。

体力劳动报酬,而且成了被拖欠微薄薪酬的主要群体。自2003年年底温家宝总理给重庆农妇熊德明讨工资以来,各地掀起了为农民工讨薪风暴。根据媒体报道,建筑商施工前,先预缴农民工工资保证金制度也在各地陆续实施。《劳动合同法》实施后,按月发放工资成了农民工强烈的诉求。在北京市农民工法律援助工作站办理的1255件案件中,少数才能按月发放工资,没有一起案件是通过工资保证金要回工资的,欠薪的主要是一些不规范的用人单位,这些用人单位也不会去缴纳保证金①。2007年山东省青岛市上百家韩资企业卷款裸逃,撂下一地的债务白条和成千上万不知所措的中国工人。② 一些境外投资商人利用劳动者不愿意在被拖欠工资初期就付诸法律行动的弱点,拖欠一定周期后卷款潜逃,而我国又缺乏工资预警制度和限制欠薪责任人出境的联动机制。于是此起彼伏的跳楼、跳桥追讨欠薪等辛酸事件一幕幕上演。近年来不断发生的这类欠薪追讨事件,反映了劳动者受到的极不公正的待遇,折射了我们在制度上对欠薪问题的处理需要检讨。然而,一些地方党政机关人士对这些讨薪者或者要求提高工资待遇者的境遇不是着重从制度上加以保障解决,而是采取一些高压的、不理性的手段,甚至给讨薪者戴上恐怖主义的帽子,在反恐演习中竟然以"工人为了讨欠薪而引发群体性事件"为假设。③ 这种做法显然不符合社会法的基本理念,抹杀了为这个社会付出了劳动而得不到劳动报酬的劳动者的基本权利,这是很危险的做法。

笔者调查分析了GZ市、FS市、DG市和SZ市各级劳动争议仲裁委员会近年来裁决的与欠薪有关的一百多件劳动争议仲裁裁决文书,实地访问了GZ市一些区劳动争议仲裁委员会的相关人员,访问了GZ市和DG市中级人民法院民一庭负责人,还从FS市、GZ市和DG市等地方法院网下载了近年来一百多件与欠薪有关的判决书。④

---

① 黄秀丽:《大学生帮农民工讨薪记》,《南方周末》2009年5月21日。

② 莫中客等:《中国遭遇企业破产潮》,《南方周刊》2008年3月27日。

③ 曹林:《恐怖主义的大帽,讨薪者绝不敢戴》,《长江商报》2009年12月10日。

④ 这些案件材料有部分是从FS市等地方法院网下载的裁判文书,有些是GZ市BY区劳动争议仲裁机构的负责人提供的,有部分则要感谢肖胜方、郑雪梅、彭文良等律师提供的案件文书,有部分是本人直接调研的案件文书。本书未及对这些裁判文书作细致的统计和分析,相关的描述仅是一个比较初步的概括。

　　从笔者抽取统计分析的约两百件裁判文书反映的信息和实地调研的情况看,用人单位因经营不善、经营困难或者对劳动关系解除、终止发生劳动争议而拖欠工资的情况较普遍;也存在恶意不发工资或者责任人逃匿的情况,但所占的企业户数比例不多。在这些案件中,约90%涉及工资问题,并且以加班费、经济补偿金或社会保险费交叉纠纷为主;推迟数月发工资、拖欠加班费、因解除或终止劳动关系不支付经济补偿金的情况比较普遍,没有缴纳或者欠缴某几项社会保险费的情况非常多。其中国有企业较少欠薪,欠薪一般发生在三资企业、私营企业、个体工商户和非法用人单位,其中的餐饮、旅店、建筑、销售、服务、加工等行业欠薪情况比较普遍,但国有企业与其他企业一样,存在社会保险费的历史欠账。① 另有数据表明,一些跨国公司的代工厂也存在违反工资法律等问题。例如,苹果公司发布的《2009年供货商社会责任进展报告》中指出,2008年生产iPhone与iPad的83家中国代工厂有45家未支付员工加班费,23家工资低于当地最低工资。②

　　企业利润主要来自劳动者劳动创造的价值,如果没有工人的劳动,企业就没有利润,劳动密集型企业尤其。以前纯粹以欠薪为由申请劳动仲裁的集体案件较多,《劳动合同法》实施以来,这类案件则较少,而多为经济补偿金纠纷,这也反映了在《劳动合同法》实施后,用工趋于规范,劳动者维权意识提高了很多,各地方政府的人力资源和社会保障部门的监察工作也有改进。从我们调查的情况看,珠江三角洲地区的企业欠薪的情况减少了,但是建筑、餐饮、服务、加工等劳工流动性大的行业,仍存在比较严重和普遍的欠薪问题。

　　关于恶意欠薪入罪与欠薪保障基金制度对解决欠薪何者更为有效这一问题。接受调研的劳动争议仲裁机构人员多数认为,两者结合起来比较有效。如果不用强制手段来做保障,欠薪行为肯定会有增无减。对于如何看待恶意欠薪入罪问题? 各界观点存在相当的差异。接受调研的劳动争议仲裁机构人员认为,从维持社会稳定的角度来考虑,认为恶意欠薪入罪是一个趋势,强制

---

① 在论文写作期间,笔者的访谈式调查,主要是访问了一些劳动争议仲裁机构负责人、法院审理劳动争议案件的部分法官和部分代理过劳动争议案件的律师,特此致谢;基于尊重他们的意愿,笔者不披露他们的个人信息。

② 参见"资料链接",《南方周末》2009年7月30日。

手段在保障社会稳定和预防争议方面具有可预见的效果。目前劳动法规无强制性、对企业主无足够的威慑力,而劳动者通过法律途径维权耗时漫长,因此更倾向于通过私力来解决纠纷,维权不力损害法律的权威,而维权过度甚至违法,则导致社会秩序处于混乱状态,造成不良的社会后果。

对于预防欠薪的措施问题,在接受调研的相关人员中,他们比较推荐加强工资监控和劳动监察。其中,GD 省内的工资监控制度在 FS 市 NH 区和 GZ 市 BY 区较早开始实施。接受调研的劳动争议处理机构的人员多数认为,工资监控制度如果得到落实,并且政府对各个环节都跟踪到位,对欠薪的预防作用应更为显著。工资监控条例设计了金字塔式的工资监控制度,以 GZ 市 BY 区为例,从金字塔尖至金字塔底依次为区劳动监察机构、镇劳动管理所、村管理机构和居委管理机构、经济社、出租方、用工方。按照工资监控制度规定,企业主定期要报告一次工资发放情况,但是企业主报告工资发放情况会存在不报、漏报等情况。在工资支付监控的另一制度方面,即银行代发工资问题方面,接受调研的基层劳动争议处理机构人员存在不同看法,但多数的意见认为要有立法保障才有可能实施该项制度。以前,银行代发工资主要适用于建筑行业,近年由于经济危机,该制度扩展到出口、加工等行业。但是,GZ 市 BY 区目前尚无强制采取此项措施。①

在调研中,接受调研的人员多数认为,目前的欠薪案件处理周期过长也影响了劳动者通过国家公力救济的途径解决问题,因此有些接受调研的人员认为,可以考虑将单纯的拖欠工资案件一裁终局,以缩减劳动者维权的时间。一些接受调研的人员还认为,可以加大劳动监察力度,区分欠薪时间长短,追究不同的责任。例如,修改《劳动保障监察条例》第 26 条的规定,对欠薪在 1 个月以下的,加付所欠金额 50% 赔偿金,欠薪在 1 个月(含 1 个月)以上的,加付所欠金额一倍赔偿金。②

---

① 由于接受访谈式调查的劳动争议仲裁机构特定负责人希望不要披露其地区和姓名,所以本书采取了代号方式。但下文针对劳动者进行的问卷式调查,则按照进行调查的范围客观署明地域。

② 中国人民大学法律硕士、广东省阳春市法制局严垠章先生与笔者讨论此问题时,提出了类似观点,特此致谢。

三、欠薪调查问卷及相关数据分析①

（一）调查目的、时间、对象与方法

为了对拖欠劳动报酬问题的现状有一个实际、直观的了解，配合本书的写作，笔者以"欠薪问题"为主题组织有关人员在 2009 年 6 月至 2010 年 1 月期间开展了本项社会调查相关工作，以期收集欠薪问题的直接素材。

本次调查立足广州市，在广州市番禺区、越秀区、天河区三区进行，选取城中村、火车站、工业园区等劳动者较为密集的地点展开。以街头问卷调查形式，随机确定调查对象。

（二）调查数据概况

1. 基本信息

本次调查共发放问卷 500 份，回收有效问卷 484 份。接受调查的 484 人中，有男性 365 名，女性 119 名（图 2 - 1）；年龄在 16 周岁以下的有 0 人，介于 16—55 周岁的有 469 人，55 周岁以上的有 15 人（图 2 - 2）；文化程度初中以下的有 186 人，高中（含普通高中、职业高中和中等专业学校）的有 178 人，大专的有 70 人，本科及以上的有 50 人（图 2 - 3）；家庭居住地在广东省的有 88 人，在其他省份的有 396 人，并集中在河南、湖南、湖北、四川等省（图 2 - 4）；身份是普通工人的有 254 人，普通职员的有 180 人，普通管理层人员的有 32 人，高级管理人员有 1 人，其他的有 17 人（图 2 - 5）；目前的工作地点在广州市的有 167 人，在佛山市的有 54 人，在东莞市的有 44 人，在中山市的有 21 人，在深圳市的有 29 人，在广东省内其他城市的有 126 人，在其他省份的有 43 人（图 2 - 6）。

2. 劳动合同签订情况、最低工资标准知晓情况及工资的构成情况

在接受调查的 484 人中，有 293 人与用人单位签订了书面劳动合同，占被调查人数的 61%，191 人没有与用人单位签订书面劳动合同，占被调查人数的 39%（图 2 - 7）；在与单位签订了劳动合同的 293 人中，合同中约定了正常工作时间工资的有 293 人，即均对其作出了约定，而约定了奖金的有

① 该项调查工作自 2009 年 6 月开始至 2010 年 1 月结束。笔者组织、策划和负责本次调查的议题发起，问卷设计、修改和定稿，组织调查和数据分析。在笔者指导组织下，华南师范大学法学院唐艳、高鹏飞、赵丹、吴贵华、谢平平、彭静雯和叶晶晶等硕士研究生参加了调查问卷的设计、修改、实地调查和数据分析讨论等工作，唐艳协助了数据制图工作，特此致谢。

女，119人
25%

男，365人
75%

□男365人　■女119人

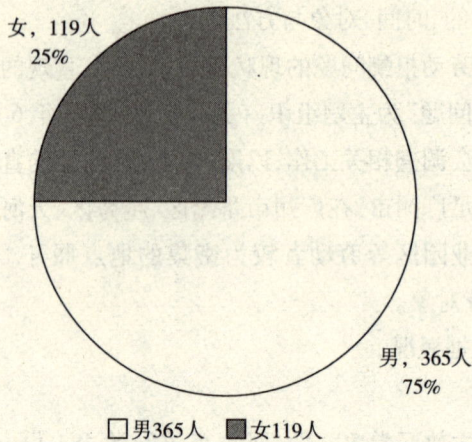

图2-1　接受调查人员的性别和人数

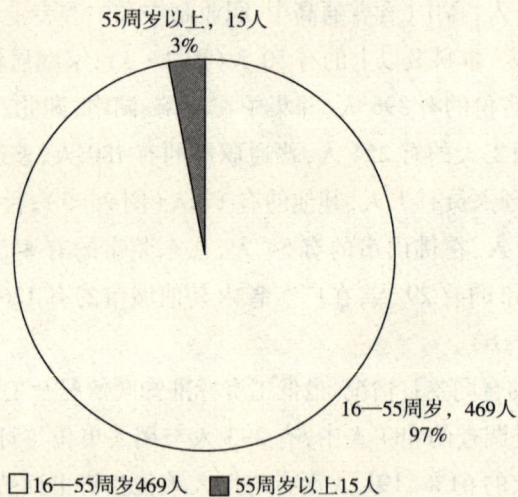

55周岁以上，15人
3%

16—55周岁，469人
97%

□16—55周岁469人　■55周岁以上15人

图2-2　接受调查人员的年龄

151人,津贴的有85人,补贴的有101人,延长工作时间工资收入的有112人,其他项目0人(图2-8);知道工作所在地的最低工资标准的有178人,占被调查人数的37%,不知道的有306人,占被调查人数的63%(图2-9)。

人数

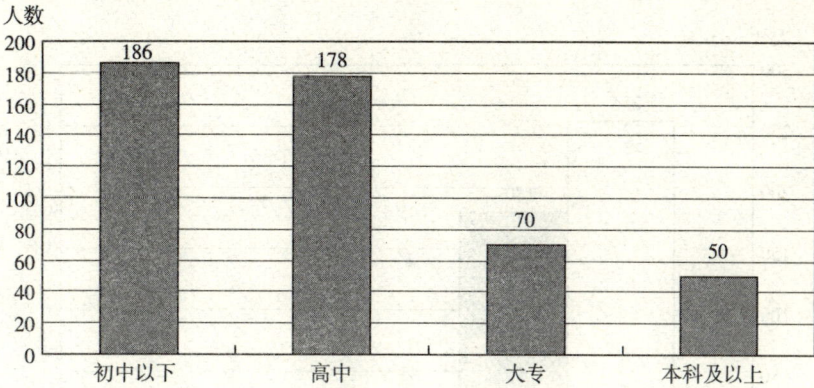

图 2 - 3　接受调查人员的文化程度

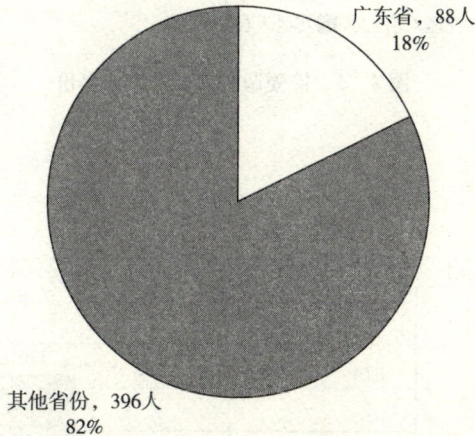

图 2 - 4　接受调查人员的家庭居住地

3. 参加社会保险的情况

在接受调查的 484 人中,未参加社会保险的有 255 人,参加了部分社会保险的有 201 人,五类社会保险全部参加的有 28 人(图 2 - 10、2—11)。在参加了社会保险的 229 名劳动者中(含全部参加与部分参加),明确知道单位为其缴纳的社保费金额的劳动者仅 90 人,不知道的有 139 人(图 2 - 12);知道个人缴纳的社保费金额的有 163 人,不知道的有 66 人(图 2 - 13)。

4. 对欠薪保障基金制度和应否设立恶意欠薪罪的看法

人数

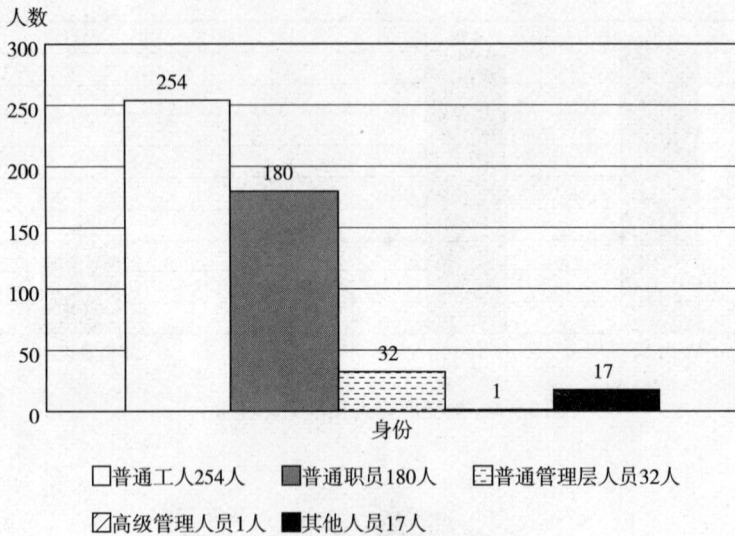

图 2－5　接受调查人员的职业身份

人数

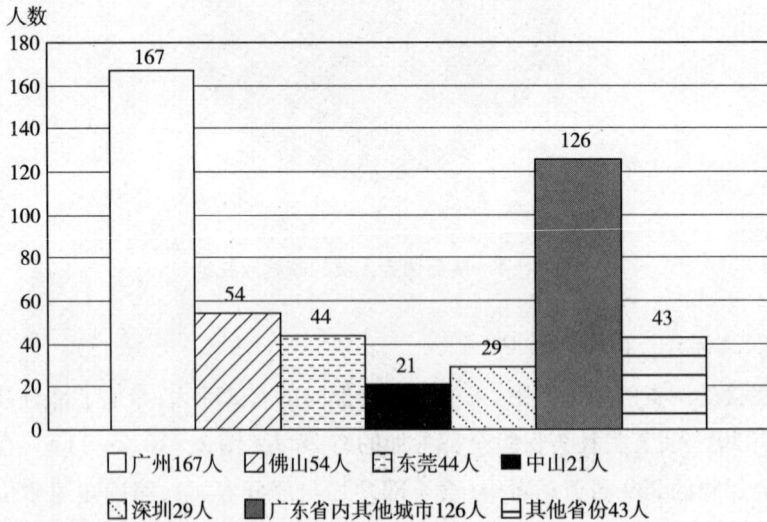

图 2－6　接受调查人员的工作地点

未签订，191人
39%

签订，293人
61%

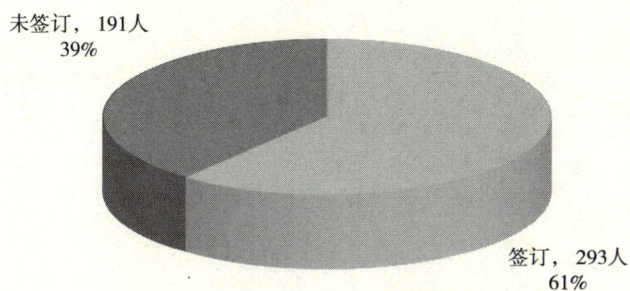

图2-7　接受调查人员签订劳动合同情况

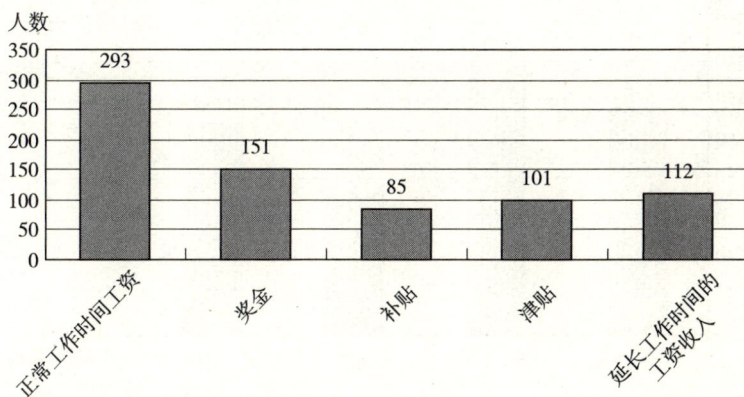

人数

350
300
250
200
150
100
50
0

293　　151　　85　　101　　112

正常工作时间工资　　奖金　　补贴　　津贴　　延长工作时间的工资收入

图2-8　接受调查人员在劳动合同中约定的工资构成

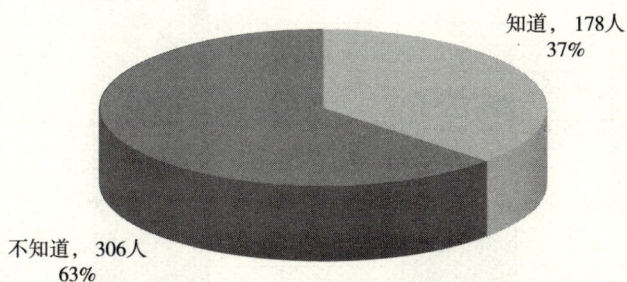

知道，178人
37%

不知道，306人
63%

图2-9　接受调查人员是否知道最低工资标准

全部参加，28人
6%

全部未参加，255人
52%

部分参加，201人
42%

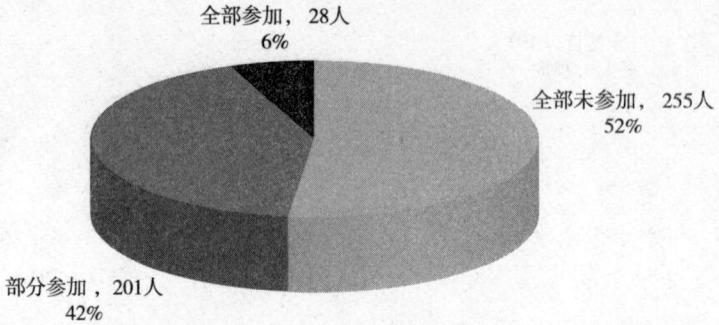

图 2 - 10　接受调查人员参加社会保险情况

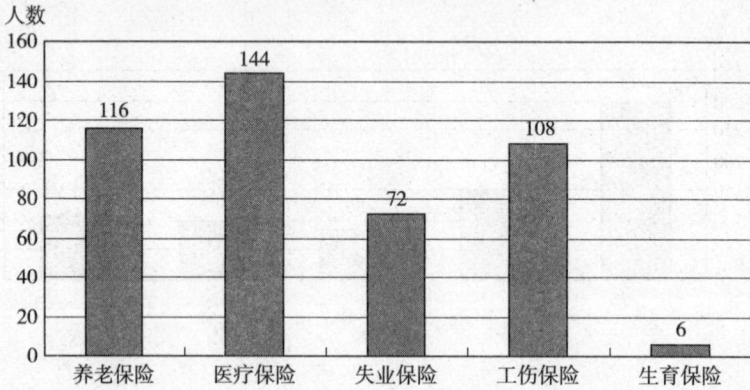

图 2 - 11　接受调查人员参加部分项目社会保险人数

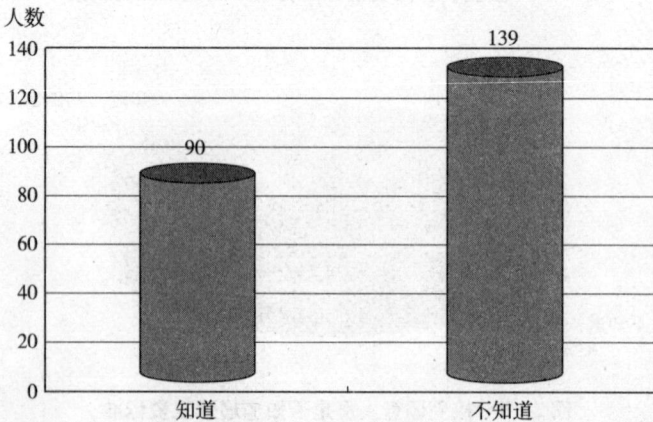

图 2 - 12　接受调查人员是否知道用人单位缴纳社会保险费数额

人数

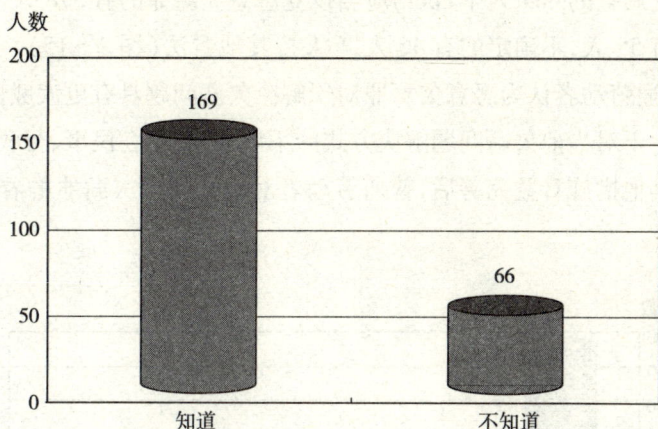

图 2-13　接受调查人员是否知道个人缴纳（用人单位代扣）社会保险费数额

　　在接受调查的 484 人中,对于欠薪保障基金制度,认为值得肯定,可以从根本上解决欠薪问题的有 259 人;认为该制度值得肯定,可以作为欠薪的应急资金,但无法从根本上解决欠薪问题的有 152 人;认为该制度有设立的意义,但增加企业负担,不应推广到全国,只适合部分地区的有 28 人;认为该制度对解决欠薪问题没多大作用的有 24 人,持其他看法的有 21 人(图 2-14)。由此可见,绝大部分劳动者对欠薪保障基金制度比较看好,但同时也认为该制度在运作方面可能存在一些问题,影响到制度的实际效果。例如,认为:(1)难以实施,(2)企业不愿意交费,(3)基金可能被挪用,(4)具体交纳数额要看企业情况加以区分,(5)交费 400 元太少,等等。

图 2-14　接受调查人员对欠薪保障基金制度的看法

观点	人数	比例
值得肯定,可以从根本上解决欠薪问题	259	54%
值得肯定,可以作为欠薪的应急资金,但无法从根本上解决欠薪问题	152	31%
有设立的意义,但增加企业负担,不应推广到全国,只适合部分地区	28	6%
对解决欠薪问题没多大作用	24	5%
其他看法	21	4%

　　在接受调查的 484 人中,认为应当设立恶意欠薪罪的有 378 人,认为不应当设立的有 55 人,不确定的有 46 人,5 人持其他看法(图 2－15)。从调查数据来看,普通劳动者认为恶意欠薪罪对于解决欠薪问题具有更大威慑力,该看法直接产生于对当前欠薪问题解决方式的不满意,相信在民事、行政和社会解决方式等其他措施日益完善后,普通劳动者对设立恶意欠薪罪的看法会随之改变。

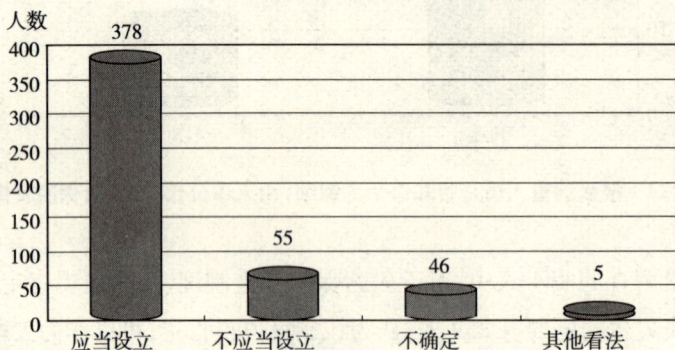

图 2－15　接受调查人员对应否设立恶意欠薪罪的看法

　　5. 是否被拖欠过劳动报酬以及被拖欠的频率

　　在接受调查的 484 人中,曾经被拖欠劳动报酬的有 71 人,未被拖欠过劳动报酬的有 413 人(图 2－16)。在曾被拖欠劳动报酬的人中,正常工作时间工资偶尔被拖欠的有 44 人,经常被拖欠的有 11 人,一直被拖欠的有 6 人(图 2－17);加班工资偶尔被拖欠的有 22 人,经常被拖欠的有 7 人,一直被拖欠的有 8 人(图 2－18);经济补偿金(含代通知金,下文均含此项)偶尔被拖欠的有 7 人,经常被拖欠的有 2 人,一直被拖欠的有 3 人(图 2－19);其他(奖金、津贴、补贴)偶尔被拖欠的有 7 人,经常被拖欠的有 3 人,一直被拖欠的有 2 人(图 2－20)。由于我们进行的是随机调查,我们没有针对已经发生欠薪或者劳动争议的人群调查,在回收的 484 份有效问卷中就有 15% 的受调查者被拖欠过劳动报酬,反映出我国现实中欠薪问题的普遍性和严重性。如果将社会保险费作为广义劳动报酬包含的范畴,则受调查劳动者被拖欠劳动报酬的人数则占了 94% 以上。

　　6. 被拖欠劳动报酬的时间及金额

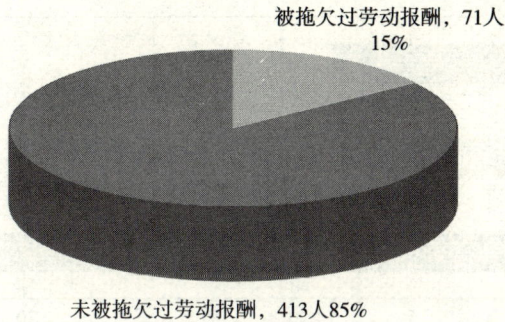

被拖欠过劳动报酬，71人
15%

未被拖欠过劳动报酬，413人85%

图 2 - 16　接受调查人员是否被拖欠过劳动报酬人数

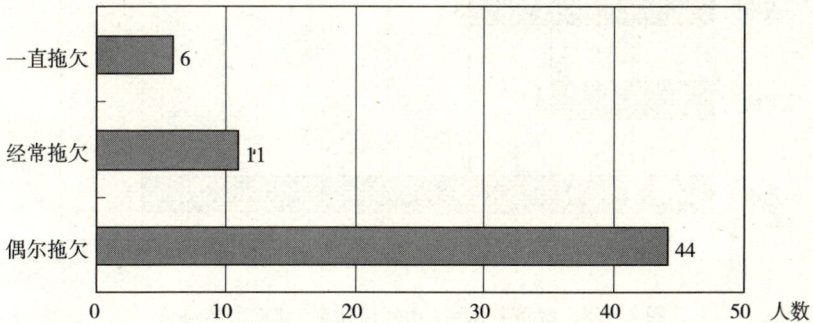

图 2 - 17　正常工作时间工资被拖欠的频率

在曾被拖欠劳动报酬的71人中,最近一次正常工作时间工资被拖欠一个月以内的有25人,被拖欠1至3个月的有15人,被拖欠3个月以上的有18人(图2-21);最近一次加班工资被拖欠一个月以内的有5人,被拖欠1至3个月的有1人,被拖欠3个月以上的有9人(图2-22);经济补偿金(含代通知金)被拖欠3个月以上的有2人;其他(奖金、津贴、补贴)被拖欠3个月以上的有5人。正常工作时间工资被拖欠1000元以下的有13人,1000—3000元的有19人,3000元以上的有14人,难以计算的有1人。

7. 遭遇欠薪问题后的处理方法

在曾被拖欠劳动报酬的71人中,当正常工作时间工资被拖欠时,选择不

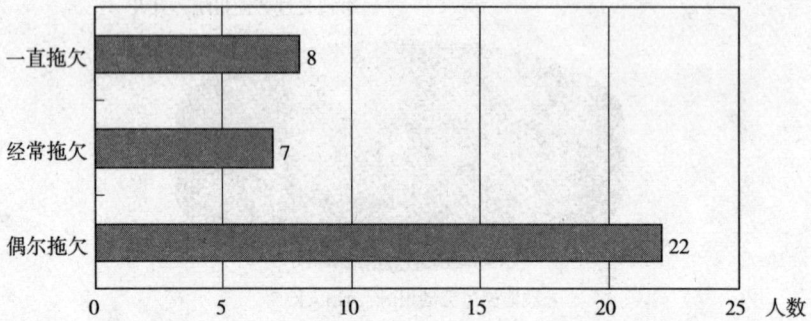

图 2－18　加班工资被拖欠的频率

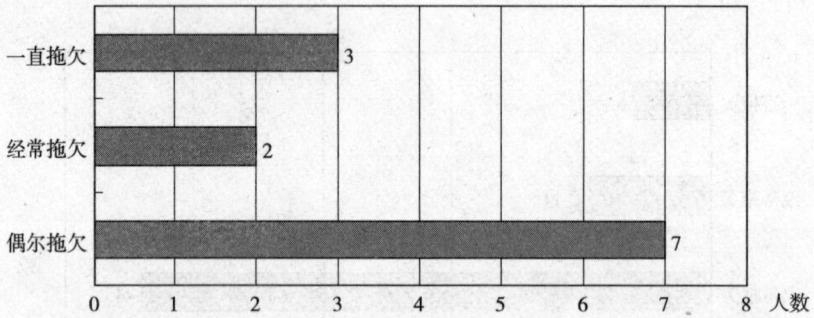

图 2－19　经济补偿金（含代通知金）被拖欠的频率

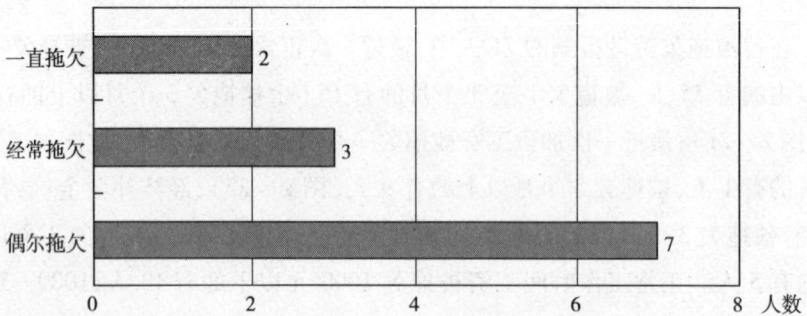

图 2－20　奖金、津贴、补贴被拖欠的频率

人数

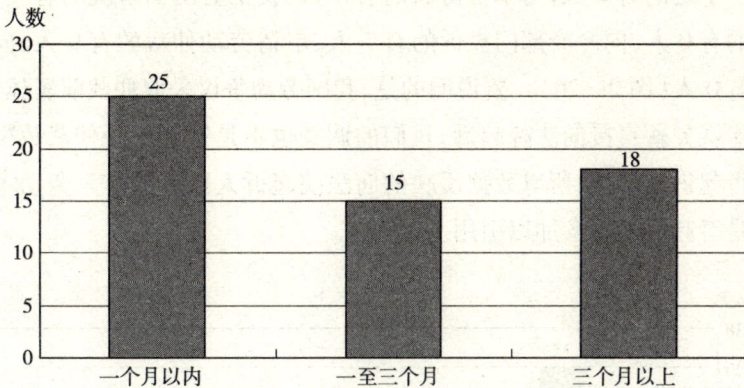

图 2-21　最近一次正常工作时间工资被拖欠的时间

人数

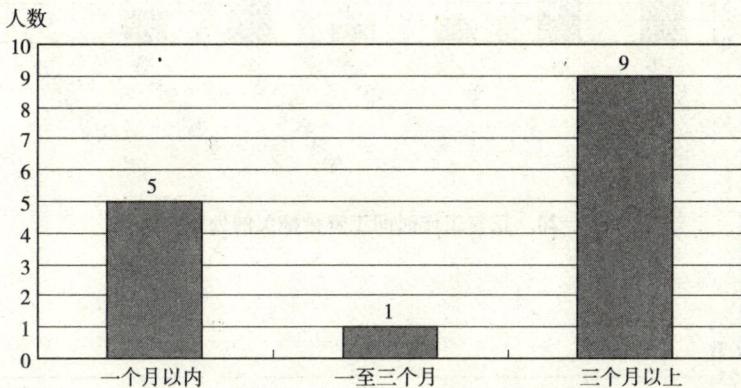

图 2-22　最近一次加班工资被拖欠的时间

了了之的有 20 人,与单位协商的有 25 人,找工会出面解决的有 3 人,申请调解的有 2 人,向政府部门投诉的有 7 人,申请劳动仲裁的有 4 人,向法院起诉的有 0 人(图 2-23);当加班工资被拖欠时,选择不了了之的有 20 人,与单位协商的有 11 人,找工会出面解决的有 1 人,申请调解的有 0 人,向政府部门投诉的有 3 人,申请劳动仲裁的有 2 人,向法院起诉的有 0 人(图 2-24);当经济补偿金被拖欠时,选择不了了之的有 6 人,与单位协商的有 2 人,找工会出面解决的有 0 人,申请调解的有 0 人,向政府部门投诉的有 2 人,申请劳动仲裁的有 2 人,向法院起诉的有 0 人(图 2-25);当奖金、津贴、补贴被拖欠时,选择不了了之的有 8 人,与单位协商的有 3 人,找工会出面解决的有 0 人,申请调解的有 0 人,向政府部门投诉的有 1 人,申请劳动仲裁的有 0 人,向法院起诉的有 0 人(图 2-26)。要说明的是,我国劳动争议采取仲裁前置体制,劳动者不能就欠薪直接向法院起诉,我们的调查也不是针对已经仲裁裁决的劳动者是否起诉的调查,所以数据反映的向法院起诉人数不能作为劳动者被欠薪最终是否起诉的事实加以引用。

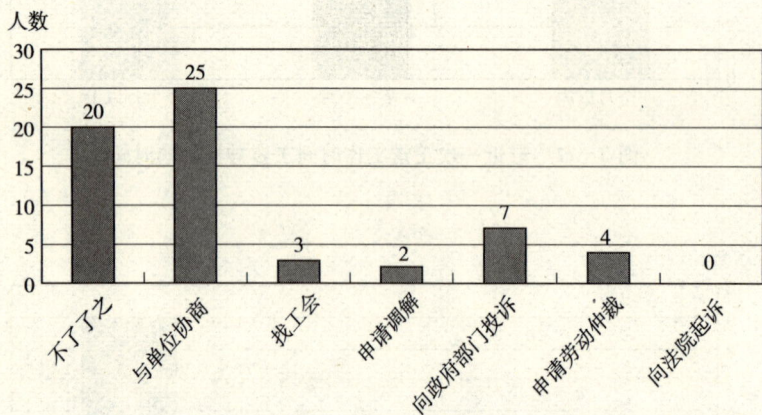

人数

图 2-23　正常工作时间工资被拖欠的处理办法

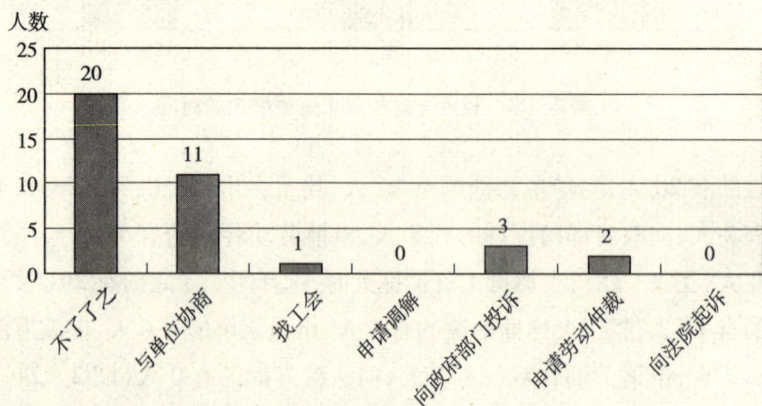

人数

图 2-24　加班工资被拖欠的处理办法

人数

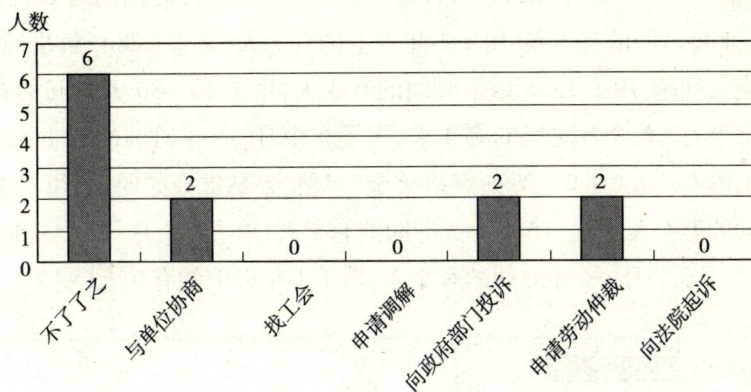

图 2 - 25　经济补偿金被拖欠的处理办法

人数

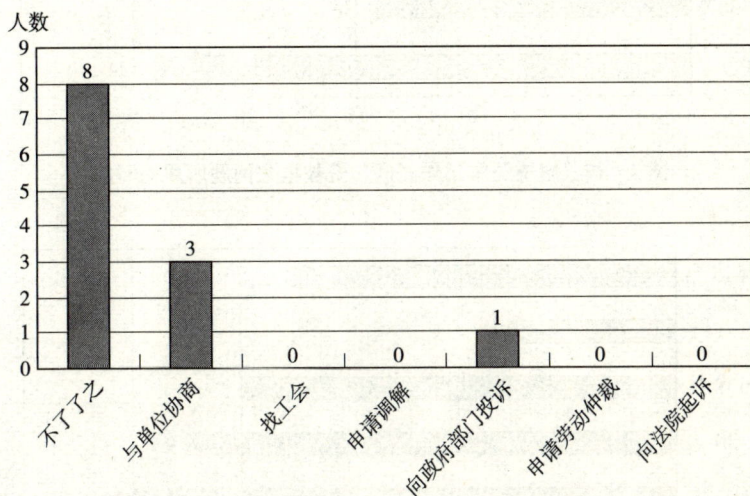

图 2 - 26　奖金、津贴、补贴被拖欠的处理办法

8. 解决最近一次被欠薪问题所花费的时间

在曾被拖欠劳动报酬的 71 人中,其中解决正常工作时间工资被拖欠问题,用了 15 天以下时间的有 24 人,用了 16—30 天时间的有 14 人,用了 1 个月—6 个月时间的有 15 人,用了 6 个月—1 年时间的有 2 人,用了 1 年以上的有 6 人(图 2 - 27);解决加班工资被拖欠问题,用了 15 天以下时间的有 10

人,用了 16—30 天时间的有 9 人,用了 1 个月—6 个月时间的有 8 人,用了 6 个月—1 年时间的有 3 人,用了 1 年以上的有 7 人(图 2 - 28);解决经济补偿金被拖欠问题,用了 15 天以下时间的有 3 人,用了 16—30 天时间的有 4 人,用了 1 个月—6 个月时间的有 4 人,用了 6 个月—1 年时间的有 1 人,用了 1 年以上的有 0 人(图 2 - 29);解决奖金、津贴、补贴被拖欠问题,用了 15 天以下时间的有 4 人,用了 16—30 天时间的有 4 人,用了 1 个月—6 个月时间的有 2 人,用了 6 个月—1 年时间的有 2 人,用了 1 年以上的有 0 人(图 2 - 30)。

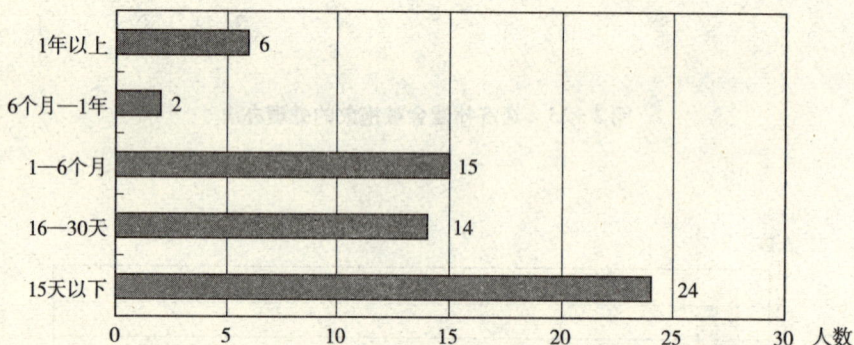

图 2 - 27   解决正常工作时间工资被拖欠问题所用的时间

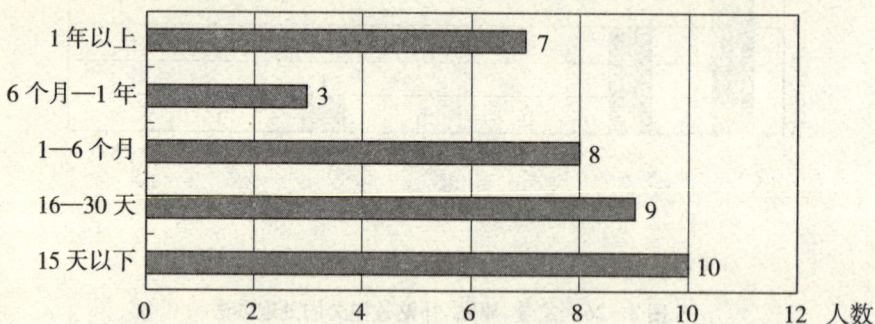

图 2 - 28   解决加班工资被拖欠问题所用的时间

9. 追回最近一次被拖欠的劳动报酬的金额

最近一次被拖欠的正常工作时间工资,全部未追回的有 26 人,追回 50% 以下(含 50%)的有 1 人,追回 50%—70% 的有 4 人,追回 70% 以上(含 70%)的有 2 人,全部追回的有 28 人(图 2 - 31);加班工资全部未追回的有 17 人,

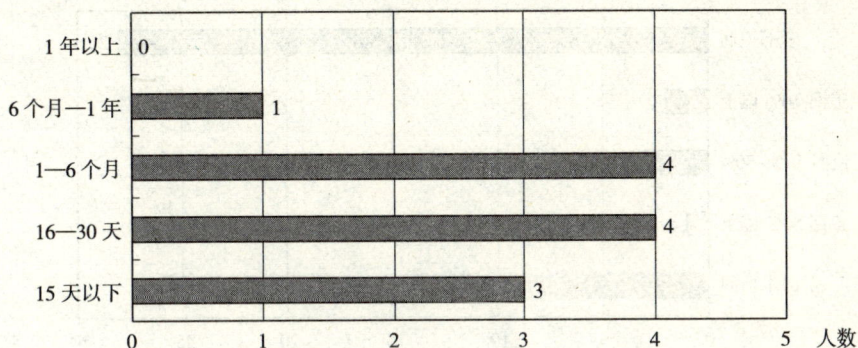

图 2-29 解决经济补偿金被拖欠问题所用的时间

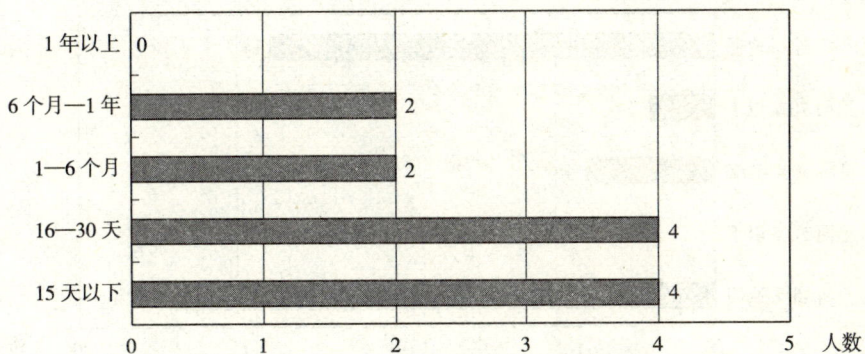

图 2-30 解决奖金、津贴、补贴被拖欠问题所用的时间

追回 50% 以下(含 50%)的有 0 人,追回 50%—70% 的有 4 人,追回 70% 以上(含 70%)的有 2 人,全部追回的有 14 人(图 2-32);经济补偿金全部未追回的有 4 人,追回 50% 以下(含 50%)的有 0 人,追回 50%—70% 的有 1 人,追回 70% 以上(含 70%)的有 2 人,全部追回的有 5 人(图 2-33);奖金、津贴、补贴全部未追回的有 5 人,追回 50% 以下(含 50%)的有 0 人,追回 50%—70% 的有 1 人,追回 70% 以上(含 70%)的有 0 人,全部追回的有 6 人(图 2-34)。

(三)调查数据分析及基本思考

1. 欠薪问题需要国家和社会更多关注

调查数据显示,接受调查的劳动者中有 71 人遭遇过欠薪问题,占被调查人数的 15%,这个比例表明欠薪问题仍不容忽视。劳动报酬权对于劳动者的

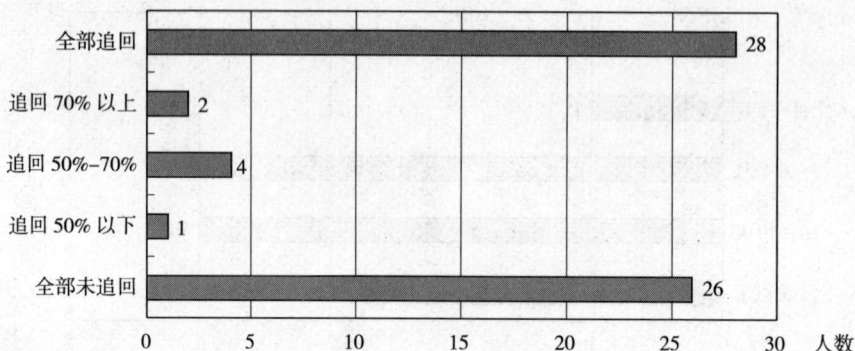

图 2 - 31　追回被拖欠的正常工作时间工资的金额

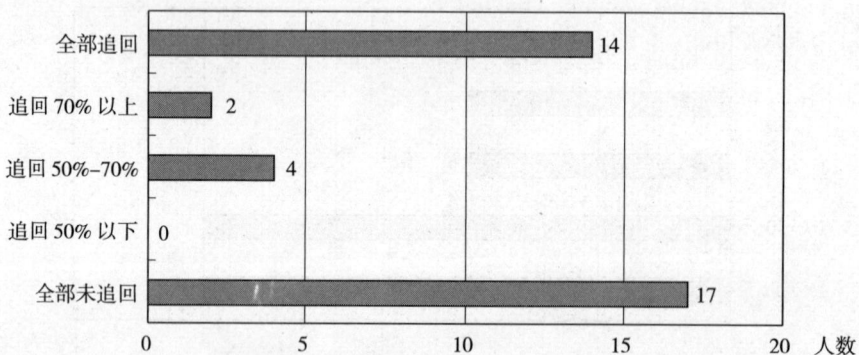

图 2 - 32　追回被拖欠的加班工资的金额

重要性自不待言,即使只有1%的劳动者被欠薪,这部分劳动者也应当受到法律保护,更何况随机抽样的欠薪比例达到了15%。本次问卷调查仅在广州市随机抽取的三区进行,调查对象随机确定,并没有经过事先的剔除,相当于茫茫人海中随机抽取即有15%的人遭遇过欠薪问题,这个比例说明了欠薪问题需要社会给予更多的关注。值得一提的是,从调查中发现,"压1个月至2个月工资"的现象非常普遍,厂家为了留住劳动者,往往采取"上个月工资下个月发"的做法,使劳动者离职时有所顾忌。而离职前的最后一个月工资到底能否发到劳动者手上,就取决于用人单位(雇主)的主观态度了。

2. 建议劳动者退休年龄统一为55岁的设想

这一问题与本书的论述也是相关联的,因为欠薪与劳动者就业是联系在

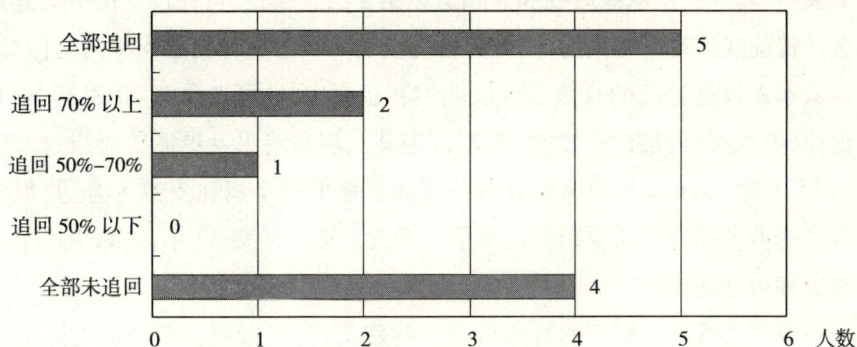

图 2‑33　追回被拖欠的经济补偿金的金额

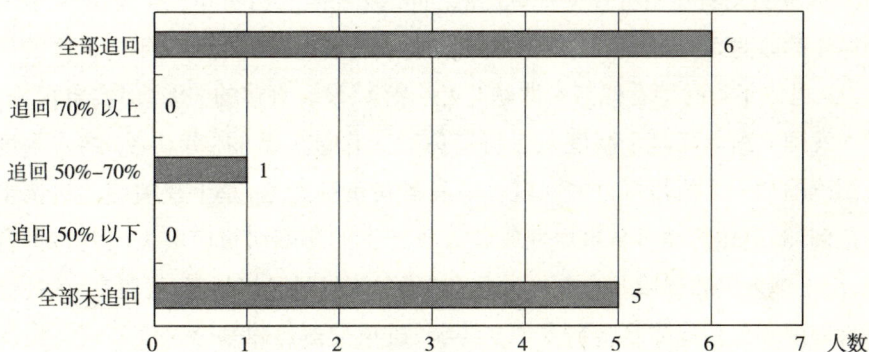

图 2‑34　追回被拖欠的奖金、津贴、补贴的金额

一起的,与劳动者适合就业的年龄也是密切相关的。为此,本问卷中设置了两个就业年龄分界点:16 岁和 55 岁,其中 16 岁是法定最低就业年龄,而 55 岁是最适宜的男女劳动者统一的退休年龄。

从生理状况上看,55 岁的劳动者已经普遍出现体力和智力衰老迹象,在新就业劳动力供大于求的情况下,退休年龄可考虑统一为 55 岁,既符合男女平等、反对性别歧视的基本法律原则,又符合劳动者生理状态。对于女性劳动者而言,考虑到女性衰老期虽然早于男性,但平均寿命长于男性的情况①,为

———————

① 周贤日:《略论中国社会变革中的妇女劳动权》,《中国政法大学学报》2009 年第 3 期。

了贯彻平等原则、反就业歧视和兼顾退休制度的连续性,可允许女性劳动者自愿选择提前或推迟 5 年内退休,而男性劳动者可自愿选择延迟 5 年内退休,即劳动者本人根据自己的身体、家庭、能力和意愿,女性可选择在 50 岁至 60 岁内退休,男性可选择在 55 岁至 60 岁内退休。但最终男女退休年龄应过渡统一为 55 岁至 60 岁间且由劳动者自行选择具体的一个退休岁数为合适,但劳动者享受养老保险金需要缴费的年限应修改为至少缴费 20 年,以减少过早退休现象和可能透支养老保险基金的问题。

由国家主管部门划定的特殊行业的特殊工种,可以根据劳动者实际从业工龄、结合劳动者意愿,确定劳动者有权选择提前退休的时限。

本次调查的数据显示,55 岁以上的劳动者仅 15 人,占被调查对象的 3%,而 97% 的劳动者年龄介乎 16—55 岁之间,该数据也初步印证了笔者关于将退休年龄改为 55 岁基准退休年龄、允许劳动者选择往后推延五年内退休的构想[1]。退休年龄问题看似与本课题"欠薪保障"没有直接的关系,但实质相关。

我国欠薪保障基金制度是否将退休后工作被欠薪的"劳动者"纳入制度规制范围是一个值得探讨的问题。笔者的初步观点是,基于我国劳动法调整的范围,对退休劳动者从事雇佣或者劳务产生的薪酬纠纷应由民法调整为合适,而不纳入欠薪保障基金制度调整和保护,使我国退休制度、就业制度、社会保险制度和欠薪保障基金制度相互协调,避免欠薪保障基金过度垫付。由此可见,设定不歧视的、男女平等的、科学合理的退休年龄制度,事关欠薪保障基金制度的覆盖范围(劳动者年龄跨度)和基金垫付能力。

3. 欠薪与劳动者的客观因素

调查数据显示,被欠薪的几率与劳动者的文化程度、职业、家庭所在地均有较为密切的联系。在曾经遭遇欠薪问题的 71 名劳动者中,文化程度为初中以下的有 36 人,占被欠薪人数的 51%,高中(含普通高中、职业高中、中等专业学校)的有 23 人,占被欠薪人数的 32%,大专的有 4 人,占被欠薪人数的 6%,本科及以上的有 8 人,占被欠薪人数的 11%(图 2 - 35)。由此可见,普遍

---

[1]　本书关于弹性退休年龄的设想,源于已故著名宪法学者蔡定剑先生在 2008 年 12 月发动组织的十四所高校反就业歧视宣传活动中,随后笔者在《中国政法大学学报》2009 年第 3 期发表了《略论中国社会变革中的妇女劳动权》一文提出了初始设想。

意义上,文化程度低的劳动者被欠薪的几率远大于文化程度高的劳动者。

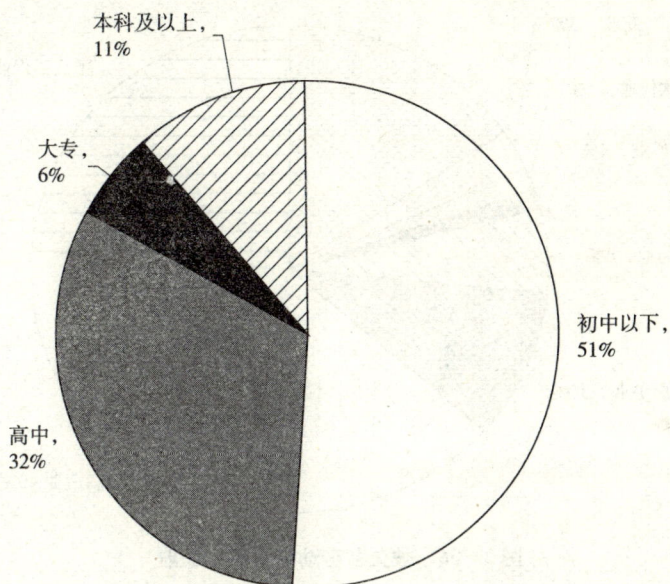

图 2 - 35　曾被欠薪的劳动者文化程度状况

职业是另一个与欠薪密切相关的因素。调查显示,被欠薪的劳动者中从事制造业的占 40% ,制造业是欠薪问题多发的行业,建筑工程业次之,占 24% ,服务业第三,占 10%(图 2 - 36)。

家庭所在地与欠薪问题也显示出一定的联系,在被欠薪的劳动者中,家庭居住地在广东省的有 11 人,占 15% ;家庭居住地在其他省份的有 60 人,占 85% 。广东省是全国流动人口大省,从其他省份转移到广东省尤其是珠江三角洲地区的劳动力,为广东省的经济建设提供了源源不断的动力,为经济发展做出了重要的贡献,然而这一群体却成为欠薪问题的主要受害者。

4. 欠薪与劳动者主观因素

欠薪问题的多发与劳动者对劳动与社会保障法制的了解程度、对自身权益的维护意识均有关系。调查数据显示,声称知道工作所在地最低工资标准的劳动者仅占被调查人数的 37% ,其中能够准确说出数额的更是少数。在提到住房公积金时,绝大部分劳动者对此从未关注过,少数人甚至不知住房公积金为何物。在参加了社会保险的 229 名劳动者中,部分劳动者不能准确说出

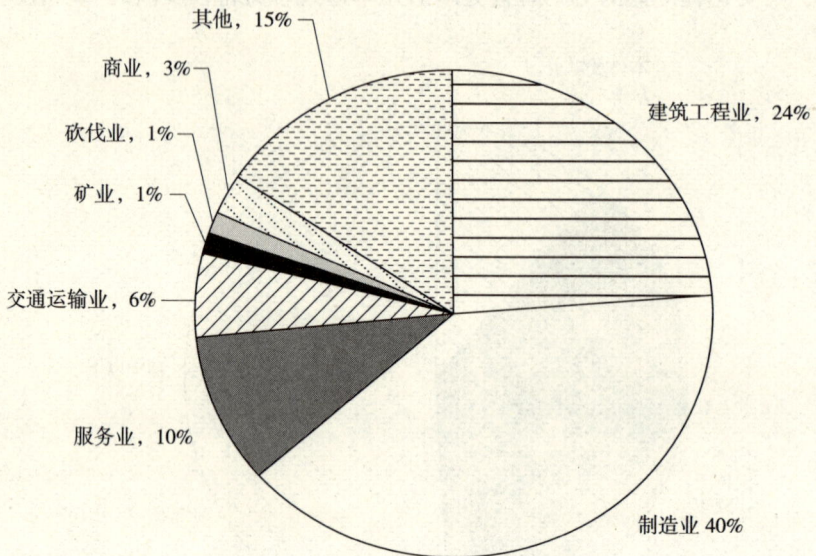

图2－36　被欠薪劳动者从事的职业

自己参加了何种社会保险;而明确知道单位为其缴纳的社保费金额的劳动者仅90人,不知道的有139人;知道个人缴纳的社保费金额的有163人,不知道的有66人。根据《企业破产法》的规定,企业破产时,用人单位所欠应当划入职工个人账户的基本养老保险和基本医疗保险费用可以得到优先清偿,《企业破产法》赋予职工基本养老保险和基本医疗保险费用与职工工资同等的优先受偿性,从本质上说,这两种社会保险费都属于劳动者付出劳动后所应得的报酬。最低工资标准制度、住房公积金制度、社会保险制度都是与劳动者利益密切相关的基本制度,劳动者对上述制度缺乏了解,对自身权益不知情,增加了权益被侵犯的概率,这种状况与当地公权力机关对劳动者在社会保险权、住房公积金权益方面采取的政策密切相关。

5. 劳动合同对于劳动报酬的保障作用问题

劳动合同制度设立的初衷在于明确劳动者与用人单位之间的权利义务,对双方履约形成有效约束力,减少劳动纠纷,《劳动合同法》明确规定劳动报酬是劳动合同的必备条款。从调查数据来看,劳动合同制度对于保障劳动报酬权的作用不明显。首先,劳动合同签订率低。被调查者中,与用人单位签订书面劳动合同的劳动者仅占61%,有39%的劳动者未与单位签订劳动合同。其次,劳动合同中的劳动报酬条款约定模糊。调查反映,许多劳动合同中约定的劳动报酬就是当地最低工资标准,没有将劳动者的实际工资写入。而且往往仅粗略约定一个金额,未区分正常工作时间工资、奖金、津贴、补贴、加班工资等。根据本书的结构和体系,本书对劳动合同制度不作详细展开论述,而是更多关注《劳动合同法》没有具体规定的保障劳动报酬各项制度。

6. 劳动报酬争议解决途径不畅通

在71名曾经遭遇欠薪问题的劳动者中,当被问到"正常工作时间工资被拖欠后,怎样处理?"时,33%的劳动者选择不了了之,41%的劳动者选择与单位协商,5%的劳动者选择找工会出面解决,3%的劳动者选择申请调解,11%的劳动者选择向政府部门投诉,只有4%的劳动者选择申请劳动仲裁,选择向法院起诉的为0人(这是因为我国设置了劳动争议仲裁前置程序)。

当被问到"加班工资被拖欠后怎样处理?"时,选择不了了之的人上升到54%,采取维权措施的比例大大下降。

以上是正常工作时间工资和加班工资被拖欠时,劳动者的处理方法,该数据明显地反映出劳动者对于维权的消极态度。首先选择不了了之的人数比例非常高;其次采取维权行动时,选择并止于与单位协商的人数比例亦非常高;再次寻求公权力救济的人数少;最后在各种公权力中,劳动者更倾向于寻求政府的帮助,而不是劳动争议仲裁委员会。

当正常工作时间工资和加班工资被拖欠时,劳动者的维权态度尚且消极,那么当经济补偿金、奖金、津贴和补贴等被拖欠时,劳动者将更不愿意寻求公权力救济,我们的调查也印证了这一点。通过与被调查者交谈,我们了解到,在离职时领过经济补偿金的人较少。之所以如此,原因主要有三:(1)不知道有获得经济补偿金的权利;(2)维权成本高,受经济条件所限被迫放弃;(3)不信任国家公权力。第三个原因是主要的因素,相当多的劳动者表示"工会形同虚设,找政府投诉没用,申请劳动仲裁、到法院起诉也解决不了问题"。

通过对调查数据的分析,我们看到劳动报酬争议的解决途径仍不通畅。例如,劳动者依法主张的社会保险权利,往往得不到支持,反过来就影响了劳动者对公权力机关的信任和对法律的认可。虽然可请求帮助的机构众多,有工会、调解机构、政府、劳动争议仲裁委员会和法院等,但劳动者普遍对这些机构不信任,工会的职能未能有效发挥,调解机构、政府、劳动争议仲裁委员会和法院的办案态度、办事效率亦未能令劳动者普遍满意,这也影响了劳动者被拖欠劳动报酬后不愿意向公权力寻求解决,而是想通过非正规方式谋求解决,容易引发社会矛盾。一些职工在劳动报酬被拖欠后,不愿意通过举报投诉途径由劳动保障信访、监察部门帮助解决,也不循劳动争议仲裁、到法院起诉等司法途径解决,而是采用悲愤、悲凉的手段,用"跳楼"、"跳桥"等方式,有的集体上访和越级上访,甚至用围堵企业大门、冲击办公楼、罢工、静坐、围堵马路等方式表达诉求。

第二节　构建我国欠薪保障法律制度的原因考察

欠薪保障各项法律制度的产生不是空穴来风,而是有其客观原因。"一种社会事实的决定性原因,应该到先于它存在的社会事实之中去寻找,而不应该到个人意识的状态中去寻找。"[1]欠薪问题由来已久,不同历史阶段,雇主拖欠劳动者的薪酬情况呈现出不同的特点。

现阶段的欠薪问题在 2008 年由美国次贷危机卷发的全球金融危机背景下,显得更为突出和严峻。在《劳动合同法》施行前,劳动争议案件已经连年持续增长,该法施行后增幅更大,而且多数涉及劳动报酬问题。以广州市为例,2008 年全市劳动争议仲裁立案受理 16,286 宗拖欠工资仲裁案件,全市共为 30,606 名农民工等劳动者逐一核对和挽回有争议的拖欠工资 1.4 亿元[2]。

根据相关文献,结合笔者的上述实地访谈式调查和随机抽样问卷调查,大致可以梳理出产生欠薪问题的以下几个主要原因,这些原因也是构建欠薪保障法律制度需应对的客观因素。

一、经济伦理缺失与欠薪

我国是一个城乡和地区极不平衡、人口众多、贫穷落后、体制转轨中各种

---

① ［法］E. 迪尔凯姆:《社会学方法的准则》,商务印书馆 1995 年版,第 125 页。
② 数据来源:某劳动争议仲裁机构某负责人提供。基于尊重该机构负责人的意愿,此处不披露其个人信息,特此致谢。

矛盾和利益冲突激烈的初级市场经济,对效率的过度追求不可避免地导致各种社会的不公平,这种不公平既有规则不公平,也有结果不公平。我国从高度集中的计划经济转向市场经济的过程中,在鼓励一部分人先富起来的政策下,一批人迅速聚集了大量财富,但这些财富游离于伦理准则外,或者与公权力有勾结关系,缺失基本的经济伦理,导致了社会伦理准则中最不可也不应容忍的大量欠薪事件。

而我国现行的劳动报酬法律制度在处理欠薪问题上显得处处见拙,当发生了群体性的欠薪事件时,为了防止社会矛盾激化,有些地方政府相关部门强制要求厂房出租方垫付承租人的欠薪,有些地方政府用政府财政资金垫付,有些地方实际采取了与罪刑法定原则相悖的刑罚手段追究欠薪者的法律责任,等等。这些处理方式,不但无益于确立长效的预防和处理欠薪的机制,而且严重破坏了法律的统一、效力和人们对秩序的预期,形成了欠薪处理的恶性循环状态。在一次次的欠薪事件中,经济伦理不仅无法塑造起来,而且法制的基本规则也遭受冲击,形成这样一个可能而现实的怪圈:被欠薪者不愿意通过有序的法律手段寻求救济,而乐于采取灰色的手段寻求救济;欠薪者欠薪逃匿或者采取其他方式规避责任后,改头换面或异地再起家、再欠薪。

当我们考察这样的怪现象时,一方面我们确实要检讨我们的欠薪保障法律制度的缺陷;另一方面我们的社会缺失了经济伦理,长期以来忽视了将聚集大量财富的主体纳入到伦理准则中,这些聚集大量财富的主体与部分公权力机构及其人员紧密地联结起来,完成了中外历史上常见的"官商勾结",冲垮了一些公权力机构及其人员的经济和政治伦理,这是我国十多年来的市场化改革而欠薪、提高工资事件如噩梦般相伴随的深刻社会原因。

我们在这里讨论经济伦理问题,并不是主张以经济伦理取代法律制度对经济利益冲突的调适,但是经济伦理应当是法律制度得以成长的土壤。离开经济伦理的土壤,花费工夫构建法律制度的过程和构建起来的法律制度均可能变成某些专断权力寻租的危险场所或者存在扭曲法律制度的可能。以2008 年 1 月 1 日起施行以来的我国《劳动合同法》为例,目前我国的北京市、上海市、江苏省、广东省以及广州市、深圳市、南京市等地劳动争议仲裁机构和法院陆续制定了本地方审理劳动争议案件的内部指导意见,这些意见中的许多规范与国家法律、法规相违背,往往体现了当地政府、企业的单方面意见,但这些内部意见在实际裁判案件中却超越了国家法律、法规的效力。

二、用人单位营商环境不理想与欠薪

由于用人单位的生产经营管理并不总是一帆风顺的,在内部条件发生变化的情况下,用人单位可能会从蒸蒸日上变成衰败破产;何况,用人单位外部因素的变化是用人单位难以把握的,会直接影响到用人单位支付劳动者薪酬的能力。世界经济走向、国家宏观政策调整、地方产业政策导向等因素,对用人单位的生存、发展具有重大的影响,不是用人单位自身可以控制,也不可能像法律的实施那样具有可预测性,正是这些因素影响着用人单位的生产经营管理。2008 年以来,我国外向型经济受到一定挫折,而《劳动合同法》规定用人单位应及时支付工资、否则劳动者有权立即解除劳动关系并主张经济补偿,应依法缴纳社会保险费和足额支付加班费等,这些规范的实施使那些原来不守法用人单位的劳动力成本有较大幅度的上升。而多数用人单位并没有"未雨绸缪"的规划,在事业蒸蒸日上的时候,没有事先将利润提取部分作为薪酬保障资金,在经营困难和事业衰落时,克扣、拖欠弱势的劳动者薪酬就成为了在重压之下的拙劣手段。在金融危机背景下,欠薪、欠货款逃匿等成为某些投资者逃避债务的手段,这种不负责任的行为不仅使一些下游供应商陷入经营困难,也极有可能使下游供应商步入欠薪的行列,而恶意逃匿的低成本和低风险会导致多米诺骨牌效应,负面的示范效应产生更多的欠薪,也产生更多的劳动争议纠纷,进而危及社会的安全秩序,影响新生劳动力在智力和技能上的投入。

我国用人单位在负担国家法定较重的税费后,还要负担非法律规定的各项费用,一些灰色支付比例较大,总体负担较重。不少用人单位被拖欠货款或工程款等,导致对欠薪产生了似乎"心安理得"的心态,甚至有些单位将自身欠薪误导劳动者集体向第三方单位讨薪。加上各项社会保险费(占工资总额约 33%)基本由用人单位负担或者是通过用人单位从工资中代扣代缴,实际上使得用人单位的劳动者工资高低与用人单位承担的费用负担关联起来,而国家财政在各项社会保险费上的分担机制不明确,使得用人单位有降低劳动者工资的驱动欲望。

虽然我国《企业破产法》中对破产财产的分配规定是在支付共益债务和破产费用后应首先偿付劳动者的劳动债权,但工资后付的普遍做法,使得在劳

动者提供了劳动后,当企业经营管理不善、资产亏空等原因发生时这种优先权也往往落空。

三、用人单位缺乏社会责任和诚实信用理念与欠薪

社会责任是现代社会背景下需要大力倡导的法律制度及理念,诚实信用原则是法律行为需要遵循的基本原则,诚实信用原则过去往往被作为民法、合同法的基本原则。因此,强调具有社会法意义的社会责任理念,是对传统民法诚实信用理念的发展和推进。

我国不少用人单位缺乏社会责任和诚实信用理念的具体表现为产生劳动争议的用人单位不与劳动者签订书面劳动合同、或多或少存在未足额支付工资、未依法参加社会保险、违法辞退员工等情形。这些情形表明,用人单位的用工行为不规范,缺乏应有的社会责任理念。

从笔者调查中得到的数据表明,很多用人单位明知法律规定却逆其道而行之,显非善意。此类用人单位往往对自己存在的种种不规范行为、违法行为,毫无自我纠正之意,导致纠纷往往要经过仲裁、诉讼才得以解决,甚至在仲裁、诉讼中不如实提供证据、作虚假陈述,徒耗社会资源,增加了劳资双方的相互不信任。由于劳动者个体通过仲裁、诉讼维权时间和成本增大,使得劳动者对借助公权力维权增加了不信任感,导致一些劳动者借助私力救济,给其他劳动者起到了一种非良性的暗示,进而害及法律相关机制的实际效能发挥,危及社会安全。

从整个社会看,我国要达到具备完善协调的法律体系、依法行政的高素质公务员队伍、公正执法的检察官和法官队伍、合理的制衡和法律监督体系、良好的全民族法律意识等法治的基本要素或标准,还需要经过几代人的努力。目前整个社会还需要大力培育诚实信用和依法办事的基本理念,形成用人单位对劳动者承担社会责任的社会氛围,遏止欠薪才有社会的土壤。

四、缺乏劳动者借助团体行动保障劳动报酬有效机制与欠薪

"天生烝民,有物有则,民之秉彝,好是懿德。"①"民为贵,社稷次之,君为

---

① 《诗经·烝民》。

轻"。① 我国古已有之的重视人民言论和人民权利之思想,并不能摆脱劳动人民实际的悲苦命运,其根源在于人民缺乏团结权去抗衡容易侵害权利的另一方,易于滥用权力的强势一方往往滥用了人民的"懿德"。我国 2009 年 9 月 8日,中国社会科学院发布的《人口与劳动绿皮书(2009)》称,随着大学毕业生的增加和有经验的青年农民工的抢手,两者工资待遇有趋同的趋势,甚至刚出校门的毕业生工资不及同龄农民工。② 这一事实反映了积累一定实际操作经验的农民工可能更符合制造业等工作,反映了我国教育结构的失衡和加强我国技术、技工教育的必要性,也反映了在我国劳动力供远大于求和对劳动力文化程度要求不高之状况下,缺乏团结权机制对劳动报酬等劳动权利的保障问题构成了实质威胁。

有些人认为《劳动合同法》已经对劳动者提供了很好的保护,不需要通过其他制度来保障劳动者的权利。笔者认为这种观点带有片面性,《劳动合同法》主要是调整个别劳动关系的规范,这部法律设置的基本机制是一个个劳动者与一个个用人单位之间通过《劳动争议调解仲裁法》设定的一个个程序进行下去,无法对集体劳动关系或者利益调整事项发挥有效调整作用,大量的集体劳动争议或利益争议成为影响社会安全秩序的一个重要因素。

劳动者的结社具有重要的价值,对于抗衡资本和构建公正社会具有促进作用。当然,不是说所有的结社均具有合法正当性。邪教组织通过洗脑或灌输某些反社会、反法治的邪念,甚至要求成员将私人财产无偿上缴,不允许社员自由退出,禁止成员要求返还财产,鼓动成员集体自杀等,这些均构成了对合法正当结社的威胁。历史上一个极其尴尬的事例是在《魏玛宪法》的保障下"法西斯纳粹党"的成长及其反人类的性质,给世界人民造成了苦难。因此,大多数国家的宪法都禁止那些旨在从事暴力、刑事犯罪、破坏公共秩序或国际共识的行为的组织。③

但是,劳动者的结社自由已经被 1948 年的《世界人权宣言》所确认。该宣言第 20 条承认和平结社的自由,第 23 条第 4 款规定劳动者有组织和加入

---

① 《孟子》。

② 《大学生工资与农民工趋同》,《羊城晚报》2009 年 9 月 10 日。

③ 瑞士宪法第 56 条、德国宪法第 9 条第 2 款、荷兰宪法第 8 条、意大利宪法第 18 条、西班牙宪法第 46 条第 1 款。

工会的权利。1965 年的《消除一切形式种族歧视国际公约》第 5 条第 4 款第 9 项中包括了一项禁止在行使结社自由方面的歧视的保障。1966 年的《公民权利和政治权利国际公约》第 22 条既包括了结社自由,也包括了组织和加入工会的自由。上述宣言和国际公约经过了各国多年国内立法的实践,已经成为大多数国家国内法的准则和法律。

五、劳动报酬法律制度缺陷与欠薪

(一)劳动报酬立法缺陷

从劳动领域支付劳动报酬的基本惯例看,通常采取先使用劳动者、后支付劳动报酬的习惯做法。各国工资立法,包括我国《劳动法》、《工资支付暂行规定》以及我国各地方的工资法规,从立法上将此种做法通过法律明文规定下来,使得用人单位使用劳动者一段时间后,才有支付工资的法定义务,此种法律制度为欠薪的存在提供了温床。如果能够采取工资预付原则或者将劳动者每月工资预先支付至独立第三方(例如金融机构)代付,可以避免大规模欠薪。但从工资后付原则改为工资先付原则,推行起来存在阻碍和困难。主要原因在于工资的特殊属性,使得先付工资后,假设劳动者不履行劳动义务,因人身不可强制执行,使得用人单位的权利落空而难以救济。再者用人单位在正式经营前往往并无多余资金支付劳动者未劳动前之工资,用人单位一般是通过劳动者的劳动与生产资料结合获得利润,才有能力支付劳动者工资,因此普遍的工资先付制度可能并不现实。虽然《广东省工资支付条例》第 5 条规定,各级人民政府应当建立健全工资支付预警机制、信用监督机制和应急处置机制。但是在劳动争议尤其是群体性劳动争议纠纷中,往往只有应急处置机制才发生作用,工资支付预警机制、信用监督机制并没有发挥实效。从有效遏止欠薪发生的机制看,应该从预防、保障和惩处三个方面协同解决欠薪问题。

(二)我国《劳动法》、《工资支付暂行规定》和地方法规等工资法律体系内冲突

我国除了没有较高法律效力的《工资法》这一立法外,我国《劳动法》、《工资支付暂行规定》和地方法规对工资问题的规范也是体系混乱,连基本的工资构成、平均工资、加班工资计算基数、经济补偿金计算基数也是各地各不一样,即使同一地区不同仲裁机关和法院、不同裁判人员的裁判也差别悬殊。我

国《劳动法》虽然用专章规定了"工资",但没有一个条文对工资的定义和范围作出厘定。《劳动法》第47条规定,用人单位有权依法自主确定本单位的工资分配方式和工资水平。这样的规定给了用人单位极大的自主权,使得劳动者的工资几乎完全由用人单位单方定夺,集体协商或谈判制度在工资领域的展开也举步维艰。虽然《劳动法》第48条规定国家实行最低工资保障制度,各地也依此颁行了各地的最低工资标准,但这些标准反过来成了劳动者的"最高工资",即多数用人单位在与劳动者约定的工资中均徘徊在当地的最低工资标准线,多数是以当地的最低工资标准基数缴纳各项社会保险费,在给付加班费或经济补偿金时多数以最低工资标准作为计算基数。最近暴露出来的深圳发展银行股份有限公司的员工集体申请赔偿因单位少缴社会保险费而导致其损失的事件①,暴露了长期以来我国工资标准问题、社会保险费征缴的制度疏漏。有些地方出台地方性规定允许用人单位与劳动者约定支付的工资包括加班工资,使得劳动者实际无法拿到应当拿到的加班工资,加班多少拿到的都是约定的工资,只要这一约定的工资不低于当地最低工资就可以。② 这样的一些规定,使得国家层面的劳动法律所设计的制度到了基层,大打折扣。从笔者调研的情况看,现在直接拖欠基本工资的纠纷减少了,大量是拖欠加班工资和支付经济补偿金等方面的纠纷。笔者对收集到的珠江三角洲部分地区的劳动报酬权争议裁判文书进行了分析,发现我国工资立法上的疏漏引致诸多纠纷,并导致案件裁判上的混乱。

　　(三)我国《劳动合同法》和《劳动争议调解仲裁法》对工资保障的规定不明确

　　《劳动合同法》客观上存在一些与实践联系不够紧密的条款,而这些条款的履行不可避免地产生一些纠纷。比如,立法要求全日制劳动关系的双方当事人必须签订书面劳动合同。但是,从司法实践来看,签订劳动合同的好处在于一旦发生纠纷能够较为容易地确定劳动关系的存在,至于其他诸如劳动时间、工资报酬等,用人单位常常不理会合同是怎样约定的。只要有订单,用人

---

① 《离职方知社保被"克扣"20年,深发展员工集体追讨》,《南方都市报》2009年12月17日。

② 周贤日:《劳动合同法实施后加班工资应如何规制》,《法制日报》2008年11月27日。

单位不会让劳动者在休息日休息,也没有安排劳动者在工作日补休,而一些劳动者为了获得加班费,对此通常不提出异议;尽管合同中有工资报酬的约定,但双方实际履行的报酬支付制度与合同约定完全不同。因此,合同的签订往往成为形式而无实质保护意义。笔者调查发现,不少用人单位与劳动者签订劳动合同后,不给劳动者一份劳动合同,劳动合同中预留一些空白以便日后仲裁诉讼中加以利用和虚构抗辩事由,而法律和执法机关对此似乎是"束手无策"。

根据《劳动合同法》的规定,用人单位必须与劳动者签订劳动合同,否则用人单位要承担惩罚性后果——支付劳动者二倍的工资。但是,合同如何签订以及是否能够签订存在很多不确定性因素,因为需要双方的协商,在就如何签订合同等问题产生的分歧无法自行解决时,解除或终止劳动关系,最终导致纠纷提交仲裁、诉讼。同时,对用人单位的惩罚性措施可能诱使少数劳动者产生不正当的心理,恶意地促成用人单位支付二倍工资条件的成就——以各种理由拒绝与用人单位签订劳动合同。显然,如果一方当事人可以通过其自身的行为恶意促成另一方当事人陷入不守法甚至违法的境地,从而使另一方当事人受到法律的惩罚,可能会导致企图从劳动争议仲裁、诉讼中获利者的产生。例如,在某一公司与该公司下属工厂厂长劳动争议案件中,在该厂长主持工厂工作期间,该工厂的所有劳动者均与公司签订了劳动合同,但只有该厂长一人没有与公司签订劳动合同,后因该厂长不能胜任工作而自己辞职,随即他向劳动争议仲裁委员会申请仲裁要求该公司支付没有签订劳动合同的二倍工资,仲裁裁决该公司应按照《劳动合同法》的规定支付该厂长没有签订劳动合同的工作期间加倍支付每月的工资。①

上述争议中,该厂长显然有恶意利用法律的问题,其实质涉及对法律条款的理解和适用。司法实践中仲裁庭、法院根据本部门对法律的理解进行操作,有些裁判人员过于机械地理解法条,导致同一地方的仲裁、诉讼标准不一致,一、二审裁判标准也存在差异,甚至不同地方法院的裁判标准不一致。既然裁判标准存在较多的不统一情形,那么劳资双方向法院起诉、上诉成为通常的选择,起诉、上诉的增加,耗费了双方物力、人力,增加了当事人对仲裁司法的不

---

① 该案件为笔者在课题调研中由广州某公司提供,特此致谢。

信任,浪费了宝贵有限的司法资源。

各地制定的地方性工资支付条例,对用人单位或者其他雇主欠薪的处理机制和保障制度也不足以常规有效地解决问题。

(四)没有确立民法补充适用规则的缺陷影响工资保障

对我国民法与劳动法的关系问题,历来有不同意见,可以归纳为两种主要意见。第一种意见认为劳动法是从民法分离出来的,劳动关系从民事关系分离出来,劳动合同也是从民事合同分离出来的带有身份属性的合同,劳动法是民法的特殊法,劳动法有规定的,优先适用劳动法的规定,劳动法没有规定的,补充适用民法的规定。第二种意见认为,劳动法是社会法范畴或者第三法域,带有明显的国家公权力干预的特点和平等主体之间的集体协商谈判特点,与强调个体自治的民法特性和私法规范有很大差异,两者的实体规范和程序规范不应混淆,不能作为一般法和特别法的关系。在我国劳动法的实体性规范和程序性规范不完善的情况下,在劳动关系的法律适用上,不可避免出现劳动法的一些调整空白,例如在非法单位的投资人或合伙人的责任认定上需要借助民法,在雇佣关系的法律适用上需要借助民法规范,在对设立中用人单位的责任处理上也需要借助民法规范,在保护商业秘密、竞业限制等方面也需要借助民法规范,在劳动关系建立前和解除终止后当事人的关系处理上也需要借助民法规范,等等,而这些均是劳动法尚没有具体规范的领域。与其让裁判人员不知所从或者任意裁判,不如确立劳动法优先适用规则,劳动法无规定的,以不违背劳动法的宗旨为原则,补充适用民法的规范。①

六、工会和劳动监察体制缺陷与欠薪

(一)工会的缺陷

从制度设计看,在处理劳动争议纠纷过程中,工会几乎无从着手。我国不允许劳动者自行组织工会和农会通过集体行动来与资本方、公权力方或者其他资本集团抗衡,劳资抗衡机制是缺失的,这是我国工会体制的缺陷。我国从上至下的行政性工会在人、财、物依附于和服从于公权力一方;企业内部的工

---

① 参见陈硕:《劳动争议诉讼案件疑难问题探讨》,《法治论坛》2009 年第 13 辑,第 73—74 页。笔者的论述内容与该文有所不同。

会的人、财、物均来自企业,也依附和隶属于企业资本一方。绝大多数的单个劳动者面对劳动权益受到侵害的事实,实际处于孤立无援的地步,在人力、物力和心理上无法抗衡用人单位一方;即使劳动者欲通过集体的抗争来达到维护基本劳动权利或者提高劳动待遇的努力,也会被公权力与资本相互联结、甚至动用国家和社会暴力机器的联合瓦解。虽然《劳动合同法》第56条赋予了工会就集体劳动合同的履行发生争议时以自己的名义申请仲裁、提起诉讼的权利,但全国几乎没有真正的由工会申请仲裁、提起诉讼的案例,何况不少小型企业也没有工会。工会的附属性决定了其通常不敢、不愿或不能主动提起维权申请或者工资集体协商要求。工会对于多数因非集体劳动合同的履行而发生的争议并不能提供更多的帮助,人员和机构的缺失也是一个重要因素。例如,我们在调研和相关会议中了解到,东莞市各级工会维权人员和劳动行政机构的劳动监察人员数量明显不足,面对庞大的劳动密集型企业中多发的劳动争议案件,往往处于被动应付的境地。

(二)劳动保障行政部门有法不依和执法不严

根据《劳动保障监察条例》第10条的规定,以下几项都是劳动保障行政部门的职责:宣传劳动保障法律、法规和规章,督促用人单位贯彻执行;检查用人单位遵守劳动保障法律、法规和规章的情况;依法纠正和查处违反劳动保障法律、法规或者规章的行为。根据该条例第11条的规定,劳动保障行政部门应该对用人单位支付劳动者工资的情况进行监督监察。

如果劳动保障行政部门履行宣传职责到位,劳动保障行政部门定期对用人单位支付劳动者工资的情况主动进行监督检查,长期拖欠劳动者工资所造成的种种惨剧、悲剧应当可以有效遏止。但是由于劳动保障监察部门及其人员与各类企业千丝万缕的关系,受到各种利益的影响,难以对为数众多的企业进行有效的监察。

根据《劳动保障监察条例》第26条的规定,对于克扣或者无故拖欠劳动者工资报酬的,支付劳动者的工资低于当地最低工资标准的,解除劳动合同未依法给予劳动者经济补偿的,劳动保障行政部门可以责令限期支付,逾期不支付的,责令用人单位按照应付金额50%以上1倍以下的标准计算,向劳动者加付赔偿金。第30条规定,若用人单位拒不履行劳动保障行政部门的行政处理决定的,处2,000元以上20,000元以下的罚款,并且记入用人单位劳动保障守法诚信档案,情节严重的还应当向社会公布。但现实的情况是,劳动保障行政部门在发现用人单位有克扣或者无故拖欠劳动者工资报酬等情况的时候,往往没有严格执法,带有随意性的选择情况比较普遍,甚至存在纵容、包庇的情况,这与地方公权力机构为单纯谋求地方经济发展、倾向偏袒资本一方、形成权力与资本的某些联结有密切关系。"用人单位劳动保障守法诚信档案"如何建立,如何运作,也成了悬念。

七、劳动者维权理念和方法的不足与欠薪

欠薪问题的发生相当一部分原因还在于,当企业出现欠薪的苗头的时候,劳动者不知道如何运用法律武器维护自己的合法权益,或者不敢运用法律维护自己权益。根据劳动部《工资支付暂行规定》第 12 条的规定,非因劳动者原因造成单位停工、停产在一个工资支付周期内的,用人单位应按劳动合同规定的标准支付劳动者工资,超过一个工资支付周期的,若劳动者提供了正常劳动,则支付给劳动者的劳动报酬不得低于当地的最低工资标准。如果劳动者不知道该条的规定,那么在企业以单位停工、停产等原因不支付劳动者工资的时候,劳动者可能并不知道自己的合法权利已经受到了侵犯,进而也不会寻求某种救济。当欠薪问题发生的时候,如果劳动者及时向劳动行政监察部门举报,拖欠工资现象可望及时得到解决,因讨要工资等维护劳动权利过激行动而发生的悲剧或可减少避免。

供过于求、就业压力背景下,加上通过常规的仲裁、诉讼途径维权时间和费用成本过高,劳动者不敢或者不愿动用法律途径及时维护薪酬权利。在我国,劳动力供过于求将会是一个长期的现象,劳动力市场长期是买方市场,多数有一定优势的用人单位往往不愁找不到工人,金融危机加剧了这一现象。虽然有些年份有些季度的情况有所改观,但"供大于求"以及个体劳动者处于弱势的总体状况是长期存在的基本事实。于是,在用人单位开始拖欠工资的时候,劳动者往往敢怒不敢言,为了保住来之不易的饭碗忍气吞声,通常不会通过法律途径去追索拖欠的工资。等到欠薪问题严重的时候,用人单位可能已经入不敷出,投资人、责任人可能已经隐匿或者逃逸,劳动者有心维权也使得裁判难以执行、权利落空。

八、劳动争议仲裁和司法程序缺陷与欠薪

（一）欠薪等案件的特性和处理程序决定了该类纠纷难以迅速解决，导致劳动者权益难以得到及时救济

就个案而言，其他民事案件与劳动争议案件不同之处在于，其他民事案件中，任何一方对对方作较大的让步，对于让步者今后的生活、生产影响往往仅限于个案；而企业的经营是一个持续的市场行为，同一用人单位可能在今后一定时期内面临与正在进行的仲裁、诉讼同样的纠纷，例如工资基数、支付加班费和补偿金等纠纷，如果用人单位在尚未审结的仲裁、诉讼中妥协较大，那么用人单位在潜在的未来仲裁、诉讼中可能因此处于劣势，因为后来的劳动者援引以前的案例来对抗用人单位的可能性比较大。同一用人单位的员工少则十数人，多则成千上万，在用人单位看来，孤立地处理个案风险大。在《劳动合同法》施行后，无论是仲裁庭，还是法院，均调解了大量劳动争议纠纷。但是，鉴于欠薪等劳动争议案件的特性和处理程序，以及群体性纠纷增多等因素，一些用人单位往往担心其他劳动者仿效而不愿调解，坚持用尽所有程序，直到获得终审判决①，通过程序来拖垮劳动者，达到以个案来威慑其他劳动者等目的。

以一位劳动者与某用人单位因为工伤发生纠纷而发生的索赔案件（这样一个案件中通常会包括工伤赔偿、经济补偿金、欠付工资和加班费等）为例。如果该用人单位与该劳动者没有签订书面劳动合同或者没有直接证据直接认定该劳动者属于该用人单位的职工（双方属于事实劳动关系），则这一纠纷可能需要经过的程序如下：（1）劳动者申请仲裁认定与该用人单位存在事实劳动关系；（2）双方任何一方对该裁决不服的提起诉讼；（3）双方任何一方对一审判决不服的提起上诉；（4）劳动者最终胜诉确认为事实劳动关系的，凭判决书向劳动行政部门申请认定工伤；（5）双方任何一方不服工伤认定的提起行政复议（或直接提起行政诉讼）；（6）双方任何一方不服行政复议结果的提起行政诉讼；（7）双方任何一方不服行政诉讼一审判决提起上诉；（8）劳动者凭胜诉判决申请伤残等级鉴定；（9）双方任何一方不服鉴定的申请重新鉴定；

---

① 本点内容可参考 DG 中级人民法院民一庭 P 副庭长在 2008 年广东省法学会劳动关系研究会上的部分意见，特此说明，并致谢。

(10)劳动者申请工伤赔偿仲裁(包括工伤赔偿、经济补偿金、欠付工资和加班费等);(11)任何一方不服仲裁裁决提起诉讼;(12)任何一方不服一审裁判上诉;(13)用人单位(责任人)不履行裁判义务,劳动者申请强制执行。如果劳动者与用人单位的劳动关系不需要经过仲裁和诉讼确认的程序,也可能需要经过上述4—13的步骤。现实中,不少工伤劳动者往往因过于冗长烦琐的索赔程序,而被迫与用人单位私下达成赔偿协议,取得比法定赔偿标准要低很多的赔偿额了结纠纷。①

　　虽然2010年12月8日国务院修改的《工伤保险条例》在程序方面赋予当事人快捷的诉求程序,但主要限于修改后的条例第五十五条的规定:有下列情形之一的,有关单位或者个人可以依法申请行政复议,也可以依法向人民法院提起行政诉讼:(一)申请工伤认定的职工或者其近亲属、该职工所在单位对工伤认定申请不予受理的决定不服的;(二)申请工伤认定的职工或者其近亲属、该职工所在单位对工伤认定结论不服的;(三)用人单位对经办机构确定的单位缴费费率不服的;(四)签订服务协议的医疗机构、辅助器具配置机构认为经办机构未履行有关协议或者规定的;(五)工伤职工或者其近亲属对经办机构核定的工伤保险待遇有异议的。修改后的条例这一条款,赋予了权利人选择行政复议或者直接提起行政诉讼的权利,不需要权利人一定要先经过行政复议才可以提起行政诉讼,可以使权利人减少法律程序和环节,符合《社会保险法》规定简捷、方便的基本要求。这是对旧条例行政复议前置程序的改革和突破。

　　因此,过于冗长的程序是导致不少劳动者不愿意通过正常法律途径维护薪酬权利的一个重要因素,导致一些劳动者放弃权利,一些劳动者上演了跳楼、跳桥、爬高压电线架、堵路等悲凉事件(一些人把劳动者这些无奈的举动戴上恐怖主义的帽子,视为反社会的行为),或者一些劳动者走上了反社会的不归路(诸如劳动者杀死用人单位投资人、管理人甚至杀害无辜群众的事件等)。

　　(二)法律服务机制的缺陷影响劳动者正常维护薪酬权利

---

　　① 本点内容可参考周贤日:《工伤认定制度探微——以最高人民法院公报的五个工伤认定案件为视角》,《判解研究》2009年第6辑。

事关劳动者基本生存权的薪酬被普遍拖欠,不是单一的劳动者个人权利"小问题",而是事关社会安全的"大问题"。对于这类劳动争议,法治国家均不是放任用人单位与劳动者通过私人的博弈和私法的调节,而是通过行政干预、国家为劳动者提供法律帮助等机制来救助悲苦中的劳动者,避免劳动者走上反社会的非法治途径。

然而,由于我国法律援助的机制对非本地户籍的劳动者和处于贫困线以上的劳动者往往难以列入援助对象,催生了以挑起劳动争议中纠纷谋生的非律师身份的、职业诉讼代理人。劳动争议纠纷的仲裁,绝大部分由劳动者一方提起。与此同时,形成了一个较为特殊的利益群体——一群靠劳动争议仲裁、诉讼为生的人。这些人的法律业务服务水平一般较低,缺少归属和约束的组织,在当事人起诉、上诉、上访过程中不仅无助于纠纷的解决,反而极可能在利益驱动下误导当事人,激化矛盾。

(三)缺乏欠薪预警报告制度和禁止欠薪责任人出境的联动机制

由于缺乏欠薪预警报告制度和禁止欠薪责任人出境的联动机制,导致我国在预防欠薪方面不能走在欠薪者逃匿前就有效采取措施,往往事后采取被动的"东挪西补"的应急做法①。有些境外投资人利用劳动者不愿意通过法律途径采取尽快行动的心理,往往拖欠一定时间工资后卷款跑人,将烂摊子和尖锐矛盾留给当地政府。例如近年常出现的饭店、餐馆在春节前收取了订餐费、拖欠了劳动者一两个工资后,卷款跑人的恶劣情况。因此,必须构建欠薪预警报告制度,在出现用人单位拖欠劳动者工资的相关情况和接到此类报告后,一经初步查实,就应当向我国出入境管理部门通报,并从制度上确立出入境管理部门应禁止此类欠薪单位责任人出境的措施。在外汇管理上,劳动行政部门接到欠薪报告后,应立即向外汇管理部门报告,外汇管理部门应对欠薪责任人的资金出境进行监控,并确立制度授权外汇管理部门和相关银行禁止其资金汇出境。

---

①　例如,2010年1月25日爆发的深圳市东道物流公司(DDS快递公司)因拖欠商户货款和员工工资,致使深圳、广州、东莞、佛山等城市相继发生商户、员工聚集讨债、讨薪行为。该公司在深圳地区现有员工1016人,目前仅该地区的员工被欠薪就达486万元;而此前没有任何预警信息。参见李伟、蒋偲:《有关部门按劳动法规清偿深DDS员工欠薪》,《广州日报》2010年1月27日。

　　基于上述实地个别调查访谈、问卷随机调查和文献分析,我们发现我国存在大量劳动者被欠薪的严峻现状。依靠我国现行的工资支付法律、法规,无法足以保障劳动者的劳动报酬权,劳动者被拖欠薪酬的大量事件屡屡发生。

　　笔者在写作本书过程中,劳动者被拖欠劳动报酬引发的群体性事件、个体性悲剧事件不时发生,使笔者更感觉到必须构建一些具有突破性、创新性的欠薪保障法律制度。

　　而2010年1月25日爆发的深圳市东道速递公司拖欠广州市、深圳市、东莞市和佛山市等地员工大量劳动报酬案件,只有建立了欠薪保障基金制度的深圳市才有条件快速启动了"有法可依"的欠薪保障基金垫付制度,快速平息了事件,没有发生类似该公司在广州地区的员工堵路等极端现象。但广东省其他地区的劳动者则只能通过个案申请仲裁等,而且这些常规的寻求救济手段,劳动者最终可能无法获得真正的救济,转而变成出租方无辜成为垫付人。这就使得类似深圳市欠薪保障基金制度的功能再次引起人们的关注。

第三章 欠薪保障基金制度研究

我国大量欠薪事件引发了尖锐社会冲突,严重危及我国劳动者生存发展和社会安全。我国香港和台湾地区的欠薪保障基金制度设立运行二十多年来取得了良好效果,为缓和地区劳资关系,应急救济劳动者,维护社会安全和稳定,发挥了积极作用。本部分对欠薪保障基金一般原理进行探讨的基础上,对我国香港和台湾地区欠薪保障基金制度进行比较研究,分析两个地区欠薪保障基金制度的得失成败,对构建我国欠薪保障基金制度有重要的借鉴价值。

同时,考察我国深圳市和上海市两个地方性欠薪保障基金制度,探讨欠薪保障基金制度是否符合我国实际情况,论述构建我国欠薪保障基金制度的各项规则。

第一节 欠薪保障基金制度概述

一、欠薪保障基金制度基本内容

欠薪保障基金制度是通过立法或惯例①,设立一个欠薪保障基金管理机构或者由政府某一机构代行职责,确定每一固定周期向法定范围内的用人单位征缴固定的费率,或者按照用人单位缴纳社会保险费(税)的工资总额的一定费率缴纳欠薪保障金,在某一个或某些用人单位发生欠薪不支付或不能支付的法定情形下,被欠薪劳动者按照法定条件和程序申请欠薪保障基金垫付

---

① 例如我国澳门地区目前没有欠薪保障基金的专门成文法,但澳门地区已经形成了欠薪保障基金及相关制度。参见邱庭彪:《略述澳门欠薪处理方式》,《第二届内地与港澳地区法律研讨会论文集》(2010年5月,安徽合肥)。笔者在增加本书此部分内容过程中,参加了该研讨会,并与澳门大学的邱庭彪博士探讨了澳门的欠薪处理方式和欠薪保障基金问题。感谢邱庭彪博士的宝贵意见。

欠薪,欠薪保障基金依法接受和审查垫付申请,在依法垫付后获得所垫付款项的代位追偿权。

从不同国家和地区的欠薪保障基金征缴方式看,欠薪保障基金的缴费大致分为固定费率制度和与工资总额挂钩缴费制,前者以我国香港地区的制度为典型,后者以我国台湾地区的制度为典型。

从欠薪保障基金的名称看,有些国家或地区称为破产欠薪保障基金(例如我国香港地区),有些国家或地区称为积欠工资垫偿基金(例如我国台湾地区),但其实质是一致的,都是通过设立一个保障基金对劳动者被欠劳动报酬实行有限额的垫付。

从欠薪保障基金的管理机构看,有些国家和地区设定一个独立于官方但受官方监督的委员会,有些国家和地区则将基金附设于行政主管机关下,体现了不同的管理理念。

从我国香港地区和台湾地区实行欠薪保障基金制度的基本情况看,为了避免滥用基金,防止用人单位与劳动者串谋骗取基金垫付,切实提高基金垫付和运作的效率,上述两个地区制定了完善细致的基金收支、垫付和管理方面的规则和信息披露制度,并对滥用、骗取基金的行为实行追责制度,遏止浪费、贪污、挪用、截留或骗取等行为。

二、欠薪保障基金制度基本功能

欠薪保障基金制度使得在用人单位出现不支付或不能支付工资的特定情形下,劳动者即使被欠薪,也能够从预先设定和征集的资金及其收益中获得及时限额垫付,缓解生活急需。

从我国香港地区和台湾地区实行欠薪保障基金二十多年来的效果分析,欠薪保障基金制度的基本功能大致可以归纳为以下三点。

(一)储备资金、调节丰歉

从各国和地区设定的欠薪保障基金制度看,欠薪保障基金通常以较低的费率征缴,在用人单位正常经营的情况下,通常能够承受缴费义务,一般不会抵触缴费。在用人单位发生解散、清算、破产、和解、重整或者其他特定情形导致欠薪的情况下,欠薪保障基金就发挥了储备资金、调节丰歉的功能,特别是当用人单位已经无力支付劳动者工资的情况下,这笔积累盈余的资金,就成为了重要的调节解困资金来源。

（二）应急救济、缓解困苦

按照欠薪保障基金的一般原理，当用人单位发生法定情形而不支付或者不能支付劳动者工资，劳动者突然失去生活的来源，为此欠薪保障基金制度规定劳动者凭据被拖欠工资的相关凭证，依法向欠薪保障基金委员会或者其办事机构申请一定时期内一定额度的垫付工资，基金管理机构按照法定的时限快速垫付，以实现应急救济、缓解困苦，帮助劳动者度过生活的艰难期。

当然，按照社会保险制度中的失业保险制度，在用人单位发生因解散、清算、破产、和解、重整或者其他特定情形导致欠薪的情况下，劳动者通常处于失业状态，劳动者可以同时按照失业保险规定申请失业救济，这两者并不矛盾和冲突。

（三）分散风险、化解纠纷

通过欠薪保障基金制度，用人单位和劳动者均在一定程度上分散了风险，避免因用人单位特定的主客观原因而导致劳动者付出劳动后一无所得。欠薪保障基金制度一方面使经营困难无力支付工资的用人单位与劳动者的矛盾得到了一定程度的缓和，另一方面使劳动者可以拿到生活急需的救济基金、避免生活陷入困顿，化解纠纷。

当然，欠薪保障基金在帮助经营确实困难无力支付劳动者工资的用人单位的同时，也可能产生两个方面的问题：一是某些用人单位可能恶意利用这一垫付制度，捏造假象、伪造假证逃避支付劳动者工资的责任；另一方面基金设定的垫付条件和情形如果过于苛刻，可能使急需获得救济的劳动者无法及时获得垫付。这是欠薪保障基金制度在各国和地区实践中的一对矛盾，需要我们在设定和运行欠薪保障基金制度时予以注意。

第二节　我国港台地区的欠薪保障法律制度

本节主要通过考察我国香港和台湾两个地区的欠薪保障制度，分析这两个地区的欠薪保障制度的基本内容，吸收两个地区的合理成分，以对我国大陆构建欠薪保障法律制度有所启发。

一、我国香港欠薪保障基金法律制度

香港非常重视保障弱势群体、维护和谐劳资关系,这与其重视保护人权的理念密不可分。从 20 世纪 50 年代以来,香港通过了一系列保护劳动者的成文单行法,主要有:

1953 年香港立法会通过了《雇员补偿条例》,旨在保护受雇工作期间受伤的雇员和确立支付补偿制度。

1955 年香港立法会通过了《工厂及工业经营条例》,旨在保障工业工人的安全和健康。

1968 年香港立法会通过了《雇佣条例》,旨在调整香港的雇佣条件。自 1968 年制定以来,经大幅修订,目前为雇员提供全面的雇佣保障和福利。特别要指出的是,该条例对支付薪酬规定了严格的时限和对恶意欠薪采取定罪处罚的方法。而经过修改后的法例,对职业介绍所作出规定的是附属于《雇佣条例》的《职业介绍所规例》,而不是《雇佣条例》。

1975 年香港立法会通过了《劳资关系条例》,旨在改善劳资关系、促进劳资纠纷达成和解,该条例"冷静期"的规定可为我国确立相关机制提供有益的参考素材。

1985 年香港立法会通过了《破产欠薪保障条例》,旨在设立一委员会,以管理破产欠薪保障基金,并规定雇员在其雇主处于无力清偿债务的情况下,可获该基金拨付款项。同时,香港的《破产条例》和《公司条例》对雇员的限额优先债权作了保护性规定。

1997 年香港立法会通过了《职业安全及健康条例》,旨在为雇员在工业及非工业工作地点提供安全及健康的保障。①

这六部成文单行法及大量的相关裁判,构成了香港的劳动法基本体系,对包括劳动者的工资在内的各项劳动权利作了比较具体的保护性规定。

(一)香港破产欠薪保障制度概述②

---

① 香港《公司条例》和《破产条例》等也有规定劳动者的优先债权等制度。

② 本部分内容的归纳主要参考了《香港破产欠薪保障条例》、破产欠薪保障基金委员会周年报告和香港立法会相关的会议过程正式记录等立法资料。同时参考了香港法律改革委员会关于《公司条例》的清算条文报告书等资料。

根据香港1985年4月19日实施的《破产欠薪保障条例》,香港破产欠薪保障制度主要针对雇主无力偿付工资时,以发放特惠款项方式,为雇员提供适时帮助的一项法律制度。该项制度为遭遇雇主无力支付薪酬时的雇员提供了有益和及时的经济帮助,对促进香港地区的劳资关系和谐,维护香港地区社会稳定发挥了积极作用。①

（二）香港破产欠薪保障基金委员会②

1. 香港保障委员会的性质、地位和职能

香港当局根据《破产欠薪保障条例》成立了一个法人社团命名为"破产欠薪保障基金委员会"的机构管理破产欠薪保障基金;该条例同时授权劳工处处长在雇主无力清偿债务时,按照规定的程序和条件从基金发放特惠款项给雇员。

香港保障委员会不是政府的受雇人或代理人,也不享有任何政府的地位、豁免权或特权;但是,香港劳工处处长或香港保障委员会行使该条例授予的任何酌情决定权时所作的决定,在香港任何法庭均不得受质疑。

香港保障委员会的法定职能如下:

（1）管理破产欠薪保障基金;

（2）就征费率向行政长官提出建议;

（3）如有申请人不满劳工处处长就申请发放特惠款项一事所作出的决定,香港保障委员会就他们的要求可审核其申请。

香港保障委员会设有法团印章,在盖印后须由2名委员签署以认证其为真确。这是一个很细致的规范,可避免滥用印章、伪造文件。

2. 香港保障委员会的组成

香港保障委员会由1名主席和不超过10名委员组成,全部委员由行政长官委任。雇主和雇员代表的人数必须相等,公职人员不得超过4名。

凡属非公职人员身份的委员会委员,除非其遭免任或其委任因其他原因而告终止,否则其任期由行政长官指明。前述委员,其任期或连任期届满后均有资格再获委任,任期由行政长官指明。前述委员,可随时以书面通知向行政

---

① 参见《香港破产欠薪保障基金委员会周年报告（2003/2004年度）》。

② 香港破产欠薪保障基金委员会以下简称为香港保障委员会,以区别于我国台湾和香港的其他委员会。

长官辞职,而该委员即从通知书所指明的日期起停任委员;如无指明日期,则从行政长官接获通知之日起停任委员。

除香港保障委员会的主席外,任何委员会委员,如不在香港或基于其他理由而不能行使委员的权力或执行委员的职责,则行政长官可委任另一人为临时委员,在该委员不在港或无履行职务能力期间暂代其职。

3. 香港保障委员会主席

行政长官须委任 1 人为香港保障委员会主席,并须在宪报公告就该项委任作出通知。如委员会主席不在香港或基于其他理由不能执行主席职务,则行政长官可委任另 1 人在主席不在香港或无履行职务能力期间暂代主席职责,并须在宪报公告就该项委任作出通知。在香港保障委员会任何会议席上,主席除有权投普通票外,另有权投决定票。

4. 香港保障委员会会议

香港保障委员会会议须在主席或代理主席职务的人所指定的时间及地点举行。香港保障委员会会议的法定人数为 5 人,并遵循相应的会议程序。

香港保障委员会可采用传阅文件方式处理其会务;凡获多数委员赞同的书面决议,其效力及作用等同于在委员会会议席上由委员投票多数赞同而通过的决议。

5. 转委托劳工处处长

香港保障委员会可根据决议,将香港保障委员会的任何权力及职责以书面转委托劳工处处长,而该项转委托是否附加限制或条件则按香港保障委员会认为适当者而定,但《破产欠薪保障条例》第4(1)(b)即就征费率向行政长官提出建议的权力和该条例第17(3)即审核权两项所赋予香港保障委员会的权力不得予以转委托。

从实际运作看,是由香港劳工处薪酬保障组(科)受理申请。为了应付大量的申请个案,香港保障委员会和香港劳工处薪酬保障组近年来简化申请手续,特别于2003年10月成立了一个香港劳工处薪酬保障组临时办事处,提高薪酬保障组处理申请个案的效率。

6. 设立及委托小组委员会

香港保障委员会如认为适当,可设立及委托小组委员会,以处理一般或特别事务;而就该小组委员会而言:

（1）小组委员会主席须由香港保障委员会委任；

（2）小组委员会主席以及每3名获委任为某小组委员会成员的人士中的至少2人须为香港保障委员会委员；

（3）香港保障委员会可将权力转委托小组委员会。香港保障委员会可根据决议,将香港保障委员会的任何权力及职责以书面转委托小组委员会,而该项转委托是否附加限制或条件则按香港保障委员会认为适当者而定,但《破产欠薪保障条例》第4（1）（b）即就征费率向行政长官提出建议的权力和该条例第17（3）即审核权两项所赋予香港保障委员会的权力不得予以转委托。

（三）破产欠薪保障基金

1. 基金的资金来源

根据《破产欠薪保障条例》的规定,该基金的款项构成有：香港税务局局长根据《商业登记条例》拨付的款项,香港保障委员会代位追回的已垫付款项和追回误付的款项,从构成该基金的款项及投资而得到的利息及其他收入,合法拨付该基金的其他款项。

从实际运作的资金来源看,该基金的资金主要来自按每张商业登记证（每个登记雇主）每年收取一次的征费。该笔征费由香港税务局在有关机构缴交商业登记费时一并收取。自2002年5月16日起,征费率由每年250港元增加至每年600港元,2008/09年度每张商业登记证收取450港元。由于有些年份无力清偿债务的雇主及其债务额增大,基金出现或者可能出现入不敷出,因此香港立法会在某些年份通过决议准许香港政府给予作为独立法人社团的基金一定的过渡信贷额,准许基金在必要时提取信贷以缓解基金资金的困境。例如,香港立法会财务委员会在2002年11月8日批准香港政府以信贷形式,向香港保障委员会提供一笔为数6亿9,500万港元的过渡贷款,基金只在有需要时才提取这笔款项。在2004年3月底,香港保障委员会首次从政府提供的过渡贷款中提取了一笔为数2,200万港元的款项,以应付基金短期的现金周转。但是,自2004/05年度以来,基金连续5年盈余,累积盈余资金超过15亿港元,成功化解了欠薪的诸多危机。2004/05年度以来截止2008/09年度香港保障委员会未再提取过渡贷款。

2. 基金的财务管理

《破产欠薪保障条例》规定了细致严格的基金收支预算和财务管理制度：

（1）香港保障委员会可在获得行政长官事先批准下，不时指定某一段期间为该基金的财政年度。从香港保障委员会的周年报告看，通常的财政年度为每年的 4 月 1 日至次年的 3 月 31 日。

（2）香港保障委员会在每一个财政年度，须于行政长官所定的日期前，将该基金下一个财政年度的收支预算呈交行政长官批准。

（3）行政长官须对香港保障委员会呈交的收支预算加以考虑，并可批准或拒绝接受该预算；如行政长官拒绝接受该预算，可要求香港保障委员会按其指示的方式修改该预算，并在其指示的期间内将经修改的预算再次呈交。

（4）香港保障委员会可不时对获批准的收支预算作出更改，并须在切实可行范围内尽快将一份载有更改细节的陈述书送呈行政长官。

（5）香港保障委员会须在财政司司长批准的银行开立及保存一个账户，并将该基金的所有款项拨入该账户内。

香港保障委员会按照《破产欠薪保障条例》第 10 条的规定①，获得财政司司长的批准，可将基金中不超过 20% 的未定用途款项，投资于香港保障委员会认为恰当的股权上。香港保障委员会 2003/04 年度的周年报告显示，由于基金储备下降，香港保障委员会已在 2001 年 10 月撤走所有委托基金经理管理的投资款项。基金于 1990 年购置了一个作香港保障委员会办公室的物业。而所有现金以定期存款形式存放在核准的银行。

（6）香港保障委员会须按库务署署长的要求备存及保存有关该基金各项交易的账目及记录；及在每一个财政年度终结后，促使拟备有关该基金的账目结算表，结算表须包括收支账目及资产负债表，并须由主席签署。

3. 基金的管理费用

（1）政府就管理该基金所招致的一切费用及开支，均须从政府一般收入

---

① 香港《破产欠薪保障条例》第 10 条（款项的投资）规定，凡属基金的款项，如并非委员会即时所需者，可：（a）存入《银行业条例》第 2 条所指的任何银行的定期存款账户、通知存款账户或储蓄账户；或（b）在获得财政司司长事先批准下，投资于委员会认为适当的其他投资项目中。据此，香港破产欠薪保障基金委员会经香港财政司司长批准，曾一度委托证券基金经理将破产欠薪保障基金中的一定比例（不超过 20%）投资于股权，由于受到 2000 年前后的亚洲金融危机影响，这些股权价格波动较大，加上基金面临入不敷出，所以从香港破产欠薪保障基金委员会 2003/2004 年度的周年报告看，已经不再投资股权，而是全部作为定期存款以策安全。

中拨款支付。

（2）财政司司长可作出指定，从基金收入中征收一项监管费，款额由财政司司长决定，而该项收费是作为由财政司司长决定的某段期间的监管费，并须由香港保障委员会在财政司司长所决定的日期从基金中拨款支付给财政司司长，而财政司司长须将该款项拨入政府一般收入内。

4. 核数师①核数

（1）香港保障委员会须于每一个财政年度开始时委任核数师；核数师有权接触香港保障委员会所备存的一切账簿、单据及其他纪录，并有权要求提供其认为适当的资料及解释。

（2）核数师须审计根据《破产欠薪保障条例》第11条拟备的账目结算表，并就该账目结算表向委员会作出报告。

5. 香港立法会省览基金账目结算表及报告

（1）香港保障委员会须在每一个财政年度终结后6个月内，或在行政长官就某一个年度所准许的较长时间内，将有关香港保障委员会在该财政年度活动的报告，连同根据《破产欠薪保障条例》第11条拟备的账目结算表及根据第12条作出的报告一并呈交行政长官。

（2）行政长官在接获香港保障委员会呈交的报告及账目结算表后，须促使将上述账目结算表及报告提交立法会省览。

6. 雇员（劳动者）及其申请时限

根据《破产欠薪保障条例》，雇员如遭无力清偿债务的雇主拖欠工资、代通知金和遣散费②时，可向基金申请特惠款项。申请人的资格与其所在单位是否有缴交基金征费并没有直接关系。申请人须以认可的表格提出申请，并就申请作出法定声明作为佐证。申请人并须在其服务的最后一天起计的6个月内提出申请。

7. 基金发放特惠款项的先决条件

《破产欠薪保障条例》第16(1)条规定，入禀清盘或破产呈请是基金发放款项的先决条件。但根据该条例第18(1)条的规定，香港劳工处处长可在下述情况下行使酌情权，在无呈请提出的情况下发放特惠款项：

---

① 我国香港法例中的核数师职能类似于我国内地法律中的会计师职能。

② 遣散费类似我国内地的经济补偿金。

(a)雇员人数不足 20 名；

(b)在该个案中有足够证据支持因下述理由入禀呈请：

(i)如雇主是一间公司,该公司无力清偿债务；或

(ii)如雇主并非公司,有破产呈请可针对该雇主而提出；以及

(c)就该个案入禀呈请是不合理或不符合经济原则的。

如有雇员因遭拖欠的款项总额少于 10,000 港元而受《破产条例》限制,不能向雇主提出破产呈请,《破产欠薪保障条例》第 16(1)(a)(ii)条也授权劳工处处长从基金拨付特惠款项给该雇员。

根据现有政策,如雇主为 1 名个别人士,而所聘用的雇员为该雇主同住的家庭成员,则不合乎申请资格。如申请人是有关公司的注册董事或曾出任该公司的注册董事,该人的申请一般都不会被批准。

8. 基金发放特惠款项的最高限额

《破产欠薪保障条例》对基金发放的特惠款项作了具体的列举,以界定垫付的界限和额度：

(1)雇员在服务的最后一天之前 4 个月内为其雇主服务而未获支付的工资①,但付款最高限额为 36,000 港元；

(2)代通知金,付款最高限额为 1 个月工资或 22,500 港元,两者以较小的款额为准；②

(3)遣散费,付款最高限额为 50,000 港元,如申请人根据《雇佣条例》有权得到的遣散费超出 50,000 港元,付款则另加超出数额的 50%。③

---

① 根据香港法例,工资包括有关报酬、收益及根据香港《雇佣条例》第 43 条视作工资的各项收入,即法定假日薪酬、年假薪酬、年终酬金、产假薪酬及疾病津贴。根据《香港破产欠薪保障基金委员会周年报告(2008/09 年度)》,2008/09 年度,香港保障委员会审议了扩大基金保障范围的建议,一致同意将香港《雇佣条例》下雇员已累积而未放取的年假薪酬纳入基金垫付的工资保障范围,但此项付款最高限额仍为最高不得超过 36,000 港元。

② 根据香港《公司条例》及《破产条例》的优先债限额,即在清盘/破产程序中分配雇主余下资产时,须在偿付其他债项前,优先偿付不超过 2,000 港元或一个月工资的代通知金,两者以较小的款额为准。

③ 香港破产欠薪保障基金的最高付款额(遣散费)为 220,000 港元。另,香港《公司条例》及《破产条例》的优先债项额,即在清盘/破产程序中分配雇主余下资产时,须在偿付其他债项前,优先偿付以不超过 8,000 港元为限额的遣散费。

9. 劳工处(薪酬保障科)对申请的核实

《破产欠薪保障条例》授权香港劳工处处长从基金拨付款项前,就申请人的申请进行调查。为进行核实的工作,劳工处处长可要求有关人士呈交工资及雇佣纪录,并可按照需要,会见有关的雇主及雇员。根据工作需要,劳工处处长可以书面授权劳工处任何人员行使或执行处长在本部下的权力或职责。

即使在 2008 年 9 月金融危机爆发、特惠款项申请大增的情形下,为了缓解劳工的困难,劳工处薪酬保障科处理申请所需的平均时间,从 2007/08 年度的 2.7 星期缩短至 2008/09 年度的 2.5 星期[①],处理时效值得肯定。

10. 香港保障委员会的审核

根据《破产欠薪保障条例》第 17 条的规定,香港保障委员会有权对申请人因不满劳工处处长根据《破产欠薪保障条例》第 16 条所作的决定而提出的申请进行审核的权力。

(1)申请人如不满香港劳工处处长根据《破产欠薪保障条例》第 16 条所作的决定,可以书面:

(a)请求香港劳工处处长提供作出该决定的理由;

(b)在香港劳工处处长提供理由后,请求香港劳工处处长将其申请转给委员会处理。

(2)香港劳工处处长在接获申请人提出的请求后,须向香港保障委员会主席递交所有与该项申请有关的文件。

(3)香港保障委员会在接获根据《破产欠薪保障条例》第 17 条转介的申请后,可维持或更改劳工处处长的决定,或为该等目的而要求劳工处处长就有关的申请作进一步查讯。

以 2003/04 年度为例,香港保障委员会根据上述规定审核了 13 宗申请个案。[②]

11. 基金的代位权

---

① 参见《香港欠薪保障基金委员会周年报告(2008/09 年度)》。

② 从香港保障委员会的周年报告看,该委员会将其审核从劳工处移交的对劳工处决定不满之申请称为审核上诉。而从香港《破产欠薪保障条例》第 17 条看,并没有用"上诉"之词,而是用了"审核"一词。故本书遵循香港法例的用语,而不采相关报告的用语。

申请人就工资、代通知金和遣散费收到特惠款项后,他须根据《公司条例》或《破产条例》就这些款额所享有的追讨权转让给香港保障委员会。香港保障委员会在行使该代位权时,可向破产管理署署长或私人清盘人呈交债权证明书,以便在清盘或破产程序进行时,追讨已发放给申请人的特惠款项。

从香港的相关统计数据看,不同的年份申请特惠款项的雇员行业分布情况是有差别的。例如,2003/04 年度,饮食业、建造业和其他个人服务业占了欠薪案件的主要部分。而 2008/09 年度在全球金融危机爆发后,最多申请数目(申请人)的行业是饮食业,申请人数有 1633 人,申索的款额 2,410 万港元;接着是零售业,申请人数有 1106 人,申索的款额为 8,490 万港元;随后是进出口贸易业,申请人数有 730 人,申索的款额为 6,480 万港元;这三个行业的申请人数占申请人总数的 46.2%,而申索的款额则占总额的 36.4%。①

12. 误付款项的追讨

凡基于法律上或事实上的错误而从基金付款给任何人;或就一宗在任何要项上是虚假的申请而付款给任何人,尽管无人因《破产欠薪保障条例》第 26 条所订罪行而遭检控或被定罪,所付款项即作为欠下香港保障委员会的债项,可由香港保障委员会向收款人追讨。

(四)专责小组

香港劳工处、破产管理署、法律援助署及香港警务处商业罪案调查科于 2002 年 11 月成立跨部门"专责小组",合作调查及跟进有关滥用破产欠薪保障基金的个案。以 2003/04 年度为例,截至 2004 年 3 月 31 日,香港劳工处共转送了 42 宗个案给商业罪案调查科及破产管理署调查。商业罪案调查科在 5 宗涉嫌串谋诈骗案中共拘捕了 6 名董事、2 名经理及 28 名雇员;其中 1 宗个案,1 名印刷公司的董事及其雇员因伪造账目意图骗取基金而分别判监 12 个月。

(五)基金的实际运作概况

香港欠薪保障基金制度的设计和实践是成功的。这可以从香港欠薪保障基金制度 2002 年至 2009 年的实际运作情况得出这一基本结论。即使在 2008 年 9 月爆发金融危机以来,香港企业倒闭、清盘、破产及裁员情况大量增加,香

---

① 参见《香港欠薪保障基金委员会周年报告(2008/09 年度)》。

港保障委员会在 2008/09 年度接到 7511 宗申请特惠款项,比 2007/08 年度的 4506 宗上升 67%。在 2008 年 10 月至 2009 年 3 月期间,香港保障委员会接到 4550 宗申请,较 2006/07 年度同期的 2299 宗大增 98%。在 2008/09 年度接到的申请中,6071 宗获得特惠款项,所支付的款项合为 1 亿 2,950 万港元。但是香港欠薪保障基金的储存是充足的,在 2008/09 年度基金盈余 3 亿 1,760 万港元,基金自 2004/05 年度以来,连续五年取得盈余。截至 2009 年 3 月底,基金的累积盈余再创新高,总盈余额达到 15 亿 4,610 万港元。

香港保障委员会的各项细致、认真的工作及其报告,值得我国制定立法及地方实施欠薪保障基金制度时认真借鉴。笔者在试图对我国大陆已经实行欠薪保障基金的部分地方情况从统计数据上进行分析时,发现几乎没有系统完整的统计数字,这与香港的情况截然相反,令人感慨。

香港保障委员会每年度对基金的运作做了充分的信息披露,向立法会等提交了细致、认真、详尽的周年报告。香港保障委员会 2008/09 年度周年报告对基金在 2004/05 年度至 2008/09 年度的运作进行了列表比较,这些数据及表格比较充分地披露了基金近五年来运作的具体情况。现摘选该年度报告中的部分统计表,改编为附录 3-1 香港破产欠薪保障基金 2004/05 年度至 2008/09 年度的运作比较表和附录 3-2 香港破产欠薪保障基金 1998/99 年度、2003/04 年度及 2008/09 年度按经济行业划分接获的申请数目分析①。

从笔者选择的这两个附录看,香港保障基金的运作良好,即使在 2008/09 年度世界金融危机的背景下,申请垫付的数目比 2007/08 年度增加了近 67%,但基金仍然运行稳健,基金盈余积累充分,为维护香港劳工利益和社会稳定发挥了极为重要的作用。

香港 2004/05 年度至 2008/09 年度基金接获申请的行业集中在饮食业、建造业、进出口贸易业、零售业和其他个人服务业。我国大陆实行欠薪保障基金制度的一些地方没有类似的欠薪行业数据分析,这是值得改进的;但从媒体披露、其他方面的一些统计数据看,似乎与香港容易产生欠薪的行业情况类

---

① 华南师范大学法学院硕士彭静雯、叶晶晶协助笔者将香港保障委员会的 2008/09 年度周年报告中的该部分数据 PDF 表格转为 WORD 格式,本书中的附录 3-1、附录 3-2 分别为原香港保障委员会 2008/09 年度报告的附录七、八,特此说明并致谢。

似。例如,广东省劳动和社会保障厅曾在 2007 年的一次整治欠薪专项行动中发文件明确规定,重点对以下用人单位进行检查:(一)建筑业企业(包括房地产开发、市政设施、交通路桥、水利电力建设等)。(二)其他存在欠薪隐患的用人单位。由各地结合本地实际确定具体的检查对象。原则上重点检查中小型加工、餐饮服务业等非公有制劳动密集型企业,等等①。笔者为本课题专门进行的欠薪调查问卷数据由于覆盖面有限,也不能得出量化的欠薪行业判断。

从香港 2004/05 年度至 2008/09 年度基金借代位权而收回的款项及特惠款项支出分析,基金借代位权而收回的款项与特惠款项支出的比例为 2004/05 年度 3.8%、2005/06 年度 4.1%、2006/07 年度 5.5%、2007/08 年度 10.6%、2008/09 年度 3.7%。可见,基金在垫付欠薪后以代位权收回的款项比例十分有限。香港保障委员会的周年报告没有披露为行使代位权追索垫付款而付出的费用以及该笔费用占收回款项的比例。由此得到的一个启示是,基金借代位权而收回的款项与特惠款项支出的比例如此低,是否应检讨工资债权后于担保债权受偿的制度设计,也是值得探讨的一个重要问题,对此本书将在下面作阐述分析。

二、我国台湾积欠工资垫偿制度

我国台湾地区对劳工被积欠工资的救济方法有很多,包括积欠工资债权的一般民事保障、"大量解雇劳工保护法"的特别规定以及"劳动基准法"第 28 条的工资垫偿制度。其中,当雇主发生支付工资困难或者不支付情形时,台湾工资垫偿制度发挥了极为重要的保障作用。

(一)台湾工资垫偿制度概述

我国台湾地区的"劳动基准法"第 28 条确立了工资优先权及积欠工资垫偿基金制度。该条规定,雇主因歇业、清算或宣告破产,在劳动契约所积欠的工资未满 6 个月部分,有最优先受清偿权。雇主应按其当月雇用劳工投保薪资总额及规定的费率,缴纳一定数额的积欠工资垫偿基金,用作垫偿前项积欠工资。积欠工资垫偿基金,累积至规定金额后,应降低费率或暂停收缴。前项

---

① 广东省劳动和社会保障厅《关于开展整治欠薪专项行动的方案》第 2 点,2007 年 10 月 30 日。

费率,由主管机关在万分之十范围内拟订,报请"行政院"核定。雇主积欠的工资,经劳工请求未获清偿的,由积欠工资垫偿基金垫偿;雇主应在规定期限内,将垫款偿还积欠工资垫偿基金。积欠工资垫偿基金,由主管机关设管理委员会管理。基金的收缴有关业务,由主管机关,委托劳工保险机构办理。前述的规定金额、基金垫偿程序、收缴与管理办法及管理委员会组织规程,由主管机关规定。

这是我国台湾地区积欠工资垫偿制度①的基本法源。但在台湾"行政院"于1983年2月25日送台湾"立法院"审议的"劳动基准法草案"第28条规定:"雇主因歇业或宣告破产,本于劳动契约所积欠之工资未满六个月者,有优先于抵押权受清偿之权。"可见当时的草案设置的是工资债权优先于其他任何债权(包括担保债权),是一种绝对优先权或可称为超级债权,因此没有设置台湾现行法的工资垫偿制度。该草案的这一条文是根据1949年国际劳工组织通过的《工资保护公约》之规定。该公约第11条规定,工资清偿权为特别优先清偿范围,应在普通债权人平均分配资产的声明确立前,全部予以清偿。在"立法院"审议"劳动基准法草案"中,台湾工业总会、台湾商业总会和台湾工商协进会等资方社团极力反对草案第28条,认为该条文若通过,事业单位向金融机构融资时,金融机构基于确保其本身债权的安全,必定先按该事业单位雇佣劳工人数,估计该单位6个月应发的工资总数,而不论该事业单位实际上有无拖欠劳工工资,一律在所提供的抵押物价值内予以扣除后,再打折放贷,结果将使经济陷于停滞状态。经过各方面长达2年多的多次争论,对原草案第28条几经修改,最终确立"提缴积欠工资垫偿基金制度",于1985年7月19日在"立法院"通过。

台湾"劳动基准法"在1985年7月30日公布施行后,台湾"内政部"在1987年2月21日发布"积欠工资垫偿基金提缴及垫偿管理办法",并以行政命令指定自1987年11月1日起开始提缴积欠工资垫偿基金,事业单位歇业、清算或宣告破产之事实发生在1988年2月1日以后的,始得申请垫偿。② 台

---

① 也称工资垫偿制度,下文笔者简称为台湾工资垫偿制度;积欠工资垫偿基金则简称工资垫偿基金,以区别于香港和其他地区的欠薪保障基金。

② 张昌吉、姜瑞麟:《我国积欠工资垫偿制度之探讨》,《政大劳动学报》2006年第17期。

湾"行政院"劳工委员会先后于1997年6月29日修正该办法第3条、第19条条文,于2001年2月2日修正该办法第2条条文,于2002年10月24日修正该办法第八条条文,于2006年1月3日修正该办法第2条、第7条、第13条、第18条条文,于2008年8月29日修正该办法第19条条文。

(二)台湾工资垫偿制度基本要点

1. 主管及办理机关

工资垫偿基金由台湾主管机关即"行政院"劳工委员会①设"积欠工资垫偿基金管理委员会"管理;工资垫偿基金的收缴、垫偿及运用等业务,委任劳工保险局办理;必要时,可以委托金融机构办理。委托金融机构办理的事宜,由劳保局拟定,提请工资垫偿基金管理委员会通过,并报请"行政院"劳工委员会核准后办理。

2. 工资垫偿基金的提缴

工资垫偿基金由雇主依劳工保险投保薪资总额万分之二点五按月提缴。而根据台湾"劳动基准法"第28条第3项,工资垫偿基金提缴费率,由"中央主管机关"于万分之十范围内拟订,报请"行政院"核定。1987年11月1日开始提缴基金时的费率,根据"工资垫偿基金提缴及垫偿管理办法"第3条规定为万分之五。当台湾工资垫偿基金累积逾新台币30亿元时,该基金管理委员会第28次委员会决议降低提缴费率,"行政院"劳工委员会于1997年6月29日修正"基金管理办法"第3条,将费率降低为万分之二点五。

由于积欠工资基金与劳工保险费一并缴纳,因此积欠工资垫偿基金覆盖的范围原则上是参加了劳工保险的事业单位的雇员;没有参加劳工保险的事业单位的雇员,除非法律有特别规定的,不受积欠工资基金保障。考虑到经济原则,雇佣5人以下劳工的企业可以不强制参加劳工保险,因此"工资垫偿基金提缴及垫偿管理办法"允许此类雇主若歇业、清算或宣告破产而有积欠工资之情形时,采取变通办法,雇主或劳工代雇主缴纳属于该雇主应缴纳的极少数垫偿基金,即可获得基金的垫偿。

_____

① 1985—1986年为台湾"内政部",1987年以后为台湾"行政院"劳工委员会。参见刘士豪:《我国积欠工资垫偿制度的分析》,台湾"行政院"劳工委员会、台湾铭传大学《劳动基准法实务争议问题学术研讨会论文手册》(2007年12月)。

劳工保险局每月计算雇主应提缴的工资垫偿基金的数额并出具提缴单，于次月底前寄送雇主，在缴纳同月份劳工保险费时，一并缴纳。如果雇主在次月底前没有收到提缴单，雇主在次月份提缴时，一并冲转结算。

雇主对劳工保险局寄送的提缴单所载金额如有异议，应先照额缴纳后，再向劳工保险局申述理由，经劳工保险局查明确有错误者，在计算次月份提缴金额时冲转结算。雇主提缴的工资垫偿基金，依法列为雇主当年度费用。

3. 工资垫偿基金的覆盖对象

工资垫偿基金的覆盖对象，也可以称为申请垫偿的对象，是受雇于适用"劳动基准法"的事业单位的劳动者，才有申请垫偿资格。而工资垫偿基金范围，以申请垫偿劳工的雇主已提缴工资垫偿基金为限。雇主未缴或欠缴工资垫偿基金的，后已补提缴或劳工代补缴的，劳工也能申请工资垫偿。①

从台湾工资垫偿基金提缴及垫偿管理办法和"行政院"劳工委员会的公告来看，基金的覆盖范围与雇主缴费义务挂钩，但是允许雇主采取事后补缴或者劳工代缴的变通方式。而且明文规定雇佣5人以下的雇主可以不参加提缴，在发生工资支付困难的时候，允许雇主或劳工补缴应缴纳的极少金额后，获得基金垫偿资格。有些学者对此变通做法提出了批评，认为工资垫偿基金具有社会保险性质，将已发生的危险由保险人负责，再由所有雇主承担，有违行政平等原则。② 但是，如果将这种变通视作社会法设置的一项由劳工保险性质的制度转变为类似公共救助性质的制度，这种变通制度有助于顺利解决劳动争议，未尝不值得肯定。

---

① 台湾对未参加劳工保险和雇主未提缴基金的劳工是否列入垫偿范围有一个发展变化的历程，从1993年的未提缴不得申请垫偿(不得申请的该类人员包括：依劳保条例第6条，非强制投保对象，且未参加劳工保险的事业单位劳工；公营机构的公务员兼具劳工身份，适用公务员保险，未参加劳工保险的；渔捞船员由渔会加保者)；转变到1997年的事业单位积欠劳工工资前已提缴基金月数与应提缴基金月数的比例予以垫偿；再到2000年不论雇主在劳动申请垫偿前有无提缴基金，只要雇主缴足或由劳工为雇主缴足基金，均可申请垫偿；而现阶段则在劳保局受理劳工工资垫偿申请时，如发现雇主有未(欠)缴情事，得准完备补(提)缴要件后予以审核。现行的做法似乎是可先行申请、不需要事前实质补(提)缴基金。这与台湾近年来工资垫偿基金有较大盈余有密切关系。

② 刘士豪：《我国积欠工资垫偿制度的分析》，台湾"行政院"劳工委员会、台湾铭传大学《劳动基准法实务争议问题学术研讨会论文手册》(2007年12月)。

从台湾"劳动基准法"的规定和学者的归纳看,以下几类对象没有资格申请垫偿:

(1)不适用"劳动基准法"的劳动者。台湾"劳动基准法"只适用部分劳动者,有部分劳动者没有纳入该法调整。台湾"行政院"劳工委员会公告指定不适用"劳动基准法"的劳动者有:公立医疗院所的劳动者,公立社会福利机构的劳动者,按照台湾"立法院"通过的组织条例所设立基金会的劳动者,个人服务业中家事服务业的劳动者,艺文业、其他社会服务业、人民团体、国际机构及外国驻在机构的劳动者,餐饮业中未分类其他餐饮业的劳动者,公立各级学校及幼稚园、特殊教育事业、社会教育事业、职业训练事业等的劳动者,私立各级学校、特殊教育事业、社会教育事业、职业训练事业、已完成财团法人登记的私立幼稚园等的教师、职员,公立学术研究及服务业的劳动者,私立学术研究及服务业的研究人员,娱乐业中职业运动业的教练、球员、裁判人员,公务机构的劳动者,国防事业的劳动者,医疗保健服务业的医师,法律及会计服务业的律师及会计师①。

(2)公司董事、监察人②及委任经理人不属于劳工。事业单位的负责人,以及与事业单位具有委任关系的人员,如董事、监察人及委任经理人等,依公司法规定,董事、监察人是由董事会所委任,其实际应为雇主身份;而经理人执行职务范围为公司负责人,其受任经营事业原有较大的自主权,与一般劳工不同。在台湾法理和实务中,认为公司董事、监察人及经理人与公司的关系是台湾"民法"第528条规定的委任关系,而不是"劳动基准法"所规定的劳动契约关系。

4. 工资垫偿基金的垫偿事实

事业单位属于"劳动基准法"调整范围,劳工属于基金覆盖对象的,当该事业单位因发生歇业、清算或宣告破产有积欠工资的事实,并经劳工请求而不能得到清偿的,在雇主已依法提缴或补缴或由劳工代为补缴工资垫偿基金的情形下,劳工有权申请基金垫偿。

(1)事业单位歇业情形下的垫偿。劳工因雇主歇业积欠工资,已向雇主

---

① 本点所列事业单位的技工、工友、司机、清洁队员及国会助理属于垫偿对象,军队中的非军职人员也属于垫偿对象。

② 我国台湾公司法中的监察人类似于我国大陆公司法中的监事。

请求而未获清偿,请求垫偿工资时,应提交当地主管机关开具已注销、撤销或废止工厂、商业或营利事业登记,或确已终止生产、营业、倒闭、解散,经认定符合歇业事实的证明文件。事业单位的分支机构发生注销、撤销或废止工厂登记,或确已终止生产、营业经当地主管机关认定符合歇业事实者,劳工也有权请求垫偿积欠工资。

按照台湾"商业登记法"第17条的规定,商业终止营业时,应自事实发生之日起15日内,申请歇业登记。但实务中有不少商业终止营业时,并无办理歇业登记,这就使得劳工无法取得歇业事实的证明文件。

为了协助劳工取得事业单位歇业事实的证明文件,规范办理手续,台湾"行政院"劳工委员会在2000年12月29日制定公布了"地方劳工行政主管机关办理事业单位歇业事实认定应行注意事项",2006年7月4日经台湾"行政院"劳工委员会修正发布名称"地方主管机关核发办理事业单位歇业事实之证明文件应行注意事项"及全文9点。根据该规定,事业单位歇业,未办理歇业登记,且有积欠劳工工资、资遣费或退休金等,经调解或协调后,地方主管机关得应劳工的请求核发歇业事实的证明文件。分支机构有注销、撤销或废止工厂登记或确已终止生产经营的情形时,除为请求核发工资垫偿基金垫偿外,地方主管机关不得核发歇业事实之证明文件。

如何判断某事业单位是否歇业?地方主管机关办理事业单位歇业事实认定时,应就事业单位是否有营运的事实具体查证,并参考下列事项:第一,事业单位与大多数劳工间的劳动契约是否已经终止或停止。第二,营业处所及营业器具是否仍可运作。第三,事业单位是否正常申领统一发票。第四,负责人或其代理人是否行踪不明。第五,事业单位是否有其他无法营运的事由。

如何认定某事业单位歇业的基准日?地方主管机关作出事业单位歇业事实认定时,应依事实查证后认定其歇业基准日。歇业基准日的认定,应参考下列事实:第一,事业单位自行公布的停工日或歇业日;第二,事业单位终止与劳工劳动契约之日;第三,劳工依"劳动基准法"第14条第一项第五款或第六款[①]终

---

① 台湾"劳动基准法"第14条第一项第五款为:"雇主不依劳动契约给付工作报酬,或对于按件计酬之劳工不供给充分之工作者。"第六款为:"雇主违反劳动契约或劳工法令,致有损害劳工权益之虞者。"

止与雇主劳动契约之日。第四,事业单位的厂场或主要营业器具因故无法运作之日。第五,劳工集体申请劳资争议调解之日。

(2)公司清算或宣告破产情形下的垫偿。劳工因雇主清算或宣告破产,请求垫偿积欠工资时,应提交向清算人或破产管理人申报债权、或向雇主请求未获清偿的有关证明文件。

结合台湾"公司法"的规定看,此处"雇主"为公司法上的法人。台湾"公司法"第24条规定,解散的公司因合并、分割或破产而解散外,应自行清算。清算人的就任及解任按照"公司法"第83条的规定,应向法院申报。但台湾"公司法"没有明确规定清算开始日期,实务上均认为应自核准撤销登记之日为解散日,并以解散日的第2日为清算开始日。但是如果公司不能自行清算的,按照台湾"公司法"第335条的规定,法院根据债权人或清算人或股东的申请或者依职权,可命令公司进行特别清算;公司负债超过资产有不实嫌疑的,清算人有权申请特别清算。特别清算准用"公司法"第294条关于破产、和解及强制执行程序当然停止的规定。台湾"公司法"第336条规定,法院根据第335条申请人的申请,或依职权在命令开始特别清算前,得提前为第339条的处分。

宣告破产,依台湾"破产法"第1条规定,债务人不能清偿债务者,依本法所规定和解或破产程序,清理其债务。债务人停止支付者,推定其为不能清偿。另台湾"公司法"第221条第二项规定,公司资产显有不足抵偿其所负债务时,除得依第282条向法院申请重整外,董事会应即申请宣告破产。

(3)公司停工或重整阶段不能申请垫偿。由于停工尚有复工的可能,而重整是为了使公司更生,所以与歇业、清算或破产的垫偿要件不同,台湾实务上认为雇主所积欠的工资尚无法请求积欠工资垫偿基金垫偿。① 此点与香港的制度显然不同。

5. 工资垫偿基金的垫偿期限和工资涵义

积欠工资垫偿基金的垫偿期限为事业单位歇业、清算或宣告破产,本于劳动契约所积欠的工资未满6个月部分。该6个月的计算起点,自雇主歇业、清算或宣告破产当日向前逆算。

---

① 张昌吉、姜瑞麟:《我国积欠工资垫偿制度之探讨》,《政大劳动学报》2006年第17期。

　　根据台湾"劳动基准法"第 2 条第 3 款的定义,工资是劳工因工作而获得的报酬,包括工资、薪金及按计时、计日、计月、计件以现金或实物等方式给付的奖金、津贴及其他任何名义的经常性给付。但根据台湾"劳动基准法施行细则"第 10 条的规定,其他任何名义性的经常性给付不包括下列各项:红利;奖金,指年终奖金、竞赛奖金、研究发明奖金、特殊功绩奖金、久任奖金、节约燃料物料奖金及其他非经常性奖金;春节、端午节、中秋节给予的奖金;医疗补助费、劳工及其子女教育补助费;劳工直接受自顾客的服务费;婚丧喜庆由雇主致送的贺礼、慰问金或奠仪等;职业灾害补偿费;劳工保险及雇主以劳工为被保险人加入商业保险支付的保险费;差旅费、差旅津贴及交际费;工作服、作业用品及其代金;其他经台湾主管机关会同台湾目的事业主管机关指定的项目。

　　如果属可归责于雇主的原因停工,停工期间的工资属雇主因歇业、清算或宣告破产前 6 个月所积欠的,经劳工请求仍未获清偿的,得向台湾劳保局申请积欠工资垫偿基金垫偿。但劳工在停工期间受雇于其他事业单位并领取的工资,应予以扣除。①

　　6. 申请垫偿应提交的文件及证明

　　根据台湾"行政院"劳工委员会编写的《积欠工资申请垫偿手册》的指引,申请积欠工资垫偿需要提交下列的文件和证明。从申请的程序和实质要件角度看,这些文件和证明也构成了申请垫偿的必要条件。

　　(1)经雇主或清算人或破产管理人亲自签章后的一次共同申请的积欠工资垫偿申请书 1 式 2 份,但情况特殊的不在此限。

　　(2)加盖与公司登记事项卡印章相同的公司及负责人印章的积欠工资垫偿名册 1 式 2 份。

　　(3)每位申请人亲自签章的积欠工资垫偿收据 1 张,贴上金融机构转账存折封面复印件及身份证正反面复印件。

　　(4)劳工亲自签章的积欠工资垫偿劳工代表委托书及附册 1 份。

　　(5)积欠工资期间出勤记录(出勤卡、刷卡记录或签到记录)。

　　(6)积欠工资前 3 个月及积欠工资期间的薪资账册(薪资明细表、员工职称总册)及个人薪资扣缴凭单、金融机构薪资转账存折簿复印件、薪资条或公

---

① 　张昌吉、姜瑞麟:《我国积欠工资垫偿制度之探讨》,《政大劳动学报》2006 年第 17 期。

司薪资转账明细表。

(7)歇业证明。劳工因雇主歇业积欠工资,应提交县市政府就下列事项开具的证明文件1份:已注销、撤销或废止工厂、商业或营利事业登记,或确已终止生产、营业、倒闭或解散。事业单位的分支机构发生注销、撤销或废止工厂,或确已终止生产、营业符合歇业事实。

(8)清算或破产证明。劳工因雇主清算或宣告破产时,应提交向清算人或破产管理人申请债权,或向雇主请求未获清偿的有关证明文件一份。

(9)法院判决确定证明。雇主行踪不明,无法出面确认工资债权时,劳工需按照法律途径取得支付命令或民事判决确定证明书,作为工资债权证明申请垫偿。

7. 工资垫偿基金的追偿

台湾劳保局垫偿雇主积欠的工资后,按照台湾"劳动基准法"第28条第4项的规定,雇主应在规定期限内,将垫款偿还积欠工资垫偿基金。

台湾"积欠工资垫偿基金提缴及垫偿管理办法"第14条规定了基金的代位行使优先清偿权。该条规定,劳保局按照规定垫偿劳工工资后,得以自己名义,代位行使最优先清偿权,依法向雇主或清算人或破产管理人请求在限期内偿还垫偿款[1];逾期偿还者,自逾期之日起,依基金所存银行当期一年定期存款利率计收利息。雇主欠缴基金者,除追缴并处新台币2,000元以上20,000元以下罚款外,并自基金垫付日起计收利息。

由于此项最优先清偿权次于担保债权,且雇主歇业、清算或被宣告破产时通常是因为经营不善而耗空资产、资不抵债,所以台湾劳保局自1987年12月开始垫付至2007年10月为止,共垫偿金额新台币311,966,260元,经雇主偿还或分配雇主资产,偿还全部代垫工资者36家,获偿新台币61,459,596元,仅垫偿执行费或部分代垫工资者7家,获偿新台币20,556,314元,追偿率约3%左右。大部分经台湾劳保局清查发现雇主已无资产,至2007年10月为止

---

① 从台湾"劳动基准法"和"积欠工资垫偿基金提缴及垫偿管理办法"看,并没有具体规定雇主或清算人或破产管理人偿还垫款的"期限"。2004年7月30日台湾施行"大量解雇劳工时禁止事业单位董事长及实际负责人出国处理办法"第3条规定,积欠劳工退休金、资遣费或工资时的限期给付期间,最长不得超过30日。

列为呆账的事业单位 531 家,已垫付新台币 2,059,096,033 元。台湾劳保局垫付雇主积欠的工资后,委托律师诉请法院请求返还所垫付的工资,每年编列的律师及诉讼费用金额超过新台币 1,000,000 元,但实际上追回的金额历年来总计不到新台币 4,000,000 元,追偿金额不足以支付律师及诉讼费用。[1]

8. 台湾积欠工资垫偿基金运行基本情况(附录 3-3)

2008 年度(2008 年 1 月 1 日至 12 月 31 日)台湾应提缴 428,396 家,应提缴雇主涉及 5,616,571 人,应提缴金额新台币 501,870,450 元。[2]

2008 年台湾积欠工资垫偿情况为积欠工资垫偿 145 家,获得垫偿劳工 5,077 人,垫偿金额为新台币 280,437,986 元。[3] 从 2008 年度来看,台湾积欠工资前三位的行业分别是:批发及零售业 41 家、涉及劳工 1,516 人,制造业 34 家、涉及劳工 2,019 人,专业、科学及技术服务业 22 家、涉及劳工 166 人。[4]

2008 年度收入实际数新台币 670,679,264 元,支出实际数新台币 857,453,242 元,截至 2008 年度积欠工资垫偿基金盈余总额新台币 6,871,009,563 元。[5]

可见,台湾的提缴情况比较良好,积欠工资垫偿基金收支实现了连续多年的盈余,保证了台湾工资垫偿基金的稳健运作。

三、我国香港和台湾欠薪保障制度比较

简要比较我国香港和台湾的欠薪保障制度(附录 3-4),我们可以得出以下几点认识:

(一)两地制度的共同点

---

① 刘士豪:《我国积欠工资垫偿制度的分析》,台湾"行政院"劳工委员会、台湾铭传大学《劳动基准法实务争议问题学术研讨会论文手册》(2007 年 12 月)。

② 数据来源:台湾"行政院"劳工委员会《开办起积欠工资垫偿基金业务概况表》(1986 年至 2008 年)。

③ 数据来源:台湾"行政院"劳工委员会《历年来积欠工资垫偿基金垫偿单位、人数及金额——按行业别及五大地区别分》(2002 年至 2008 年)。

④ 数据来源:台湾"行政院"劳工委员会:《积欠工资垫偿基金垫偿单位、人数及金额—按垫偿原因及行业别分》(2008 年度)。

⑤ 数据来源:台湾"行政院"劳工委员会:《2008 年度积欠工资垫偿基金决算(整编本)》(2008 年度)。

1. 两地实行欠薪保障基金制度的时间相近,香港在1985年4月19日开始实施《破产欠薪保障条例》,而台湾则在1985年7月30日由"劳动基准法"确立了积欠工资垫偿基金制度。

2. 两地均设立了雇主支付工资不能时的基金垫偿制度,以缓解积欠劳工工资引发的社会矛盾,该种基金的性质均具有公共救助性质,与劳工保险(特别是养老保险)全体缴费全体收益的分担风险机制不同。

3. 两地垫偿基金的资金来源均主要来自向雇主预先征收的一笔费用,基金主要存放于银行,但也可部分投资于法定方式。

4. 两地垫偿基金的垫偿时限均为雇主发生支付不能时往前逆算的数月工资,超过法定垫偿时限的工资不被接受垫偿。

5. 两地均设定了专门机构和复议机构分别受理工资垫偿申请和复核申请,以保证垫偿申请得到妥当处理和劳工权益不受侵害,体现了分权和抗衡制约的理念。

6. 两地制度均规定了基金的代位求偿权,即基金垫偿劳工工资后,取得向雇主、清算人或破产管理人主张返还垫偿款及利息的代位求偿权。

7. 两地制度均设计了比较可操作的申请条件和相关程序,使得基金的运作和劳工的垫偿请求有章可循。

8. 两地制度的其他配套制度中对欠薪雇主的出境限制均有规定,对防止雇主潜逃起到了一定作用。

(二)两地制度的各自特色

1. 香港的制度设计体现了英美法体系下的简便性和灵活性,赋予劳工处处长较大的裁量权,规定在遇有虽符合清盘(清算)或破产呈请情形、但此种呈请不符合经济原则或不合理的情况下,劳工处处长有权决定接纳劳工申请给予垫付。而台湾的制度设计并没有作此种变通和区分。

2. 香港的制度设计是将香港保障委员会作为一个独立于政府的法人社团,其人员为一名主席及不超过10名委员组成,虽然全部由行政长官任命,但雇主及雇员的委员人数必须相等,而公职人员不得超过4名,委员会接受香港立法会的监督。香港保障委员会授权劳工处具体处理申请,而对劳工处的处理决定不服的复核申请,则由香港保障委员会负责复核。对基金运营的审核则由独立的核数师审核。而台湾"中央主管机关"设"行政院劳工委员会积欠工资垫偿基金管理委员会"管理积欠工资垫偿基金,"中央主管机关"委托劳工保险机构办理基金收缴有关业务,是在行政体系内部运作的机构和体制。

3. 香港的制度没有将雇主的缴费与劳工获得垫付挂钩,使得该制度更具有应急性的公共救助性质。而台湾的制度将强调雇主的缴费与劳工申请垫偿挂钩,没有缴费或者没有事后补缴、代缴,将不能获得垫偿,此种制度似乎有劳工保险和公共救助的双重复合性质,但台湾的制度也已经实质演变为不限于保障缴费事业单位的劳动者。

4. 香港的制度规定了申请垫付的薪酬不仅包括工资,还包括代通知金和遣散费,同时对各项目的申请最高额度作了限制。台湾的制度规定垫偿范围是雇主经常性给付的"工资",没有包括代通知金和遣散费,也没有规定申请垫偿工资的最高额度,规定要扣除劳工在停工期间受雇于其他事业单位并领取的工资。

5. 香港的制度规定了申请人(独自或者与雇主合谋)虚假申请、骗取基金的刑事责任,并通过设置跨部门的"专责小组",有效打击企图骗取基金的犯罪,切实发挥基金的保障救助功能。台湾的制度没有针对虚假申请和骗取基金追究法律责任,但对雇主不缴、欠缴基金规定了罚款的法律责任。

6. 香港的相关配套制度设计中对雇主清付欠薪作了比较严厉的法律责任规定,雇主故意拖欠工资将被定罪,被拖欠工资劳工可申请法庭拘捕潜逃雇主。台湾则是采取禁止事业单位负责人等出国的方式①,没有明确规定故意拖欠工资承担刑事责任和拘捕潜逃雇主。

四、我国香港和台湾欠薪保障制度的基本启示

我国台湾和香港两地区在 20 世纪 80 年代就以该地区最高立法的形式确立了欠薪保障基金制度。两地区欠薪保障基金制度运行二十多年来,有效地缓解了劳资矛盾,对雇主不能支付薪酬而陷入困境的劳工提供了非常及时有

---

① 台湾 2004 年 5 月 7 日施行的"大量解雇劳工保护法"第 12 条规定,事业单位于大量解雇劳工时或者歇业,积欠劳工退休金、资遣费或工资,符合法定情形的,经主管机关限期令其清偿;届期未清偿的,中央主管机关得函请入出境管理机关禁止其代表人及实际负责人出境。2004 年 7 月 30 日台湾施行"大量解雇劳工时禁止事业单位董事长及实际负责人出国处理办法",对事业单位董事长及负责人的定义、审查委员会的设置、办理程序和要件作了具有操作性的规定。

效的救助,对维护本地区的劳资和谐发挥了重要的法治保障。

从两地制度的设计看,制度本身及相关配套制度很细致,具有很强的实际操作性,征缴和垫偿效率很高。两地基金的征缴率极高,截止至 2007 年 10 月 31 日止台湾累计已收缴金额达到新台币 68 亿 4,887 万元、占应收缴金额的99.84%①。2008 年度台湾积欠工资垫偿基金盈余总额新台币 6,871,009,563元。而从香港保障委员会历年的周年报告来看,没有披露应收金额与已收金额之比例。香港保障基金在 2009 年的收入为征费 439,374,150 港元、借代位权追讨的已付款项 4,783,210 港元,银行利息收入 27,083,660 港元,合计471,241,020 港元;香港保障基金 2008 年的收入为征费 512,988,200 港元,借代位权追讨的已付款项 8,415,371 港元,银行利息收入 38,065,565 港元,合计 559,469,136 港元。两地基金连年盈余,这使得基金能稳健运作,有效抵御劳工工资被拖欠的风险,缓和社会矛盾。

从香港的制度设计看,香港保障委员会不附设于行政机构内部,而是一个接受立法会监督的独立法人社团,其委员虽然由行政长官任命,但保持了三方原则(委员不超过 10 人,代表雇主和劳工的委员相等,公务人员不得超过 4人),使得委员会的独立性更能得到保证,有利于平衡劳工和雇主之间的利益,取得劳雇双方的信任。香港保障委员会虽然有较大的裁决权,例如授权劳工处处长(实际为劳工处薪酬保障科)处理垫付申请,复核对劳工处处长的决定不满之申请,但委员会要向财政司库务署报备财务资料,要接受独立第三方的核数师核查收支,要向立法会报告工作并接受质询,征费则由税务局向每张商业登记证征缴,对涉嫌滥用基金的个案则由跨部门的"专责小组"负责,涉嫌滥用基金的罪案则由香港警务处商业罪案调查科负责调查,由此形成一个合理分权制衡的运作模式。笔者觉得香港保障基金的机构设置和运作模式值得我国大陆在设计欠薪保障基金制度时借鉴。

在征缴费率上,香港实行的制度是对为期一年的商业登记证每张征收450 港元,对为期三年的商业登记证每张征收 1,350 港元。而台湾实行的是由雇主依劳工保险投保薪资总额万分之二点五按月提缴。从两地制度基金盈

---

① 刘士豪:《我国积欠工资垫偿制度的分析》,台湾"行政院"劳工委员会、台湾铭传大学《劳动基准法实务争议问题学术研讨会论文手册》(2007 年 12 月)。

余的良好状态看,很难说两地制度的征缴费率制度孰优孰劣。由于香港的征缴制度不论雇主规模大小,采取单一固定的费率,由税务局在办理每年的商业登记证年度登记时一并收取,保证了收费,操作简便。而台湾的征缴制度与劳工保险投保薪资总额挂钩,合理区分了雇主规模的大小、劳工人数多少和缴纳劳工保险薪资总额多少,体现了均衡合理负担的理念。

但是台湾一些学者认为,台湾积欠工资垫偿制度存在以下几点需要反思:

1. 对"劳动基准法"的工资优先权制与垫偿工资制关系的反思。一方面台湾"劳动基准法"设定了工资债权优先权制度,另一方面设定了工资垫偿基金制度,这两项制度的关系如何? 没有在法律上理清。

2. 对基金提缴的反思:(1)提缴对象的问题。台湾"内政部"主管工资垫偿基金期间,免除雇佣 5 人以下又未自愿参保的小企业和雇佣船员的渔业公司缴纳积欠工资垫偿基金的做法,虽然后来"行政院"劳工委员会修正了这种做法,但劳工保险局实际仍然对此类雇主未收缴基金,可能有失公平。(2)对提缴费率的反思。对雇主征缴基金和征缴率的调整,在法律权限上没有明确具体标准。(3)对追缴费用的反思。对面临倒闭的雇主未缴、欠缴基金所进行的催缴程序,可能浪费资源①。

3. 对基金垫偿制度的反思:(1)立法权限的反思。认为对雇主未提缴基金的劳工是否排除申请应由法律规定,不能由行政机关决定。而且实际已经允许采取补缴少许基金换取垫款方式保障被积欠工资劳工的权利,因此可删除"垫偿管理办法"第 7 条的规定。② (2)垫偿审查程序有漏洞,造成取巧者劳雇联手诈领高额垫款,而守法者无法获得充分保障。(3)对垫偿范围的反思。台湾积欠工资垫偿基金制度限于事业单位歇业、清算或宣告破产前 6 个月内的工资,不包括资遣费。如果雇主在劳工按照"劳动基准法"不经预告终止契约 6 个月后才歇业、清算或宣告破产,其工资可能因不是事业单位歇业、

---

① 但笔者认为,对欠缴、未缴者进行的处罚,不能以简单的花费和追缴数额相比。因为对欠缴、未缴者的追责行动,督促着雇主主动缴纳,使得提缴制度成为一项真正意义的法律制度——以国家强制力为后盾的法律制度。

② 张昌吉、姜瑞麟:《我国积欠工资垫偿制度之探讨》,《政大劳动学报》2006 年第 17 期。但笔者认为,规定申请垫付以提缴基金为原则,而采取补缴后申请垫付为补充的立法规则,与完全删除提缴义务的规则,两者对人们的行为指引性和影响力是不同的。

清算或宣告破产前6个月内所积欠,而与资遣费均属一般债权,不能优先清偿,且无法申请积欠工资垫偿基金垫偿,导致劳工权利受损。而香港破产欠薪保障基金垫偿的范围包括代通知金和遣散费均可在最后工作日后6个月内提出申请垫偿,但垫偿的额度有最高限制。(4)对追偿制度的反思。台湾制度规定雇主应将垫偿款偿还积欠工资垫偿基金,由于雇主歇业、清算或宣告破产时,资产耗尽,追偿率历年来不足3%,而对雇主因逃匿或行踪不明,无法追偿者以呆账损失列支,没有更进一步的追责制度。反观香港制度,香港对雇主逃匿或行踪不明、无法追偿者,采取了刑责措施,逃避债务者减少,追偿率要比台湾高一些,个别年份追偿率达到10%以上。①

此外,在欠薪保障基金制度这种事后救济制度与欠薪劳动监察这种事前预防救济制度、欠薪优先权救济制度和欠薪争议处理救济制度等各项实体、程序制度的成本和效果方面,也需要进一步展开比较研究,权衡利弊得失。

第三节　我国深圳和上海等地方欠薪保障制度

一、我国深圳和上海等地方欠薪保障制度概述

从20世纪90年代初我国明确实行市场经济体制改革以来的十多年里,由于经济和社会体制转轨,各种所有制经济形式打破了国有经济形式几乎垄断经济的局面,使得用人体制和形式市场化、多样化,伴随而生的其中一个弊端是我国大陆欠薪现象比较严重,甚至产生了不少严重影响社会稳定的群体性欠薪事件。

为此,我国一些地方采取了一些措施解决欠薪问题,进行了欠薪保障的一些地方立法。据不完全统计,我国广东省深圳市、上海市、浙江省、江苏省、湖北省、广东省等地已有专门针对处理欠薪的一些地方规范性文件或者起草了相关文件。其中,以深圳市和上海市两地建立的欠薪保障制度较早和类似于

---

① 台湾的积欠工资垫偿制度缺乏对虚假申请行为的有效追责机制,而香港成立的跨界"专责小组"遏止和打击了虚假申请,有效维护了香港保障基金收支的公平和公正,对督促雇主偿还垫付基金也形成了一种制度压力。

我国台湾、香港两地的制度。

深圳市第二届人大常委会第 11 次会议于 1996 年 10 月 29 日通过和公布、自 1997 年 1 月 1 日起施行的《深圳经济特区欠薪保障条例》率先在我国大陆建立了欠薪保障基金制度,该条例在 2008 年 4 月 1 日经深圳市第四届人大常委会第 18 次会议重新修订,于 2008 年 6 月 1 日起施行。

上海市人民政府 1999 年 11 月 23 日发布了《上海市小企业欠薪基金试行办法》,在小企业推行欠薪保障基金制度,上海市人民政府 2000 年 8 月 8 日批转《关于本市小企业欠薪保障金收缴的实施意见》(沪府发〔2000〕038 号)。这两个规章后被 2007 年 6 月 21 日发布的《上海市企业欠薪保障金筹集和垫付的若干规定》所取代而废止,实行欠薪保障基金制度的范围也由原来的小企业扩大到除了实行工资保证金制度的建筑施工企业之外的所有企业,接着又相继发布了《上海市高级人民法院、上海市劳动和社会保障局关于小企业欠薪保障金垫付及社保案件执行前申请财产保全等问题的座谈会纪要》(沪高法〔2005〕246 号)和《上海市劳动保障局关于贯彻执行〈上海市企业欠薪保障金筹集和垫付的若干规定〉的实施意见》,对欠薪保障基金制度进行了进一步完善。

湖北省劳动和社会保障厅、湖北省建设厅 2003 年 11 月 18 日联合发布《关于在建筑业企业建立工资支付保障制度的通知》,着手建立工资支付保障金制度。根据该通知第 6 点规定,工资支付保障金由建设单位(业主)在项目开工前向当地劳动保障行政部门代建筑业企业缴纳,从应付工程款中列支,划入劳动保障行政部门设立的工资支付保障金专户。具体金额按年度工程预算款的 0.5%—0.8% 确定,工期不足 1 年的,以全部工程合同价格为基数计提,最高不超过 500,000 元。广东省广州市劳动和社会保障局、广州市建设委员会也在 2009 年 7 月 1 日开始施行了《广州市建筑施工企业工人工资支付保证金管理办法》,在建筑行业开始推行工资支付保证金制度。

我国部分地区为保障劳动者薪酬所制定的一些地方规范性文件虽然存在与国家《立法法》相冲突的内容、存在超越立法权限、自身内容存在不合理性、缺乏配套制度、缺乏落实的强制措施、缺乏分权制衡监督的专责机构、缺少透明具体的信息披露等问题,但是这些地方为保障劳动者薪酬所作的努力总体上是值得肯定的。因为劳动报酬权的极其重要性和大量欠薪事实或风险的存在,在国家立法层面缺乏保障规范的情况下,各地所进行的地方立法可以说是一个无奈的暂时性、过渡性选择。

二、深圳市和上海市欠薪保障制度简要比较①

从我国部分地区实行的保障薪酬制度看,类似于我国台湾、香港两地的制度,并且颁行时间较早、实际执行比较规范的是深圳市和上海市两地。因此,笔者选择深圳市和上海市两市的欠薪保障制度进行对比分析(附录3-5)。

(一)深圳市欠薪保障基金制度

从我国1982年《宪法》的规定看,1992年7月1日,七届全国人大常委会第26次会议表决通过了《关于授权深圳市人民代表大会及其常委会和深圳市人民政府分别制定法规和规章在深圳经济特区实施的决定》。这一国家立法机关的决定,使深圳市获得了地方立法授权,此后深圳市进行了一系列具有地方特色的立法。也正是基于这一立法授权,《深圳经济特区企业欠薪保障条例》(该条例后修订为《深圳经济特区欠薪保障条例》,以下简称为《深圳保障条例》)开创了我国大陆实行欠薪垫付制度的先河,经过十多年的摸索和发展完善,深圳市的欠薪保障制度在维护地区的劳资关系和谐方面发挥了重要作用,积累了地区实践经验。

根据《深圳保障条例》的规定,参考相关文献,深圳市欠薪保障制度的基本要点如下:

1. 深圳市欠薪保障制度的定义、原则和属性

深圳市欠薪保障制度是指用人单位拖欠员工工资且有《深圳保障条例》规定情形时,由主管部门根据《深圳保障条例》规定,用欠薪保障基金向员工垫付一定数额工资的社会共济制度。

欠薪保障制度实行社会共济和有限垫付的原则。

从《深圳保障条例》对欠薪保障制度的定义和基本原则看,深圳市欠薪保障制度具有社会共济、低标准的公共救助性质,与平等分担缴费义务和平等享

---

① 虽然深圳市和上海市的行政级别不同,规范性质也不同,但考虑到两地制度的可比性,以及为了与上述我国台湾和香港两地区制度比较的提法区别开来,故将深圳市和上海市的制度比较简称为两市制度比较,特此说明。

有受益机会的社会保险不同,也与税收制度的强制性、再分配性有区别。

2.《深圳保障条例》所调整的主体

《深圳保障条例》所调整的用人单位,是指企业、其他经济组织、民办非企业单位等组织,但个体工商户和非法用人单位除外。所调整的员工,是指与用人单位建立劳动关系的人员。

3. 深圳市欠薪保障机构

(1)深圳市欠薪保障基金委员会

深圳市设立欠薪保障基金委员会(以下简称为深圳市基金委员会),由深圳市政府劳动和社会保障行政管理部门①、财政部门、工会、商会、用人单位等方面代表组成。

深圳市基金委员会履行下列职责:监督欠薪保障基金的征收和垫付工作;协调、研究欠薪保障的有关工作;向深圳市政府报告欠薪保障基金的收支管理情况。

深圳市基金委员会的组成、工作规则等具体办法由深圳市政府另行制定。②

(2)深圳市欠薪保障基金委员会的办事机构

深圳市人保部门是欠薪保障工作的主管部门,并作为深圳市欠薪保障基金委员会的办事机构(以下简称为深圳市基金委员会办事机构)。

深圳市基金委员会办事机构(深圳市人保部门)履行下列职责:负责欠薪保障基金日常管理工作;监督检查用人单位缴纳欠薪保障费情况;定期向深圳市基金委员会报告欠薪保障基金收支情况;指导、监督区人保部门的欠薪保障工作;深圳市基金委员会交办的其他工作。

深圳市人保部门应当及时向社会公布被垫付欠薪用人单位名称、地址、欠薪和垫付金额等情况;用人单位法定代表人或者主要负责人隐匿或者逃逸的,

---

① 2009 年 7 月深圳市政府机构改革后,深圳市劳动和社会保障行政管理部门与深圳市人事部门合并为深圳市人力资源和社会保障部门,以下简称为深圳市人保部门。深圳市各区人力资源和社会保障部门简称深圳市各区人保部门。

② 《深圳保障条例》规定,由深圳市政府另行制定具体办法的,深圳市政府应当自《深圳保障条例》实施之日起 6 个月内制定。这一地方性法规在授权政府制定规章的同时,设定了政府制定规章的时限责任,是有开创和示范意义的一种授权性规范。

公布其姓名并通知相关机构录入企业或者个人信用征信系统。①

（3）深圳市各区人保部门的职责

深圳市各区人保部门负责本行政区域内的欠薪保障具体工作，履行下列职责：受理、审核垫付欠薪申请；作出是否垫付欠薪的决定；追偿已垫付的欠薪。

4. 欠薪保障基金

（1）欠薪保障基金的筹集

欠薪保障基金的资金来源如下：欠薪保障费；财政补贴；欠薪保障基金的合法利息以及接受的合法捐赠。

用人单位（法人机构和法人机构的分支机构）应当在每年第一季度缴纳400元欠薪保障费。新成立的用人单位于成立次年开始缴纳。个体工商户、非法人分支机构不用缴纳欠薪保障费。

欠薪保障费由深圳市社会保险经办机构负责代征。对于已办理了参加社会保险登记的企业，深圳市社会保险部门统一在企业参加社会保险的缴费账户中托收；对于未办理参加社会保险登记手续的，企业可到属地深圳市各社保分局的征收业务窗口先申请企业参保登记后，再通过银行账号托收业务窗口办理缴费手续。

深圳市人民政府应当根据欠薪保障基金收支情况，提出调整或者停征欠薪保障费的议案，提请深圳市人大常委会审议决定。②

（2）欠薪保障基金的管理

欠薪保障基金纳入财政专户管理，实行收支分离。欠薪保障基金除用于垫付符合《深圳保障条例》规定的欠薪外，不得用于其他用途。

欠薪保障基金的具体管理办法由深圳市政府另行制定。

欠薪保障基金的使用实行预拨管理，由深圳市财政部门预拨给市劳动保障部门，深圳市劳动保障部门预拨给各区劳动行政部门。

---

① 笔者认为，此项信息公布应规定公布时限，而不是笼统的"及时"公布，以实现依法行政。而从深圳市相关机构的出版物、网站看，无法查到完整、系统、连续的历年该类信息。在2010年5月本书稿完稿时，仅查询到深圳市人力资源和社会保障局公布的2008年度数据。

② 由于深圳市欠薪保障基金连续盈余，深圳市人大常委会2008年4月1日修订、2008年6月1日施行的《深圳保障条例》将原条例规定的企业缴纳上年度月最低工资标准70%的费用，修订为每年每企业缴纳400元费用。

欠薪保障基金委员会应当在每年第一季度将上年欠薪保障基金的收取、垫付、追偿以及结存等情况向社会公布。

（3）欠薪保障基金的监督

深圳市审计部门应当定期对欠薪保障基金的收支情况进行审计监督，并将审计结果向社会公布。

5. 欠薪垫付

（1）欠薪垫付申请情形

用人单位发生欠薪，且有下列情形之一时，员工可以向劳动关系所在地的深圳市各区人保部门提出欠薪垫付申请：

①人民法院依法受理破产申请；

②法定代表人或者主要负责人隐匿或者逃逸。

以上情形只要发生其一，即可申请。①

（2）申请欠薪垫付的时限

员工申请欠薪垫付，应当在知道或者应当知道《深圳保障条例》第 14 条规定情形之日起 30 日内，向劳动关系所在地的深圳市各区人保部门提交书面申请，出示劳动合同或者与用人单位存在劳动关系的其他证明、身份证明资料，并提交复印件。

（3）不予受理欠薪垫付的人员

下列人员的欠薪垫付申请不予受理：

①欠薪单位的法定代表人或者主要负责人；

②前述①项人员的近亲属；

③拥有欠薪单位股份且股本额达到 200,000 元以上的人员；

④欠薪前 3 个月的平均工资超过上年度本市职工月平均工资 3 倍的人员；

⑤累计欠薪数额不足 200 元的人员。②

---

①　根据前述的文献分析，我国台湾地区和香港地区除了破产申请、责任人逃避债务情形属于可申请范畴，发生事业单位或雇主清算、无力支付或者主管部门认可的特定情形，劳工也可以申请。

②　前述文献资料显示，香港采取的是限制申请垫付欠薪的最高额度，而不是将高于某种界限的收入群体和欠薪低于一定数额的群体排除在申请主体外。笔者认为我国香港法例的规定比较合理，体现了平等、有限、应急救济的基本理念。

（4）对申请的受理

深圳市各区人保部门对符合《深圳保障条例》第 15 条规定的申请应当予以受理；不符合规定的，应当在 3 个工作日内予以答复；逾期不答复的，视为受理。

（5）对已受理申请的审查和决定时限

①对已受理申请的审查

深圳市各区人保部门受理申请后，应当到用人单位调取出勤记录、工资标准、工资发放情况以及财务报表等必要资料，对欠薪的时间、数额、有关资料的真实性进行审查。

②配合调查的义务人

员工、用人单位、用人单位经营场地所有人或者物业服务单位应当配合深圳市各区人保部门的调查。

③决定时限

深圳市各区人保部门应当自受理申请之日起 10 个工作日内作出是否垫付欠薪的决定。

（6）审查结果的通知

符合《深圳保障条例》第 15 条规定并查证属实的，深圳市各区人保部门应当作出垫付欠薪的决定，通知申请人及用人单位。

深圳市各区人保部门经审查不符合《深圳保障条例》第 15 条规定情形的，深圳市各区人保部门应当作出不予垫付的决定，通知申请人并说明理由。

（7）垫付欠薪的时间和额度

欠薪月数不超过 6 个月的，垫付欠薪按照实际欠薪月数计算；超过 6 个月的，按照 6 个月计算。

每月欠薪数额高于本市上年度职工月平均工资 60% 的，垫付标准按照本市上年度职工月平均工资的 60% 计算；每月欠薪数额低于本市上年度职工月平均工资 60% 的，垫付标准按照实际欠薪数额计算。不能确认欠薪数额的，按照本市职工最低工资标准确定垫付数额。

垫付欠薪涉及的上年度本市职工月平均工资，上半年垫付的，按上二年度职工月平均工资计算；下半年垫付的，按上年度职工月平均工资计算。

（8）垫付欠薪的领取时限和垫付决定的撤销

员工应当在收到垫付欠薪决定之日起15日内凭身份证或者其他有效身份证明到指定地点领取垫付的欠薪。

逾期未领取的,垫付决定自动撤销。员工因本人不可抗拒的原因未能在规定期限内领取垫付欠薪的,可以在该不可抗拒的原因消除后15日内凭相关证明重新提出欠薪垫付的申请。

6. 垫付欠薪追偿

员工领取垫付欠薪后,深圳市各区人保部门取得已垫付欠薪部分的追偿权;未获垫付的欠薪,员工有权继续追偿。

深圳市各区人保部门垫付欠薪后应当依法向用人单位追偿,因追偿欠薪产生的直接费用由用人单位承担,深圳市各区人保部门应当一并追偿。

用人单位法定代表人或者主要负责人隐匿或者逃逸的,深圳市各区人保部门垫付欠薪后,应当依法向人民法院申请财产保全并提起诉讼。

深圳市各区人保部门在垫付欠薪后的追偿所得欠薪金额应当及时足额纳入欠薪保障基金[1]。深圳市各区人保部门在完成法定的追偿程序后,其追偿所得少于原垫付部分的,按国家有关财务制度规定处理[2]。

7. 与司法的衔接

(1)用人单位进入破产程序的,深圳市各区人保部门在垫付欠薪后应当将垫付情况书面告知人民法院依法处理。

欠薪保障基金垫付的欠薪,作为用人单位所欠职工的工资,按照《企业破产法》的规定受偿[3];用人单位的破产财产不足以同时清偿员工被欠工资的未垫付部分和欠薪保障基金垫付的部分时,优先清偿员工被欠工资的未垫付部分。

(2)人民法院依法对用人单位采取强制措施即将支付员工工资的,深圳市各区人保部门在垫付欠薪后应当将垫付情况书面告知人民法院依法处理,

---

[1] 《深圳保障条例》没有规定"及时"的时限及逾期的法律责任。

[2] 《深圳保障条例》没有规定未能追偿的垫付款项具体如何处理,按照条例的意思理解应当是列为呆帐。

[3] 《企业破产法》第113条规定了破产财产在优先支付破产费用和共益债务后,工资从破产财产中按第一顺位支付;但该法没有规定对垫付工资从破产财产中支付的顺位规则,因此从欠薪保障基金与破产法规则涉及的立法权限看,欠薪保障基金制度应当由国家立法机关制定法律或者至少可以是制定示范法由各地选择适用。

法院应当只支付未垫付的员工被欠工资,将已垫付的工资纳入欠薪保障基金。

(3)员工或者用人单位对深圳市人保部门、各区人保部门以及社会保险经办机构作出的具体行政行为不服的,可以依法申请行政复议或者提起行政诉讼。①

8. 法律责任

用人单位未按照《深圳保障条例》规定缴纳欠薪保障费的,由深圳市人保部门责令其限期缴纳;逾期不缴纳的,处以 2,000 元罚款。

用人单位法定代表人或者主要负责人隐匿或者逃逸的,在按照《深圳保障条例》规定垫付欠薪后,由深圳市各区人保部门对用人单位法定代表人或者主要负责人处以欠薪垫付数额 25% 的罚款。

用人单位经营场地所有人或者物业服务单位阻挠深圳市各区人保部门欠薪案件调查人员调查取证的,由深圳市各区人保部门视情节轻重,处以 2,000 元以上 10,000 元以下罚款。

故意提供虚假资料骗取垫付欠薪的,由深圳市各区人保部门责令退还其所骗取的金额,并处以骗取金额 3 倍的罚款;涉嫌犯罪的,移送司法机关依法追究刑事责任。

深圳市各区人保部门、各区人保部门以及社会保险经办机构工作人员不按照《深圳保障条例》规定履行职责,或者滥用职权、徇私舞弊、玩忽职守的,依法给予行政处分;涉嫌犯罪的,移送司法机关依法追究刑事责任。

9. 深圳市欠薪保障基金的运行基本情况

由于深圳市在其政府网站等媒体公布的深圳市欠薪保障基金收支运行情况并不像香港破产欠薪保障基金和台湾积欠工资垫偿基金的信息披露那样及时、完整和连续,因此我们收集的深圳市欠薪保障基金的数据比较有限②。

---

① 2009 年 10 月 21 日广东省法制办公室公布的《广东省欠薪保障规定(征求意见稿)》规定劳动者和用人单位不得对欠薪保障基金委员会的决定提起行政诉讼。显然,这一规定是与我国《立法法》和《行政诉讼法》不符合,除非我国全国人大通过立法规定或者在修改《行政诉讼法》时以特别条款排除这一项诉权。

② 深圳市在 2008 年 4 月 1 日修订后的《深圳保障条例》才在第 13 条规定,欠薪保障基金委员会应当在每年第一季度将上年欠薪保障基金的收取、垫付、追偿以及结存等情况向社会公布。而 1996 年 10 月 29 日通过的原条例并无此信息公布的规定。因此,深圳市 2008 年以前的数据只能通过一些报道等间接途径获悉。

据报道,1997 年至 2006 年年底,深圳市欠薪保障基金共为 37,718 名劳动者垫付欠薪 5,695 万元,追偿 1,757 万元,追偿金额不足垫付金额的 1/3。[①]深圳市欠薪保障基金委员会公布的 2008 年欠薪保障基金收支数据显示:深圳市欠薪保障基金 2008 年欠薪保障费收入为 7,606 万元;2008 年欠薪保障基金支出为 4,412 万元,涉及被垫付欠薪用人单位 96 家,领取垫付欠薪的员工 13,596 人;基金收入支出差额为人民币 3,194 万元,追回垫付款项为人民币 588 万元,追偿金额为垫付金额的 13%;2008 年度欠薪保障基金实际结存人民币 3,782 万元。[②]

（二）上海市欠薪保障金制度

上海市现行的《上海欠薪保障金规定》为帮助劳动者解决因企业欠薪引起的临时性生活困难,维护社会稳定,发挥了积极作用。其制度要点如下:

1.《上海欠薪保障金规定》对欠薪的界定和适用范围

（1）《上海欠薪保障金规定》所称的欠薪,是指企业应当支付而未支付给劳动者的工资,以及解除、终止劳动合同时应当支付而未支付给劳动者的经济补偿金。

（2）《上海欠薪保障金规定》的适用范围

上海市范围内企业缴纳欠薪保障费,以及劳动者因企业欠薪而申请先行垫付的,适用《上海欠薪保障金规定》。

建筑施工企业实行工资保证金制度的,不适用《上海欠薪保障金规定》。

2. 欠薪保障的原则

欠薪保障实行社会共济、应急帮助和有限垫付的原则。

3. 资金来源

上海市设立欠薪保障金。欠薪保障金的来源包括:

（1）企业缴纳的欠薪保障费及其利息收入;（2）垫付欠薪款项的追偿所得;（3）财政补贴;（4）其他收入。

4. 管理机构

---

① 陈宇:《欠薪保障金制度能否破解欠薪难题》,《南方都市报》2009 年 6 月 9 日。

② 数据来源:深圳市欠薪保障基金委员会办公室:《2008 年欠薪保障基金收支情况》,2009 年 3 月 23 日。

（1）主管部门

上海市人力资源和社会保障局①（以下简称上海市人保局）是上海市欠薪保障工作的主管部门，履行下列职责：制定欠薪保障金的有关管理制度；审核劳动者垫付欠薪的申请，决定垫付款项的发放；向欠薪企业追偿已垫付的欠薪款项；按照《上海欠薪保障金规定》应当履行的其他职责。

（2）财务管理机构

按照《上海欠薪保障金规定》，欠薪保障金实行收支两条线管理，设立财政专户，专款专用。欠薪保障工作所需经费按规定列入上海市级财政预算。由此可见，欠薪保障金实际由上海市财政部门管理。

（3）监督机构

上海市社会保障监督委员会对欠薪保障费的征缴、欠薪保障金的使用情况进行监督。

5. 欠薪保障费的征缴

（1）征缴机构

上海市人保局所属的社会保险经办机构具体负责欠薪保障费的征缴工作。

（2）缴费主体

上海市范围内的企业应当依照《上海欠薪保障金规定》，在上海市人保局规定的缴费期限内缴纳欠薪保障费。领取营业执照的企业分支机构，应当单独缴纳欠薪保障费。企业缴纳的欠薪保障费在成本中列支。

（3）缴费的标准和数额

企业、企业分支机构每年缴纳一次欠薪保障费。缴费的具体数额，为上海市公布的月最低工资标准的数额。

（4）缴费标准的调整与公布

根据欠薪保障金的收支情况，上海市人保局应当适时提出调整缴费标准的建议，经上海市人民政府批准后对缴费标准进行调整，并向社会公布。

6. 申请与垫付

---

① 2008 年 10 月上海市政府机构改革前为劳动和社会保障局，2008 年 10 月上海市政府机构改革后为人力资源和社会保障局。

（1）申请条件

有下列情形之一的，企业无力或暂时无力支付欠薪，被欠薪的劳动者本人可以申请垫付欠薪：

①企业因宣告破产、解散或者被撤销进入清算程序，且欠薪事实已由企业、企业清算组织确认，或者已由人保部门或者劳动争议处理机构查实的；

②企业因经营者隐匿、出走等原因已停止经营，且欠薪事实已由人保部门或者劳动争议处理机构查实的。

除上述情形外，因企业欠薪可能引发重大冲突，负责处理纠纷的行政机关已将纠纷情况和欠薪事实查清的，被欠薪的劳动者也可以申请垫付欠薪。

（2）申请人资格的限制

在《上海欠薪保障金规定》第13条所规定的情形中；属于下列人员的，上海市人保局不予垫付欠薪：

①欠薪企业的法定代表人或者经营者；

②欠薪企业中与前项人员共同生活的近亲属；

③拥有欠薪企业10%以上股份的人员；

④月工资超过上海市职工月平均工资水平3倍的人员；

⑤累计欠薪数额不到200元的人员。

（3）申请人应提供的材料

申请人应当提供本人身份证明、劳动关系证明，填写垫付欠薪申请书，并提供能够证明欠薪事实的相关材料。

属于《上海欠薪保障金规定》第13条第2款规定情形的（即企业因经营者隐匿、出走等原因已停止经营，且欠薪事实已由人保部门或者劳动争议处理机构查实的），申请人还需提供处理纠纷的行政机关出具的证明需要垫付欠薪的相关材料。

（4）申请期限

劳动者申请垫付欠薪的，应当自取得证明欠薪事实的材料之日起30日内，向上海市人保局提出申请。

劳动者因非自身原因超出规定期限提出申请的，上海市人保局可以适当延长其申请期限。

上海市人保局可以根据需要，在各区、县劳动保障监察机构以及其他相关机构设立受理点,接受劳动者就欠薪提出的垫付申请。

(5)审核与垫付

上海市人保局收到申请后,应当及时进行审核,并在 10 个工作日内作出准予或者不予垫付的决定。

上海市人保局决定不予垫付的,不影响申请人根据劳动监察、劳动争议处理以及其他有关法律法规的规定要求企业支付欠薪的权利。

(6)协助义务

上海市人保局对申请材料进行审核,需要了解有关欠薪情况时,申请人、欠薪企业以及有关的机构和组织应当予以配合。

(7)垫付标准

欠薪月数不超过 6 个月的,垫付欠薪按照实际欠薪月数计算;超过 6 个月的,按照 6 个月计算。

拖欠的月工资或者月经济补偿金高于本市当年职工月最低工资标准的,垫付欠薪的款项按照月最低工资标准计算;低于月最低工资标准的,按照实际欠薪数额计算。

7. 追偿

(1)欠薪追偿权的转移

劳动者获得欠薪垫付的,上海市人保局就垫付部分取得对企业的欠薪追偿权,即代位追偿权。

劳动者获得欠薪垫付的,不影响劳动者依法要求企业支付其他欠薪部分的权利。

(2)偿还义务

企业应当及时偿还欠薪保障金垫付的欠薪款项。

(3)不履行偿还义务的救济途径

企业拖延或者拒不偿还被垫付的欠薪款项的,上海市人保局可以依法申请人民法院强制执行或者向人民法院提起诉讼。

(4)清算程序中的追偿

因《上海欠薪保障金规定》第 13 条第 1 款第(一)项情形垫付欠薪款项的(即企业因宣告破产、解散或者被撤销进入清算程序,且欠薪事实已由企业、企业清算组织确认,或者已由人保部门或者劳动争议处理机构查实的情形),

上海市人保局可以通过参加债权人会议等形式参与财产分配,并依法优先受偿。

8. 年度报告与审计

上海市人保局每年应当向上海市人民政府报告上一年度欠薪保障费的征缴和欠薪保障金的使用情况。

审计部门依法对欠薪保障金的收支情况进行审计监督。

9. 法律责任

(1)对欠薪企业的查处

企业无故拖欠劳动者的工资报酬,或者未依法支付经济补偿金的,由人保部门根据《劳动保障监察条例》以及上海市有关规定予以查处。

(2)不缴纳欠薪保障费的法律责任

企业未按规定缴纳欠薪保障费的,由上海市人保局责令限期缴纳;逾期仍不缴纳的,从欠缴之日起,按日加收2‰滞纳金,并处以1,000元以上3,000元以下的罚款。滞纳金并入欠薪保障金。

(3)提供虚假资料的法律责任

以提供虚假资料或者虚构事实骗取欠薪垫付款项的,由上海市人保局责令其退还;构成犯罪的,依法追究刑事责任。

(4)工作人员的违法责任

与实施欠薪保障有关的工作人员滥用职权、徇私舞弊、玩忽职守的,由有关部门给予行政处分;构成犯罪的,依法追究刑事责任。

10. 上海市欠薪保障金运行的基本情况

上海市欠薪保障金征收每家企业欠薪保障费2006年度为人民币750元、2007年度为人民币840元、2008年为960元。①。

上海市人保部门2007年共检查用人单位40,000个,追缴欠薪欠保金额5.6亿元,涉及劳动者750,000人次。② 但这里的"欠薪欠保"的含义是含混、笼统的,从其表达的意思看,是用人单位拖欠工资和欠缴社会保险费的意思,

---

① 数据来源:《上海统计年鉴2007》、《上海统计年鉴2008》、《上海统计年鉴2009》。

② 数据来源:《上海年鉴2008》"二十七、综合经济管理与监督(六)劳动管理和社会保障",《上海年鉴》编辑部2008年12月版。

与欠缴"欠薪保障费"应无关系,但该数据不能反映欠薪的数额和欠社会保险费的数额各多少。

(三)深圳市和上海市两市制度比较

1. 两市制度的共同点

(1)相同的时代背景

1993年3月29日,第八届全国人民代表大会第一次会议通过的我国宪法修正案,确立了建设我国社会主义市场经济的目标。

我国深圳市和上海市两市先后在1997年、2000年施行企业欠薪保障制度,并在2007年、2008年先后对欠薪保障制度作了修改调整。两地制定实施欠薪制度的时代背景相同,时值我国转轨社会主义市场经济体制的若干年后,由于企业的竞争、转型、转轨,经济成分的多样化,体制的缺陷等因素,使得欠薪问题突出起来。在改革开放前沿的深圳市和上海市两地率先颁行了欠薪保障制度,是有其时代背景和历史原因的。

(2)类似的欠薪保障资金来源

《深圳保障条例》规定的欠薪保障基金来源主要是向用人单位征缴的欠薪保障费、财政补贴、欠薪保障基金的利息、接受的捐赠、垫付欠薪款项的追偿所得等。《上海欠薪保障金规定》规定的欠薪保障基金来源也主要是企业缴纳的欠薪保障费及其利息收入、垫付欠薪款项的追偿所得、财政补贴和其他合法收入。

(3)申请条件和期限的规定基本相同

两市申请垫付的条件基本一致,其核心是劳动者所在的用人单位缴纳了欠薪保障费,否则劳动者不能申请欠薪垫付。这与我国台湾和香港的制度存在很大的差异。但《上海欠薪保障金规定》的规定,对就业于没有缴纳欠薪保障费单位的单个或零散而未形成群体性、冲突性事件的被欠薪劳动者是无法救济的。

在申请期限方面,《深圳保障条例》规定员工申请欠薪垫付,应在知道或者应当知道《深圳保障条例》第14条规定的情形之日起30日内,向深圳市各区人保部门提交书面申请。但深圳市没有规定劳动者因客观原因不能及时申请的宽延处理规则。《上海欠薪保障金规定》对劳动者申请垫付期限的规定为,劳动者应当自取得证明欠薪事实的材料之日起30日内,向上海市人保局提出申请；劳动者因非自身原因超出规定期限提出申请的，上海市人保局可以适当延长其申请期限。但《上海欠薪保障金规定》没有对劳动者延长申请的原因、延长的具体期限作出明确规定。

（4）相同的欠薪保障费收缴机构

两市欠薪保障费均由当地的社会保险经办机构负责代征，实际由两市各区的社会保险机构作为征收机构，欠薪保障费汇入欠薪保障基金的专设开户银行。在很多地方社会保险费改由地方税务机关代征的背景下，欠薪保障费是否也应改由地方税务机关代征，也是一个可探讨的议题。

（5）不予垫付的情形基本相同

《深圳保障条例》规定，下列人员的欠薪垫付申请不予受理：①欠薪单位的法定代表人或者主要负责人；②前项人员的近亲属；③拥有欠薪单位股份且股本额达到 200,000 元以上的人员；④欠薪前 3 个月的平均工资超过上年度深圳市职工月平均工资 3 倍的人员；⑤累计欠薪数额不足 200 元的人员。按照《上海欠薪保障金规定》，属于下列人员的，上海市人保部门不予垫付欠薪：①欠薪企业的法定代表人或者经营者；②欠薪企业中与前项人员共同生活的近亲属；③拥有欠薪企业 10% 以上股份的人员；④月工资超过上海市职工月平均工资水平 3 倍的人员；⑤累计欠薪数额不到 200 元的人员。

从两市不予垫付的情形看，均排除了一些特定人员申请垫付的资格。只是对持股人员股份和股本额的规定存在差异，《上海欠薪保障金规定》规定：“拥有欠薪企业 10% 以上股份的人员”比较合理，因为《深圳保障条例》规定“拥有欠薪单位股份且股本额达到 200,000 元以上的人员”这一规范很难衡量持股人员占有企业的资产额是否达到 200,000 元以上、恐怕需要评估确定的繁杂程序。但笔者对两市制度排除月工资超过一定数额和低于一定数额的工资人员申请资格是不妥当的，应当参考我国香港的制度，采取限额申请的规则。

2. 两市制度的差异

（1）两市制度的立法层次和规范差异

《深圳保障条例》的颁布机构是深圳市人大常委会，是地方立法机关，其规范性质是地方法规。由于全国人大有授权特区立法的权限，使得深圳的地方立法有其立法根据，与《立法法》不冲突。

　　而《上海欠薪保障金规定》的颁布机构是上海市人民政府,是地方行政机关,其规范性质是地方规章,虽然该地方立法有国务院的一些文件根据,但缺乏立法权源,其中征收企业欠薪保障费的规定,与《立法法》有冲突,消除这种冲突的基本做法需要通过国家立法机关的欠薪保障立法加以解决。

　　(2)覆盖范围的差异

　　《深圳保障条例》适用于深圳经济特区内的企业、其他经济组织、民办非企业单位等组织①,但个体工商户除外。《深圳保障条例》的覆盖范围比上海市要广些。

　　《上海欠薪保障金规定》适用于上海市范围内的企业,包括领取营业执照的企业分支机构。但上海市在建筑施工企业实行工资保证金制度,因此建筑施工企业不适用欠薪保障金制度。《上海欠薪保障金规定》的覆盖范围仅限于企业及其分支机构,而且排除了建筑施工企业,没有包括其他经济组织、民办非企业单位等组织②。

　　(3)缴纳欠薪保障费的差异

　　《深圳保障条例》规定,用人单位应当在每年第一季度缴纳400元欠薪保障费,新成立的用人单位于成立次年开始缴纳。这主要归功于该基金的连续多年盈余,使深圳市修改条例,合理减少征费。《上海欠薪保障金规定》规定,企业、企业分支机构每年缴纳一次欠薪保障费;缴费的具体数额,为上海市公布的上年度月最低工资标准的数额。2008年上海市的月最低工资标准为960元,欠薪保障费随最低工资标准逐年上调,其合理性值得斟酌。

　　(4)申请欠薪垫付的情形存在差异

　　《深圳保障条例》规定,用人单位发生欠薪,且有下列情形之一时,员工可以向深圳市各区人保部门提出欠薪垫付申请:①人民法院依法受理破产申请;②法定代表人或者主要负责人隐匿或者逃逸。《深圳保障条例》没有规定因欠薪而可能发生重大冲突、虽然劳动者所在单位没有缴费而作为垫付的变通

---

　　①　根据《深圳保障条例》和深圳市社会保险局的规定,法人的分支机构需要单独缴纳欠薪保障费,非法人的分支机构不需单独缴纳欠薪保障费。此规定与我国香港地区按照每张商业登记证收费的规定是类似的。

　　②　从《上海欠薪保障金规定》看,上海市企业欠薪保障金制度应不适用于个体工商户。

情形。

《上海欠薪保障金规定》发生有下列情形之一的,企业无力或暂时无力支付欠薪,被欠薪的劳动者本人可以申请垫付欠薪:①企业因宣告破产、解散或者被撤销进入清算程序,且欠薪事实已由企业、企业清算组织确认,或者已由人保部门或者劳动争议处理机构查实的;②企业因经营者隐匿、出走等原因已停止经营,且欠薪事实已由人保部门或者劳动争议处理机构查实的。除上述情形外,因企业欠薪可能引发重大冲突,负责处理纠纷的行政机关已将纠纷情况和欠薪事实查清的,被欠薪的劳动者也可以申请垫付欠薪。

从上述两市规定看,深圳市规定法院受理破产的情形,劳动者即可申请欠薪垫付;而上海市除了企业破产,还有企业解散、被撤销进入清算程序,均属于劳动者可申请欠薪垫付的情形,比深圳市的规定要宽些,也更符合企业欠薪的实际发生情形。上海市还规定了欠薪事实要由企业、企业清算组织确认,或者已由人保部门或者劳动争议处理机构查实,这一规定也比深圳市没有规定审查的程序更合理些。《上海欠薪保障金规定》对企业虽未缴纳欠薪保障费、但因欠薪可能引发重大冲突的情形采取了变通的办法,一定程度上吸收了我国台湾、香港两地的制度,能更好地实现欠薪保障基金制度应急功能。

(5)欠薪垫付款项的差异

《深圳保障条例》规定只垫付限额的工资。欠薪月数不超过6个月的,垫付欠薪按照实际欠薪月数计算;超过6个月的,按照6个月计算。每月欠薪数额高于深圳市上年度职工月平均工资60%的,垫付标准按照深圳市上年度职工月平均工资的60%计算;每月欠薪数额低于深圳市上年度职工月平均工资60%的,垫付标准按照实际欠薪数额计算。不能确认欠薪数额的,按照深圳市职工最低工资标准确定垫付数额。

《上海欠薪保障金规定》规定垫付的款项包括限额的工资和解除、终止劳动合同的限额经济补偿金。计算标准上,欠薪月数不超过6个月的,垫付欠薪按照实际欠薪月数计算;超过6个月的,按照6个月计算。拖欠的月工资或者月经济补偿金高于上海市当年职工月最低工资标准的,垫付欠薪的款项按照月最低工资标准计算;低于月最低工资标准的,按照实际欠薪数额计算。

从两市制度看,上海市将欠付的限额工资和经济补偿金均列为垫付款项;而深圳市则只垫付欠付的限额工资,没有将限额经济补偿金列为垫付款项。

笔者认为,上海市的这一点制度设计更符合维护劳动者的劳动报酬权理念。但是,深圳市的垫付标准按深圳市上年度职工月平均工资的 60% 计算,比起上海市的垫付标准按上海市当年职工月最低工资标准计算,在垫付标准上又有其合理性。

(四)评析兼小结

我国《立法法》第 65 条规定了经济特区的授权立法,根据该条的表述和法理,经济特区所在地的人大及其常委会根据全国人大的授权,可以直接制定对上位法做出变通规定的经济特区法规,该法规只在经济特区范围内实施。深圳作为经济特区,不仅在政策方面而且在法律方面都有国家对其先行先试的授权,因此,深圳的相关立法有《立法法》的授权。上海不是经济特区,没有《立法法》第 65 条所授予的权力,故上海的相关立法与《立法法》规定的权限不符。

由于政府信息公开的滞后等因素,我们无法像获得香港和台湾地区的欠薪保障基金信息一样获得深圳市和上海市欠薪保障基金方面系统完整的统计数据。我们从深圳市和上海市的历年年鉴中,没有找到系统的欠薪保障基金的历年详细数据。根据我们的申请,上海市人力资源和社会保障局提供了该市欠薪保障金的部分数据(附录 3 - 6)。① 2008 年上海市欠薪保障基金征缴金额 12,152.56 万元,垫付金额 2,129.83 万元,垫付人数 7,876 人,涉及企业数 52 户,2009 年的情况则为征缴金额 12,961.12 万元,垫付金额 1,446.98 万元,垫付人数 5,429 人,涉及企业数 84 户。从收支上看,上海市欠薪保障金收入大于支出,2008 年和 2009 年两年有 2 个多亿元的盈余。但上海市欠薪保障金的利息收入、运作费用和追偿垫付款项等情况没有具体数据可供分析。

由此可见,深圳市和上海市两地欠薪保障制度的政府信息披露极不完善,我们无法通过两地欠薪保障基金的历年收入、垫付、追偿、盈余、利息收入、管

----

① 我们在 2010 年 1 月 29 日向上海市人力资源和社会保障局书面提出申请获取上海市欠薪保障金设立以来的各项数据。2010 年 2 月 22 日我们收到了上海市人力资源和社会保障局(2010)第 019 号《政府信息公开申请答复书》,该局向我们提供了"欠薪保障金历年使用情况"(附录 3 - 6),特此感谢上海市人力资源和社会保障局。并感谢华南师范大学硕士研究生谢平平协助本人向上海市和深圳市相关部门所作的申请工作。至本书付印,深圳市人力资源和社会保障局没有向我们提供历年来的欠薪保障金各项具体数据。

理费用等完整的统计数据来评判两地制度的得失成败,这是我国各项法律制度构建和运行中也应值得认真反思和检讨的一个问题。

第四节　现行制度关于申请垫付情形规定的疏漏及其完善

通过前面对我国台湾地区、香港地区、深圳市和上海市的欠薪保障基金制度的分析,我们发现四种制度对申请垫付情形的规定各不相同。我国深圳市的法规没有规定类似我国台湾积欠工资垫偿基金制度中的歇业和清算情形下的欠薪垫付,只规定了破产垫付和法定代表人或者主要经营者逃匿情形下的垫付。我国上海市的规章规定的垫付情形之一是:"企业因宣告破产、解散或者被撤销进入清算程序,且欠薪事实已由企业、企业清算组织确认,或者已由人力资源和社会保障行政部门或者劳动争议处理机构查实的"。而我国香港法例规定,提出清盘或破产呈请,或者有例外情形免除此种呈请,为可获得垫付的必要条件。

那么,何谓歇业,何谓清算,是否要规定这两种情形下的垫付? 歇业、清算与解散又是什么关系? 除了破产垫付,和解与重整情形下可否申请垫付? 用人单位合并或分立情形下发生欠薪(包括经济补偿金)如何处置? 过于苛刻的适用条件可能会影响欠薪保障基金的应急救济功能,过于宽松的适用条件可能会导致透支、甚至滥用欠薪保障基金。因此,对这些问题,均需要予以梳理。

一、歇业与欠薪垫付辨析

我国台湾"劳动基准法"第 28 条规定的积欠工资垫偿基金制度将破产宣告、清算和歇业作为劳工申请垫偿欠薪的三种情形之一,并作为计算积欠工资期间的基础。"歇业"一词还出现于台湾"劳动基准法"第 11 条第一款作为雇主预告终止劳动契约的事由之一,以及出现于台湾"商业登记法"第 17 条中"歇业登记"一词,但均没有界定其确切含义。在台湾"公司法"中也没有使用"歇业"一词。我国台湾学术界和实务界对积欠工资垫偿基金制度中的"歇业"一词含义颇有争议。这导致对歇业开始时间的认定、何种情形可认定为歇业、未登记之事实歇业的认定机关、员工继续经营与歇业时间的认定等问题,均存在争议,使得积欠工资垫偿申请中以歇业为由之申请颇费周折。

我国《公司法》、《公司登记管理条例》和《企业破产法》均没有规定"歇业"一词,我国《劳动法》和《劳动合同法》也没有规定"歇业"问题。为了与我国企业法律制度衔接,我国制定欠薪保障基金法律时,不宜将"歇业"作为申请垫付欠薪情形之一。我国香港地区、深圳市、上海市均没有规定"歇业"情形的垫付。

二、解散、清算与欠薪垫付辨析

关于解散和清算,我国《公司法》和《企业破产法》均作了规定。

(一)解散是指公司因发生章程规定或法律规定的除破产以外的解散事由而停止业务活动,并进行清算的状态和过程。由此可知,清算包括解散清算和破产清算。但是,当公司解散后未清算或者未清算完毕的,发现公司资不抵债的,就转入按《企业破产法》第7条第三款规定的破产清算处理。

根据我国 2006 年 1 月 1 日起施行的《公司法》第 181 条和 2008 年 5 月 19 日起施行的最高人民法院《关于适用〈中华人民共和国公司法〉若干问题的规定(二)》,公司解散的事由主要是:

1. 公司章程规定的营业期限届满或者公司章程规定的其他解散事由出现(对此项情形,公司可以通过修改公司章程而使公司存续);

2. 股东会或者股东大会决议解散;

3. 因公司合并或者分立需要解散;

4. 依法被吊销营业执照、责令关闭或者被撤销;

5. 人民法院依法予以解散。

破产清算属于《企业破产法》规定的特别程序,对此在下文我国劳动债权优先权救济制度部分再加论述。

因公司合并或者分立需要解散的,公司的债权债务由合并后的公司概括承继,一般不导致欠薪垫付问题,对此下文也另有论述。由此,当发生上述 1、2、4、5 种情形的解散而公司不复存续,且存在欠薪的,如果需要待清算才能申请垫付,则与欠薪保障基金应急救济的功能与原则不符。

(二)清算的不确定性导致垫付申请事实的不确定。公司解散后,为最终了结现存的财产和其他法律关系,依照法定程序,对公司的财产和债权债务关系,进行清理、处分和分配,以了结其债权债务关系,从而消灭公司法人资格的法律行为。公司除因合并或分立而解散外,其余原因引起的解散,均须经过清算程序。清算是一种复杂的程序,可能要经过复杂的一系列行为和漫长的时间才能清算终结。

我国台湾积欠工资垫偿制度将清算作为申请垫偿的情形之一,是基于清算事由且劳工被拖欠工资发生。但公司法的清算本身是一个行为过程,延续一定时间,而不像解散通常是一个事实结果(司法解散为例外,也是一个行为过程)。

解散作为一个事实结果,往往可以用确切的日期来判断事实的发生,如营业期限届满解散日、公司章程规定解散事由成就日、公司决议解散日、被法定机构解散日(依法被吊销营业执照日、责令关闭日或者被撤销日;不含司法判决解散日,因为司法解散要经过漫长的诉讼、取得生效裁判才能确定日期,如果将生效裁判确定的解散日也作为可申请垫付的开始日期,欠薪保障基金的应急救助功能无从实现),解散日(司法判决解散日除外)本身虽不能作为是否符合垫付情形的标准,却可以作为一个确定的事实起点,使得劳动者确切知道自己有权申请欠薪保障基金垫付欠薪的开始时间。如果遇到公司僵局而股东通过司法解散诉讼的特殊情形,则可以规定自法院受理司法解散诉讼日为申请垫付的事件起点,被欠薪劳动者自法院受理司法解散诉讼日开始有权向欠薪保障基金申请垫付欠薪。

上海市的制度中规定的垫付情形之一是:"企业因宣告破产、解散或者被撤销进入清算程序,且欠薪事实已由企业、企业清算组织确认,或者已由人力资源和社会保障行政部门或者劳动争议处理机构查实的"。此处规定的垫付条件是混乱的,极为苛刻,也是难以操作认定的。前文的论述分析中,我们知道企业的清算可以分为解散清算和破产清算,解散清算分为自行清算和司法清算,解散清算的发生包括了多种情形,被撤销而清算是解散清算的一种情形,如果不依法自行清算,则利害关系人可以申请司法清算,如果未清算或清算未终结发现资不抵债的,清算义务人应向或利害关系人可向法院申请破产清算,破产清算实际是一种按照特别法即《企业破产法》进行的特别司法清算程序。上海市的制度将"宣告破产、解散或者被撤销进入清算程序"并列在一起,从逻辑上看是极为混乱的。这是上海市制度中第一种垫付情形的第一个问题。第二个问题是,"企业因宣告破产、解散或者被撤销进入清算程序"是一个不确定的甚至是漫长的过程,如果迟迟未进入清算程序,那么就无法获得垫付,欠薪保障基金的应急救助功能也就落空了。第三个问题是,从法院受理破产申请到法院宣告企业破产,也是一个不确定而漫长的过程,中间可能因为当事人和解或重整而最终使企业更生没有被宣告破产,但企业在这漫长的过程中确实不能支付到期薪酬,因此以法院宣告破产进入清算程序为申请垫付欠薪的必要条件也使欠薪保障基金丧失了应急救助的功能。

根据我国香港法例规定,提出清盘或破产呈请,或者有例外情形免除此种呈请(如债权额少于香港《破产条例》第6(2)(a)条规定的"该债项的款额或该等债项总额相等于或超过10000港元或某个订明款额"),为可获得垫付的必要条件。香港法例中的清盘,相当于我国公司法中的清算。但是,香港清盘情形的垫付以提出"清盘呈请"且(1)申请人的工资已到期支付而未获支付,(2)申请人的代通知金已到期支付而未获支付,或(3)向申请人支付遣散费的法律责任已产生,而该遣散费未获支付(不论该遣散费当时是否已到期支付)即可作为垫付条件,"呈请"是一个事实结果,有明确的时间起点,一般以"呈请日"作为确定事实发生的时间起点,"清盘呈请"或"清算申请"与我国台湾积欠工资垫偿基金制度中的"清算"不同,与我国上海的制度规定的"进入清算程序"也不同。台湾和上海市的制度中"清算"是一个笼统、含混的语义,通常作为一种程序来看待,无法作为某种事实状态和申请垫付的开始日期。

台湾也有学者对此提出了类似看法,破产宣告、清算及歇业,一方面为劳工申请垫偿的要件之一,另一方面为计算积欠工资期间的基础。公司清算程序何时开始,没有特定日期规范,是以主管机关命令解散、法院裁定解散及解散决议之日为准,或以解散核准日,又或以清算人就任日为依据并不明确;又如合伙营业,其清算由于无法定申报或登记义务,更难以确认。另一方面,实务上并非所有企业均依法办理解散或歇业登记,因此如未经破产宣告,往往需要个案事实认定是否歇业,劳工始得申请垫偿。

三、破产、和解、重整与欠薪垫付辨析

根据我国《企业破产法》第7条第1款的规定,债务人有本法第2条规定的情形,可以向人民法院提出重整、和解或者破产清算申请;第2款规定,债务

人不能清偿到期债务,债权人可以向人民法院提出对债务人进行重整或者破产清算的申请;第 3 款规定,企业法人已解散但未清算或者未清算完毕,资产不足以清偿债务的,依法负有清算责任的人应当向人民法院申请破产清算。

而《企业破产法》第 2 条第 1 款规定,企业法人不能清偿到期债务,并且资产不足以清偿全部债务或者明显缺乏清偿能力的,依照本法规定清理债务;第 2 款规定,企业法人有前款规定情形,或者有明显丧失清偿能力可能的,可以依照本法规定进行重整。

由此可见,重整、和解和破产清算是三个不同的程序,不分前后顺序,可以由申请人依法直接提出,而且在破产申请被法院受理后,在宣告破产前,债务人和债权人可以申请重整,债务人可以申请和解,以避免企业破产,使企业更生。

问题是,除了破产垫付欠薪情形以外,重整与和解是否属于可申请垫付欠薪的情形?

从我国台湾、香港、深圳市、上海市的制度看,只规定了破产作为申请欠薪垫付的条件之一,没有规定重整、和解可以作为申请欠薪垫付的条件之一。

但是,当一个企业法人出现了债权人或债务人申请重整、债务人申请和解的情形,就是企业法人已经出现:1. 不能清偿到期债务,并且资产不足以清偿全部债务;2. 不能清偿到期债务,明显缺乏清偿能力的;3. 明显丧失清偿能力可能的。其中 1、2 的情形适用于重整、和解和破产清算三种申请,而 3 的情形仅适用于提起重整申请。在上述三种情形下,企业法人通常会出现欠薪问题。如果要等到重整失败或者和解失败、企业被最终宣告破产才能申请欠薪垫付,则被欠薪劳工的生活不免陷入贫困无助,大大弱化了欠薪保障基金的功能。

加之,我国法律没有明确规定劳动者有权在被欠薪情形下有权直接申请企业破产;虽然从法理看,劳工有此等申请权;但在实务中,如果劳工以被欠薪为由申请所在企业破产,恐难以获得法院受理。如果不是通过申请企业破产方式,而是在被欠薪的情况下,劳工通过终止劳动合同或劳动关系的方式,这种劳动债权仅是普通债权,不能获得优先权,也不符合申请欠薪垫付的条件,这样劳工可能就无法摆脱被欠薪的怪圈、导致有些劳工不愿早日脱离被欠薪的"苦海"。因此,我国制定欠薪保障基金法律时,应借鉴我国香港的法律,不要求一定有破产或者清算申请,在劳工被欠薪但申请破产或清算不符合经济原则时,或者表明用人单位不继续或不能继续营业的事实发生时,不需要有清算申请或破产申请仍可以申请欠薪垫付。

因此,在用人单位被申请和解或重整且劳工被欠薪的情形下,也应属于劳工可以申请垫付欠薪的事实状态。而且,当劳工获得有限垫偿后,由欠薪保障基金取得垫偿部分的代位求偿权,可能更有利于和解或重整的成功进行,对企业的更生和社会安定是有利的。

四、用人单位合并或分立情形下发生欠薪的处理

从合同法和企业法的一般原理来讲,用人单位合并或分立的,因其债权债务要么按债务人与债权人的约定处理,要么按法定发生合并时由合并后的用人单位承担、或者分立时由分立后的用人单位承担连带责任。因此,原则上不属于欠薪基金垫付欠薪的范畴,除非合并或分立的企业发生破产,歇业,清算,法定代表人或者主要经营者逃匿等情形的。

我国 1999 年 10 月 1 日起施行的《合同法》第 90 条规定了法人、其他组织合并和分立引起的债权债务概括转让问题。我国《民法通则》第 44 条也规定了债权债务的概括转让;但《合同法》的规定更具体,同时将其他组织也规定进来。

（一）关于公司合并

我国《公司法》第 173 条至第 175 条作了规定。根据我国《公司法》第 173 条的规定,公司合并可以采取吸收合并或新设合并。一个公司吸收其他公司为吸收合并,被吸收的公司解散。两个以上公司合并设立一个新的公司为新设合并,合并各方解散。根据该法第 175 条的规定,不论是吸收合并还是新设合并,均存在承继债权债务的主体。公司合并一般不影响劳动者劳动报酬权的义务主体之确定。但存在需要探讨的问题有两点:(1)当合并前的用人单位存在欠薪时,劳动债权人(劳动者)是否有权按照《公司法》第 174 条的规定提出要求公司清偿债务或者提供相应的担保? 这一权利似乎从法理上没有障碍。从我国《公司法》第 174 条的规定看,没有排除劳动债权人要求公司清偿债务或提供担保的权利,更何况我国《企业破产法》对劳动债权规定在破产债权中的最优先清偿顺序予以保障。从公司合并的实践看,不论公司吸收合并还是新设合并,均可能导致公司支付劳动债权的能力受到影响。可见,在公司

合并前存在欠薪的,劳动者自应有权行使《公司法》第174条规定的权利。(2)当公司发生合并时,不论是吸收合并还是新设合并,有可能发生劳动者工作地点和工作内容的变化,因此在用人单位与劳动者不能就这些变更达成协议而发生解除劳动合同或者不能按《劳动合同法》续签劳动合同时,合并前的原用人单位或合并后的用人单位应当按照《劳动合同法》第46条的规定支付劳动者经济补偿金。当发生拖欠经济补偿金时,合并前的用人单位或合并后的用人单位对此经济补偿金负有清偿责任。明确上述问题,对各类企业重组中的劳动者权利保护也有指导作用。

　　(二)关于公司分立

　　我国《公司法》在第176条和第177条对公司分立问题作了规定。由于公司分立原则上不影响债务的清偿,故公司法没有规定公司分立时债权人有权要求公司清偿债务或者提供担保的权利;如果公司分立前存在欠薪,分立后的公司承担连带责任。但是,因为公司分立,有可能导致劳动者的工作内容和工作地点的变更,如果用人单位与劳动者无法达成协议因此导致解除劳动合同或者无法续签劳动合同,用人单位应当按照《劳动合同法》第46条的规定给予劳动者经济补偿金。对此经济补偿金之债务,应当由分立后的公司承担连带责任,不能以劳动者被划分到分立后的某一公司而排除分立出来的另一公司之连带责任,以免公司行分立之名而转移财产导致损害劳工权益。

　　综上,营业期限届满且实际解散日,公司章程规定解散事由成就且实际解散日,公司决议解散日,被法定机构解散日(依法被吊销营业执照日、责令关闭日或者被撤销日),司法解散诉讼的裁定受理日,法院裁定受理破产、和解或重整裁定日,均可作为劳工申请垫付的事实状态开始日,且:(1)申请人的工资已到期支付而未获支付,(2)申请人的代通知金已到期支付而未获支付,或(3)向申请人支付经济补偿金的法律责任已产生,而该经济补偿金未获支付(不论该经济补偿金当时是否已到支付期),即可申请欠薪保障基金垫付上述款项的法定限额薪酬。

第五节　构建我国欠薪保障基金制度的基本思考

　　通过对我国香港和台湾两地区、我国深圳和上海两市的欠薪保障基金制度的比较分析,我们可以得出的一个直观的认识是:欠薪保障基金制度在遇到用人单位生产经营困难、歇业、破产、清算、逃避义务等情形下不支付或不能支付劳动者的劳动报酬时,起到了应急救济和有限垫付的作用,能一定程度上缓解社会矛盾,避免大量劳动者因生活困顿而走向与社会的激烈对抗。

但是,在我国探讨构建全国性的欠薪保障基金制度时,应认真探讨以下几个问题。

一、立法依据和权限问题

在前文论述中,笔者已经引用分析了我国《宪法》对维系劳动者生存权的劳动报酬是作为一项基本人权加以保障的,这是通过立法来构建欠薪保障法律制度的立法依据和正当性。

严峻的欠薪事实和统计数据,则充分印证了需要构建应急救济劳动者劳动报酬的欠薪保障基金制度的现实理据。

而我国《立法法》的规定,则为构建全国性欠薪保障基金制度提供了进一步的立法权限依据。因为,根据我国《立法法》的规定,涉及向用人单位征收欠薪保障费的立法,应由我国国家立法机关制定法律①,不能由地方法规和规章加以规定,除非得到国家立法机关的授权立法,否则就与《立法法》冲突。

我国《立法法》第 65 条规定了经济特区的授权立法,根据该条的表述和法理,经济特区所在地的人大及其常委会根据全国人大的授权,可以直接制定对上位法做出变通规定的经济特区法规,该法规只在经济特区范围内实施。深圳市作为经济特区,不仅在政策方面而且在法律方面都有国家对其先行先试的授权,因此,深圳市的相关立法并不违反《立法法》。上海市等地区并非经济特区,自然没有《立法法》第 65 条所授予的权力,故上海市对企业征收欠薪保障费的相关政府规章有违《立法法》。

二、欠薪保障基金制度利弊存废之争

对于欠薪保障基金制度可否在全国范围内推广施行问题,理论界和实务界存在不同的意见。由于无法得到我国深圳市和上海市两市欠薪保障基金的

---

① 我国《立法法》第 8 条第(六)项规定,对非国有财产的征收只能制定法律。

历年收支详细数据,笔者无法对我国深圳市和上海市的制度利弊存废的争论进行更可靠的实证评判;而对我国台湾和香港制度的详尽数据考察,又因为缺乏实证的土壤和实地调研而唯恐所作的结论脱离实际。因此,对我国欠薪保障基金制度利弊存废之争,只能偏重理论的分析。

(一)反对设立欠薪保障基金的主要观点

根据对相关文献的分析和调查访谈,笔者将反对设立欠薪保障基金人士的主要理据归纳和分析为以下几点:

1. 征收欠薪保障费增加了用人单位的负担,而基金的管理成本不透明,影响基金实际垫付效果。政府向用人单位每年征收一定金额的保障费,实行共济互助,是社会保险的一个重要标志。欠薪保障金如果实行等于在原有的基本养老、医疗、工伤、失业、生育等五项社会保险的基础上又增加一项准社会保险制度。按照何种基数和比例向用人单位征收,如何保障资金的安全,如何促进资金的增值都要有一整套的制度设计。同时,不管是通过社会保险管理机构、税务还是工商代收欠薪保障费,从目前我国的行政管理运营成本来看,都会降低资金的有效积累和最终可垫付的实际金额,增加用人单位的负担。

此前在建筑行业,有部分省市试行收取保证金,用来整治这一欠薪高发行业。至于真实效果,由于缺乏充分及时的信息披露,也无法评估。

2. 我国多数地方不具备深圳市和上海市类似的实施欠薪基金制度的基础条件。接受调研的基层劳动争议仲裁机构的一些人员认为,该项制度很难在全国范围内推广实行,原因主要有以下三点:第一,我国多数地区不像深圳市、上海市一样有众多的中小企业能及时缴费,以及雄厚的财政支持做后盾;第二,深圳市、上海市的配套政策相对完善,制度运行环境相对较好;第三,深圳市、上海市的市场准入条件比较严格,引进的企业一般来说管理比较规范,素质较好。① 从所了解的实际情况看,深圳市欠薪保障基金主要来自每家企业每年第一季度缴费400元。深圳市政府公布的数字显示,2008年深圳欠薪保障基金收入七千多万元,支出四千多万元,结余三千多万元。如果深圳市每年有20万家企业交费,每年收费将达八千万元,所以基金收入七千多万元是

---

① 感谢 GZ 市 BY 区劳动争议仲裁机构 H 先生接受访谈和对本问题提出的意见。基于尊重受访者个人的意愿,本研究不披露其个人信息。

现实的,如果没有发生大规模企业故意欠薪逃匿等情况,不需要财政另外的垫付就可以解决因为经营风险导致的劳动者短期工资被拖欠问题。然而,全国其他省、自治区或者计划单列市,在一定时期难以达到类似的基础条件。推行全国性的统一欠薪保障基金制度,又影响地方征收费用的积极性。

3. 欠薪保障金为劳动者垫付欠薪,而后向欠薪用人单位追偿,这里涉及垫付申请、审核、追偿和对虚假申请、垫付的追责等问题,需要配套的制度。从我国香港的破产欠薪保障基金看,香港设计了非常细致的操作规则,来保障基金在法治轨道上运行,从基金的收取、管理费用、申请审核、垫付、追偿、对虚假欺诈行为的追责、基金收支运行的审核、信息披露等,均具有很强的操作性。反观我国深圳市和上海市实行了十多年的欠薪保障基金制度,不仅数据信息没有向社会公众公开,而且没有对虚假申请和垫付追责、追偿等方面的配套机构与操作规则。根据《劳动合同法》的规定,用人单位欠薪,除了要向劳动者支付足额的工资之外,还要支付一定数额具有惩罚性质的赔偿金。劳动关系具有明显的身份关系,惩罚性的赔偿金就具有这一性质,它是否也可以由欠薪保障基金代位求偿,是一个较为复杂的理论和实践问题。

4. 垫付资格与用人单位缴费义务关联的制度设计,会造成大量劳动者被排除在制度之外,消减欠薪保障基金的应急保障功能。欠薪保障基金不能真正应对大规模欠薪,而且没有缴费用人单位的劳动者无法申请获得垫付的制度设计,也实际不能发挥对这些群体的欠薪保障、应急的作用。例如,自2003年以来,山东省青岛市一地非正常撤离的韩国企业就有206家,涉及工人26,000人,拖欠工资1.6亿元人民币。[1] 如果单靠现在的区域性分割设置的欠薪保障基金制度,不足以起到分散风险、公共救助的保障功能。即使像深圳市这样具备较好条件的地区,如果发生某一家或某几家劳动力密集型大企业发生大规模欠薪,欠薪保障基金可能会被一夜垫空而导致空账运行或者财政负担过重。

与不适格的用工主体或个体工商户形成劳动关系的劳动者是否也享有申请欠薪垫付的权利,这也是欠薪保障制度在制定和实施过程中要解决的一个

---

[1] 宋伟:《专家建议设欠薪保障基金,举法律之剑保工人薪酬》,《人民日报》2009年2月4日。

棘手问题。由于这部分劳动关系比较脆弱,往往缺乏有效的劳动合同以及证明劳动关系存在的证据,由基金给予垫付手续将很难补全。但是,这一劳动关系中的劳动者权利又是最容易被侵犯的对象,欠薪问题在这类劳动关系中存在比例较高。能否将这部分劳动者也纳入欠薪垫付的对象,决定着欠薪保障金制度实际作用的发挥。

5. 欠薪保障金是着眼于事后补救的制度,是用人单位损害了劳动者权益行为发生之后,对劳动者有限的救济。从本质来说,现行的欠薪保障基金制度采取的事后有限垫付做法,只是治标的手段,无法真正起到遏制欠薪发生的作用。目前,劳动行政部门存在这样的倾向,把更多的精力用在对欠薪事件发生之后的处理上,例如设立欠薪保障金,建议恶意欠薪入罪。而不重视对于欠薪的事前预警和预防,从源头尽量避免欠薪的发生。如果欠薪保障金制度真正得到实施,重视事前监督的劳动行政理念将可能进一步被淡化,这对于破解欠薪顽疾将是有害的。①

(二)赞成欠薪保障基金制度的主要观点

用人单位欠薪确实是老大难问题,长期损害劳工权益,引发各种争端,容易造成社会隐患,威胁正常的社会秩序。

1. 单个劳动者的弱势地位和工资支付的滞后性,使得构建欠薪保障基金制度成为极为有意义的一项制度设计。对劳动者来说,以一己之力追讨欠薪时往往遇到重重困难,导致社会仇恨的累积。限于这样那样的不足,劳动行政部门及法院对劳工欠薪的惩戒力度小于预期。在这种情况下,强化行政干预,预先收取保障费,缓冲和降低欠薪的风险,对维护劳工权益应该能产生作用。②

2. 我国台湾和香港两地区欠薪基金制度的成功经验可以为我国制定欠薪保障立法提供借鉴经验。我国台湾和香港两地区的欠薪保障基金,设立二十多年来,成功实现了基金良性运行,化解了欠薪的尖锐矛盾。值得我国在设计全国性推行的欠薪保障基金制度时借鉴。

---

① 陈宇:《欠薪保障金制度能否破解欠薪难题》,《南方都市报》2009 年 6 月 9 日。

② 宋伟:《专家建议设欠薪保障基金,举法律之剑保工人薪酬》,《人民日报》2009 年 2 月 4 日。

　　3. 我国各地已经施行或正在起草的欠薪保障基金制度,为我国全面推行欠薪保障制度提供了立法经验。其中值得关注的当然是深圳市和上海市。广州市人大内务司法委员会 2009 年 10 月 13 日提交《关于广州市中院劳动争议案审判工作情况的调研报告》建议,设立劳动争议保障基金,考虑由政府设立财政统一拨付、由民政部门或总工会统一管理,以保障劳动债权的支付,避免部分劳动债权无法落实而引发的社会矛盾。该报告提出,基金的使用条件限定为用人单位经营困难无力发放工资,或者长期拖欠工人工资且用人单位负责人逃逸,并严重影响到工人的基本生活,工人集体讨薪等情形。①

　　总之,无论是反对还是赞成建立全国性或全国示范性欠薪保障金制度、或者设计省级欠薪保障基金制度,应当慎重评估它将要产生的影响。不仅要考虑劳工和用人单位两个纬度,还要考虑管理机构的运行费用和管理实效。从深圳市和上海市建立欠薪保障基金制度十多年来,基金收支数据没有完整、系统地向公众公开的实情,在制定全国范围内的欠薪保障基金制度时,我们要更加谨慎为妥。

　　保护劳工与兼顾用人单位利益应该是这一制度妥当性的衡量标准。借助欠薪现象这个社会问题,有关部门运用公权力当然地增加了用人单位新的负担。由此,劳工、用人单位和政府三者之间的利益或将被再次调整。公正公平不再仅仅是对欠薪劳工的回应,也上升为政府对用人单位的责任。②

三、欠薪保障基金制度的立法模式

　　基于上述对欠薪保障基金制度立法权限和制度利弊存废的讨论,构建我国欠薪保障基金制度的另一个关键问题是立法模式的选择问题。

　　大致有以下几种思路可以作为讨论的"方案":第一种方案是由国家立法机关即全国人大或全国人大常委会制定全国性强制推行的欠薪保障基金法律,全国统一适用。第二种方案是由全国人大或全国人大常委会制定可供各

---

　　① 《市人大建议设劳动争议保障基金》,《南方都市报》2009 年 10 月 14 日。从媒体转述的这份报告来看,没有提到向用人单位征收欠薪保障费,而是由财政来垫付欠薪,虽然不违反《立法法》有关立法权限的规定,但会使广州财政增加一项不确定的负担。

　　② 《建立欠薪保障金须平衡劳资权益》,《南方都市报》2009 年 6 月 6 日。

地自由选择适用的示范法,各地根据示范法选择适用,并制定各地的变通实施规定。第三种方案是由全国人大或全国人大常委会授权各省、自治区、直辖市制定各自的欠薪保障基金地方法规。

笔者认为,第三种方案不符合我国《立法法》第 8 条和第 65 条的立法权限规定,属于不可采用的方案。笔者在前面论述我国深圳市和上海市的地方欠薪保障基金立法时已经提及,除了经济特区有《立法法》相应的授权立法条款外,其他非经济特区涉及对非国有财产的征收、征用等立法,应当由国家立法机关立法。

至于第一种方案,涉及的一个问题为欠薪保障基金是在省级征收和垫付,还是设立全国性的欠薪保障基金、实行全国范围的征收和垫付(例如由国家税务系统征收和办理垫付)? 要一步到位实行全国性的征收和垫付是不现实的,由于我国各省、自治区、直辖市的劳动就业和欠薪情况地区差异悬殊,会抑制地方的征收和垫付积极性。欠薪保障费不像社会保险费,欠薪保障基金与社会保险金也有别,一般不会产生像社会保险的转移和接续的问题。欠薪保障基金一般归属用人单位所在区域的政府欠薪保障基金机构管理,欠薪主要影响到劳动者本人生存和发展及其家属生活,波及劳动者工作所在地的社会安全和稳定问题。但是,当用人单位迁移,其全部或部分员工一并随用人单位转移时,就会涉及用人单位在原注册地或主要办事机构所在地已经缴纳的欠薪保障费的问题,进而会影响其所属劳动者能否获得垫付问题。

笔者主张在现阶段采取第二种方案,即由全国人大或全国人大常委会制定可供各地自由选择适用的示范法,授权各地在示范法的框架下制定各地的具体规定。这一方案既符合我国《立法法》规定对非国有财产征收需要制定法律的强制性规范,又允许各地有选择是否实行欠薪保障基金制度的自主权,兼顾各地实际情况,避免立法一刀切。在我国采取示范法的做法是一个尝试和先例,没有前例可循。但是我国过去制定法律曾采取的"试行法"方式,例如我国 1982 年 3 月 8 日通过、自 1982 年 10 月 1 日起试行的《中华人民共和国民事诉讼法(试行)》,一直采取"试行法"的方式,到了 1991 年 4 月 9 日才正式修订通过为"正式法",也是我国立法史的一个参考。当然,当年的"试行法"是基于立法的慎重和技术考虑,而本书建议的"示范法"是基于我国将长期存在的地区差异主动采取的制度选择策略。

第四章　欠薪保障救济制度研究

除了建立欠薪后应急救济、有限垫付的欠薪保障基金制度外,解决欠薪问题的长效机制还需要构建协同发挥作用的其他欠薪保障救济制度。这些协同发挥作用的欠薪保障救济制度主要有:工资优先权救济制度,欠薪支付令救济制度,调解救济制度,劳动监察救济制度,等等。这些欠薪保障救济制度与欠薪保障基金制度一起协同促进用人单位和劳动者在权利、义务与责任上的平衡,可以发挥遏止用人单位恶意欠薪的功能,保障劳动者的生存权和发展权。

第一节　欠薪调解救济制度

实现权利的方式是多种的,在欠薪事件发生后,劳动者可以通过调解机制寻求救济,也可以通过劳动监察机制寻求救济;在设立了欠薪保障基金制度的地区发生用人单位欠薪的,劳动者在符合欠薪垫付申请的情形下,还可以依规定申请获得部分欠薪的有限垫付。

但是,当无法通过上述机制获得有效救济或者救济不足时,劳动者可以通过劳动争议仲裁和诉讼寻求救济,然而通过劳动争议仲裁和诉讼的"一裁两审"机制来寻求救济是相对费时费力的准司法和司法救济机制,即使在仲裁和诉讼中获得胜诉裁决,也可能实际不能得到执行。

因此,从理论上讲,通过调解处理欠薪的救济制度是一种可能更有效并为当事人接受的机制。

一、权利救济制度概述

虽然,"私力救济与人类社会相伴而生,在国家和法院出现前,人们完全依靠私力救济解决纠纷。公力救济产生于私力救济的夹缝中,从私力救济到公力救济的演变是一个漫长而交错的过程,两者既相互对立,也交错互补。"①

但是,随着罗马法的发达,尤其以查士丁尼著《法学总论——法学阶梯》为大成,使得公力救济在罗马时代占了重要地位。罗马诉讼程序从法定诉讼、程式诉讼到非常程序的发展,是一部从私力救济走向公力救济、从私力救济占重要地位到比较完全的公力救济的发展史。②

而在当今社会,欠薪问题被作为一个事关社会公共安全和维系劳动者及其家属生存权的社会公共问题,不再是单纯的私人利益之间的关系,通过私力救济来解决欠薪只能是公力救济和社会救济中的夹缝或者是某种补充。

除了传统的典型国家公权力及其机构来干预和解决劳动关系问题,我国从立法、司法到理论极为重视社会化的解决劳动关系机制,尤其以劳动争议进入仲裁和诉讼前的调解为突出。

我国劳动法体系中的调解程序是由独立的第三方来主持解决争议当事人的纠纷,这种调解不是指劳动争议仲裁机构和法院内的调解程序,而是指社会组织所进行的非公权力程序,这是我国劳动争议处理的一个极为重要的特点。我们可以将劳动争议的独立调解程序看作社会救济机制,是一种介于公力救济与私力救济的第三种救济手段。

二、调解救济制度沿革

探寻欠薪问题的调解这种社会救济制度,可以通过追寻劳工法律的历史保护路径来观察我国现行《劳动争议调解仲裁法》对"调解"机制的设置。

（一）国民党统治区的劳资争议调解制度

1928 年 6 月中华民国政府公布了"劳动争议处理法"③,该法历经 1930年、1932 年、1943 年、1988 年、2000 年、2002 年修正,在台湾地区适用至今。该法第二章专设"调解"。根据我国台湾现行的该法第 9 条规定,劳资争议当事人申请调解程序时,应向直辖市或县(市)主管机关提出调解申请书。权利

---

① 徐昕:《论私力救济》,中国政法大学出版社 2005 年版,第 6 页。
② 周枬:《罗马法原论》,商务印书馆 1994 年版,第 926 页。
③ 参见台湾劳动法学会主编:《劳动圣经——经典劳动六法》,台湾新学林出版股份有限公司 2008 年版,第 242 页。

事项劳资争议①之当事人为个别劳工者,得委任其所属工会申请调解。主管机关对于劳资争议认为必要时,得依职权交付调解,并通知劳资争议当事人。该条既允许当事人自愿申请调解,也规定主管机关依职权交付调解,体现了重调解途径处理争议的立法意旨。从台湾"劳动争议处理法"的规定看,调解是在主管机关主持下进行的独立于仲裁的一种程序。直辖市或县(市)主管机关,应于接到当事人申请调解或依职权交付调解之日起 7 日内,组成劳资争议调解委员会处理争议。劳资争议调解委员会置委员 3 人或 5 人,由以下代表组成并由直辖市、县(市)主管机关代表中 1 人为主席:主管机关指派 1 人或 3 人,当事人双方各选 1 人。争议当事人应在接到主管机关通知之日起 3 日内各自选定调解委员,并将调解委员的姓名、性别、年龄、职业及住所或居所具报。逾期不具报的,主管机关得依职权代为指定。劳资争议经调解成立的,视为争议当事人之间的契约;当事人一方为劳工团体时,视为当事人之间的团体契约。这种选定调解委员及将调解协议作为一种契约对待的机制和理念,尊重了当事人的意愿,容易使当事人接受调解方式处理争议和接受调解结果,值得我国在重构调解机制时借鉴。对于调解与仲裁的衔接,该法第 24 条规定,调整事项的劳动争议,调解不成立者,经争议当事人双方申请,应交付劳资争议仲裁委员会仲裁。主管机关认为情节重大有交付仲裁必要时,得依职权交付仲裁,并通知劳资争议当事人。调整事项的劳资争议,经当事人双方同意,得不经调解,迳付仲裁。

(二)革命根据地劳动法中的调解制度

1931 年 12 月 1 日颁布的《中华苏维埃共和国劳动法》第 72 条规定:"凡违犯劳动法的案件以及劳资的纠纷,或由人民法院的劳动法庭判决强制执行之,或由劳资双方代表所组成的评判委员会及设在劳动部的仲裁委员会以和平解决之。"②该法规定了由劳资双方的代表组成的"评判委员会"以及在政

---

① 台湾"劳资争议处理法"第 4 条规定:"本法所称劳资争议,为劳资权利事项与调整事项之争议。权利事项之劳资争议,系指劳资双方当事人基于法令、团体协约、劳动契约之规定所为权利义务之争议。调整事项之劳资争议,系指劳资双方当事人对于劳动条件主张继续维持或变更之争议。"

② 韩延龙、常兆儒编:《中国新民主主义革命时期根据地法制文献选编》第 4 卷,中国社会科学出版社 1984 年版,第 582—583 页。

府劳动部设置的仲裁委员会,和由人民法院劳动法庭作出判决、强制执行来解决劳资纠纷的救济机制,强调"和平"解决争议。1933 年 10 月 15 日颁布的《中华苏维埃共和国劳动法》在 1931 年颁布的法律基础上进行了较大修改、增加了超过 1/3 的条文,1933 年修改颁布的劳动法第 120 条规定,各机关、各企业或商店与被雇人间,因为各种劳动条件的问题发生争议和冲突时,各级劳动部在当事人双方同意时,得进行调解及仲裁。但在发生重大争议时,即无当事人的双方同意,各级劳动部门亦得进行仲裁。第 121 条规定,在国有企业,国家机关以及合作社企业中,得由管理部及职工会工厂作坊的支部委员会,各派同等数目的代表,组织工资争议委员会。工资争议委员会的职务如下:(一)评定该企业或机关中工人、职员应得工资的额数;(二)解决管理部与工人、职员间因执行劳动法令及集体合同所发生的争执;(三)工资争议委员会的决定,须得双方同意,如工资争议委员会不能解决的案件,即提交劳动部所属的机关或劳动法庭办理。① 抗日战争时期,《陕甘宁边区劳动保护条例(草案)》第 46 条和第 47 条的规定,继受了 1933 年劳动法的规定,但将"工资争议委员会"扩改为"劳资争议委员会"。② 1949 年 7 月全国工会工作会议上通过了中华全国总工会关于劳资关系问题的三个文件,其中《劳动争议解决程序的暂行规定》第 2 条规定:"一切公营、私营企业及合作社经营的企业中之劳动争议,均按本规定之程序处理之。"该办法的第 6 条规定:"劳动争议解决之第一步骤为双方协商,第二步骤为劳动局之调解,第三步骤为劳动局组织的仲裁委员会之仲裁。甲、公营企业与合作社经营的企业内之劳动争议,如不能在本企业内协商解决,由各该企业之上级工会与上级企业主管机关协商解决之。再不能解决时,得提请与该上级工会及上级企业主管机关相当之人民政府劳动局调解或仲裁之。乙、私营企业内之劳资争议,首先由该企业之工会组织与业主双方自行协商解决之。如不能解决时,得由该行业之工会组织及同业工会派出代表参加协商解决之。如协商仍不能成立,可申请劳动局调解或

---

① 韩延龙、常兆儒编:《中国新民主主义革命时期根据地法制文献选编》第 4 卷,中国社会科学出版社 1984 年版,第 609—610 页。

② 韩延龙、常兆儒编:《中国新民主主义革命时期根据地法制文献选编》第 4 卷,中国社会科学出版社 1984 年版,第 648—649 页。

仲裁解决之。"①

（三）新中国成立后三十年劳动法中的调解制度

1949 年 10 月 1 日新中国成立以后至 1978 年 12 月中国共产党第十一届三中全会召开前这一特殊时期，我国的劳动争议处理机制可分为两个阶段。第一个阶段是 1949 年 10 月至 1965 年，在这一阶段，我国先后制定了《中华全国总工会关于劳资关系暂行处理办法》、《省市劳动局暂行组织条例》、《市劳动争议仲裁委员会组织及工作规则》、《工会法》；特别是政务院批准了《劳动部关于劳动争议解决程序的规定》，它要求通过以下程序来解决劳动争议：一、先通过当事人之间的协议；二、由上级机关、工会、同业公会进行协商；三、由当地劳动行政机关调解；四、由劳动争议仲裁委员会仲裁；五、法院判决。这一阶段，十分重视人民内部事务的调解处理，1954 年 3 月 22 日公布施行了《人民调解委员会暂行组织通则》，规定由群众性自治组织的人民调解委员会进行的调解，不采纳前置主义，调解达成的协议不能强制执行。② 第二个阶段是 1966 年"文化大革命"开始至 1978 年 12 月，这一阶段我国包括劳动法在内的各项法制建设陷入停滞和混乱。

（四）改革开放后三十年劳动法中的调解制度

1978 年 12 月中国共产党第十一届三中全会召开后，我国进入各项法制恢复建设阶段，各项法律制度十分重视调解活动，颁行了一系列民事调解的法律、法令，特别是 1989 年 6 月 17 日公布、施行的《人民调解委员会组织条例》，该条例取代原 1954 年 3 月 22 日公布、施行的《人民调解委员会暂行组织通则》，对解决纠纷的基层调解组织作了完善。在劳动争议的调解机制方面，1993 年 7 月 6 日国务院发布、8 月 1 日起施行的《企业劳动争议处理条例》取

---

① 特别需要指出的是，在该文件中开始使用"劳动争议"，而不是使用另两个文件《关于劳资关系暂行处理办法》和《关于私营工商企业劳资关系订立集体合同的暂行办法》中延续使用的"劳资关系"、"劳资争议"。只是该处又出现了"劳资争议"的表述，与该办法的第二条"一切公营、私营企业及合作社经营的企业中之劳动争议，均按本规定之程序处理之"的"劳动争议"表述不一致。韩延龙、常兆儒编：《中国新民主主义革命时期根据地法制文献选编》第 4 卷，中国社会科学出版社 1984 年版，第 784—785 页。

② ［日］高见泽磨：《现代中国的纠纷与法》，何勤华、李秀清、曲阳译，法律出版社 2003 年版，第 31 页。

代了 1987 年 7 月 31 日国务院发布的《国营企业劳动争议处理暂行规定》①，这一条例确立了企业劳动争议内部调解制度，规定了企业劳动争议调解委员会的组织形式及调解规则。1994 年 7 月 5 日通过、1995 年 1 月 1 日施行的《中华人民共和国劳动法》对企业劳动争议调解制度再次进行了确认和完善，并且把调解原则扩大到劳动争议仲裁和诉讼程序。1995 年 8 月 17 日全国总工会印发的《工会参与劳动争议处理试行办法》，用第三章共 8 个条文规定了工会参与劳动争议调解委员会调解工作的程序和办法。2007 年 12 月 29 日通过、2008 年 5 月 1 日施行的《劳动争议调解仲裁法》在《劳动法》和《企业劳动争议处理条例》的基础上，对已有的劳动争议调解制度进行了完善，较为系统、全面地建立了具有中国特色的劳动争议调解制度。特别是我国于 2010 年 8 月 28 日通过、自 2011 年 1 月 1 日起施行的《人民调解法》更是将我国现实中的人民调解制度通过国家法律系统地加以规定。

可见，上述法律、法规、法令中确立的调解机制，反映了不论是国民党统治区的劳动法，还是中国共产党领导下的革命根据地劳动法，以及新中国成立后的劳动法，均重视通过调解机制解决劳资争议或劳动争议，具有制度的传承。虽然这些规范中的调解程序有公权力主持下的公法救济或者公权力救济色彩，但均规定了劳动者与企业一方参与调解的机制；特别是"劳动争议处理法"规定劳动者和资方各选 1 名调解委员的调解处理机制，体现了劳资参与共决的因素。

三、我国现行劳动法律调解制度与欠薪保障

根据我国现行《劳动争议调解仲裁法》的规定，我国的劳动争议处理实行"调解、仲裁、诉讼"的"一调一裁两审"处理程序，即劳动争议发生后，当事人可以向劳动争议调解机构申请调解，调解不成，当事人一方要求仲裁的，可以向劳动争议仲裁委员会申请仲裁。当事人一方也可以直接向劳动争议仲裁委员会申请仲裁。除了该法第 47 条规定的一部分"有限的一裁终局"案件只有劳动者一方可以起诉、用人单位不能起诉外，对仲裁裁决不服的，可以向人民

① 中华全国总工会法律工作部：《〈中华人民共和国劳动法〉配套法规规章》，中国工人出版社 1995 年版，第 228 页。

法院提起诉讼。

（一）我国劳动争议调解的种类

我国现行劳动法律语境下,通常将劳动争议分为个别劳动争议和集体劳动争议两类,欠薪争议也可以对应地作此区分。个别劳动争议是指劳动者一方不足法定的集体争议人数,争议标的不同并由个别劳动者直接提出申诉的劳动争议;集体劳动争议是指劳动者一方当事人在 10 人以上,并有共同诉求的劳动争议。因此,劳动争议调解相应地分为个别劳动争议调解和集体劳动争议调解,这两类调解的具体机制存在差异。

我国《劳动争议调解仲裁法》第 7 条对推举代表参加劳动争议处理活动作出了规定,但没有具体的程序规定。根据该条要求,发生劳动争议的劳动者一方在 10 人以上,有共同请求的,可以推举代表参加调解、仲裁或者诉讼活动。这是一个指引性的规范,不是一个强制性规范,对人数众多的劳动争议,如果劳动者不愿意推举代表或者推举不出代表处理争议,显然不能强制推举,这会引起劳动争议处理的一些麻烦。但基于尊重劳动者意愿和民主程序,采取指引性规范是一个比较稳妥的做法。

而集体劳动合同争议的调解,根据我国《劳动法》第 84 条的规定,由劳动争议协调处理机构协调处理因签订或履行集体合同发生争议。根据我国《集体合同规定》,县级以上人民政府劳动行政部门是受理和协调处理签订集体合同争议的日常工作机构,对签订集体合同争议进行协调处理。

可见劳动争议的调解和集体合同签订、履行中的调解是由不同的法律来规范调整的。目前对劳动争议的调解是否包括对履行集体合同争议进行调解,尚需通过法律解释或由法律作出明确规定。

（二）我国的劳动争议调解组织

1. 我国劳动争议调解组织的种类

根据我国《劳动争议调解仲裁法》第 10 条的规定,我国劳动争议调解组织有企业劳动争议调解委员会,依法设立的基层人民调解组织,在乡镇、街道设立的具有劳动争议调解职能的组织这三种调解组织。从立法上扩大了受理劳动争议调解的组织,不再是过去单一的企业劳动争议调解委员会,并允许当事人按自己意愿进行选择。

2. 我国劳动争议调解组织的基本特点

第一，调解对象的特定性。当事人双方分别是用人单位与所属劳动者。"用人单位"和"劳动者"具有特定含义。依照《劳动合同法》的规定，"用人单位"有四种情况，即企业、个体经济组织、民办非企业单位以及与劳动者建立劳动关系的国家机关、事业单位、社会团体。"劳动者"也有特定的含义，是指符合国家劳动年龄的公民，成为用人单位的一个内部成员，在经济上与用人单位形成从属性、在身份上与用人单位形成从属性的关系。上述双方发生劳动争议，提请劳动争议调解组织调解的，劳动争议调解机构应当组织调解。《劳动法》没有"农民工"、"临时工"或"轮换工"等概念，凡是从属于用人单位的劳动者与用人单位之间发生的属于《劳动争议调解仲裁法》第2条规定的劳动争议，均应按照《劳动争议调解仲裁法》来处理。

第二，受理劳动争议的范围具有法定性。根据《劳动法》、《劳动争议调解仲裁法》的有关规定，主要包括以下五种类型加上兜底情形：(1)因确认劳动关系发生的争议；(2)因订立、履行、变更、解除和终止劳动合同发生的争议；(3)因除名、辞退和辞职、离职发生的争议；(4)因工作时间、休息休假、社会保险、福利、培训以及劳动保护发生的争议；(5)因劳动报酬、工伤医疗费、经济补偿或者赔偿金等发生的争议；(6)法律、法规规定的其他劳动争议。可见，欠薪争议属于调解组织受理的范围。

(三)我国调解救济制度的独特价值及其完善

我国现行的劳动争议调解机制改变了长期以来企业内部设立的单一劳动调解机构机制，考虑到尽可能地把劳动争议解决在基层，妥善化解劳动者和用人单位矛盾的现实需要，继受我国处理劳动争议案件注重调解的制度传统，增加了受理劳动争议调解的其他社会性机构，例如基层的人民调解委员会、村民委员会和居民委员会内设的调解组织、乡镇的司法服务调解机构(如，司法所)，等等。

研究我国调解制度的日本学者认为："中华人民共和国的纠纷解决以调解为轴心，即使是调解以外的制度，其存在的方式也具有调解的性质。由通过说理来解决纠纷的第三者(说理者)和被劝说后从心底里服从的当事人(心服者)一起来演戏的情景，就是中国解决纠纷的具体画面。"①我国劳动争议调解

---

① ［日］高见泽磨：《现代中国的纠纷与法》，何勤华、李秀清、曲阳译，法律出版社2003年版，第73页。

制度一直延续并不断发展的历史印证了这项制度的独特价值。

现行的劳动争议调解机制,对解决劳动争议中的重头戏"欠薪"问题,有十分重要而独特的价值:第一,由于劳动关系双方的利益差异甚至冲突,劳动争议的发生不可避免,其中欠薪的劳动争议大幅度增加。劳动争议调解制度为欠薪争议当事人开通了非诉解决的渠道,使欠薪等劳动争议能让当事人有选择处理纠纷的法定人数之人员,遵循自愿、公正和合法原则,有利纠纷解决。第二,欠薪争议有其产生和存在的复杂性和长期性,但如不及时妥当处理,危害非常大,尤其是涉及欠薪、事关劳动者温饱生存的权益,处理不好必然累积劳动者对社会的仇恨和引发激烈冲突事件。因此,通过调解及时处理好欠薪争议,妥善解决用人单位与劳动者之间的矛盾,有助于促进劳动关系的和谐稳定。

但是,我国在发挥调解处理欠薪在内的争议方面还需要挖掘其制度功能。我国 2007 年全年劳动争议仲裁结案数 340,030 件,其中仲裁调解 119,436件①,仲裁裁决 149,031 件,其他方式 71,581 件;案外调解案件数 151,902件②。2008 年全国各级劳动争议仲裁机构共办理劳动争议案件 964,000 件(含上年未结争议案件)。其中,当期立案 693,000 件,当期案外调解 237,000件。当期立案的劳动争议案件比上年增长 98.0% ,涉及劳动者 1,214,000人。其中,集体劳动争议案件 22,000 件,涉及劳动者 503,000 人。仲裁机构当期审结案件 623,000 件,结案率为 86% 。年末累积未结案件 104,000 件。③

但我国上述劳动统计数据未能反映出在劳动争议仲裁和诉讼前,通过调解处理的劳动争议情况。我们进行实地抽样调查反映的数据看,劳动争议经仲裁和诉讼前的独立调解这种社会救济制度处理的比例甚低,不足 10% 。这实际上导致大量的包括欠薪在内的劳动争议案件要通过了公权力性质的劳动

---

① 仲裁和诉讼中均可调解结案,因此此处仲裁调解是仲裁阶段的调解,不是非仲裁前的独立调解程序。

② 国家统计局人口和就业统计司、国家人力资源和社会保障部规划财务司编:《中国劳动统计年鉴 2008》,中国统计出版社 2008 年版,第 499 页。

③ 国家人力资源和社会保障部、国家统计局:《2008 年度人力资源和社会保障事业发展统计公报》,2009 年 10 月 5 日访问,http://www. stats. gov. cn/tjgb/qttjgb/qgqttjgb/t20090519_402559984. htm。

仲裁和诉讼来处理。在仲裁和诉讼中,纵然也有一定比例的案件在仲裁或诉讼阶段内以庭内外调解或和解结案,但由于仲裁和诉讼的当事人对抗性和冲突性远比独立调解强,仲裁和诉讼的社会效果与独立的调解结案相比,对化解矛盾、促进和谐的功能不可同日而语。

因此,可以借鉴我国台湾现行"劳动争议处理法"和近现代我国相关法律的调解机制,发挥调解制度在保障劳动者劳动报酬上的功能,主要有四点完善建议:

第一,在调解程序中,允许劳动者和用人单位各选择一名调解员,主管机关选派 1 人或 3 人调解员,相应地我们要建立调解员名册制度,规范调解员的聘选和入册工作,调动劳动争议双方选择调解处理纠纷的积极性。

第二,借鉴我国台湾"劳动争议处理法"区分权利事项和调整事项,权利事项劳动争议的当事人为个别劳动者时,应赋予劳动者有权委托所属工会申请调解。

第三,可以规定主管机关对于劳资争议认为必要时,可以依职权交付调解,并通知劳动争议当事人,使调解成为公权力适当介入的另一种途径。特别是对工资增长等调整事项争议,可以规定依职权交付调解,构建工资集体协商争议的解决平台。

第四,可以借鉴我国台湾"劳动争议处理法"第 37 条的规定,赋予劳动争议调解协议的强制执行效力,避免劳动争议历经"一调一裁两审"的漫长路径和繁琐程序,徒增当事人心理畏惧和处理成本。

第二节　欠薪优先权救济制度

欠薪调解救济制度只是一种处理欠薪的程序性规定,为了增加权利获得救济的可能性,欠薪优先权制度是在破产清算时涉及多种权利冲突情况下,对工资优先获得清偿权利顺位的规定,这是提高工资保障顺位的实体性制度,避免企业主的财产被其他债权分配殆尽而使各种欠薪救济程序性机制丧失其实质意义。

诚如前文已经论及,20 世纪以来迅速的工业化、技术化和城市化,迫使大量原来依靠自给自足的农民、手工业者及其后代成为出卖劳动力为生的无产者,社会出现了各种尖锐的矛盾,特别是有产者与无产者的矛盾,企业主与劳动者的矛盾,以及生产经营者与消费者的矛盾等。大量产业工人随时面临工伤、疾病和失业。自由资本主义时期的私法自治或契约自由受到了严重挑战,特别是1929—1933年世界经济危机和第二次世界大战给人类带来的惨痛教训,使得欧美各国纷纷通过立法加强劳动者的基本生活保障,对劳动者工资在法律上规定了与传统民法不同的优先地位,保障工资有优先于普通债权受偿的地位,以维护劳动者的尊严。毕竟"人及人之尊严是整个法律秩序的最高原则"①。"让每个劳动者各尽所能,各得其所。我们所做的一切,都是为了让人民生活得更加幸福、更有尊严。"②而要保证这一目标的实现,工资优先权制度应是最基本的一项法律保障制度。

一、优先权制度与欠薪保障

通说认为,优先权制度源于古代罗马法。根据罗马法,质权人或抵押权人就标的物出卖的价金有优先受偿的权利。另外,国库关于赋税而取得法定抵押权,妻就夫的财产所取得的法定抵押权,因取得担保物权或保全担保物而发生的债权等,都取得优先权。③ 以罗马法的嫁资制度为例,在罗马法的历史进程中,嫁资制度经历了明显的变迁。在早期罗马法中,丈夫获得对于全部嫁资财产的所有权;而在优士丁尼时代,妻子对丈夫的所有财产实行默示抵押,这种抵押虽然最初只是从婚姻缔结之日起享有优先权,后来却被允许优于在结婚前设立的担保。④

罗马法之后,近代大陆法系各国对优先权制度的继受形成了一个复杂的局面,法国、意大利、日本、比利时、荷兰等国家,先后在民法典中规定了优先权制度。德国虽然深受罗马民法影响,但民法典中没有系统规定优先权,对优先权制度的主要规定在特别法的破产法中。法国在其民法典和劳动法典中对优

---

① 王泽鉴:《民法总则》(增订版),中国政法大学出版社2001年版,第35页。

② 温家宝:《在2010年春节团拜会上的讲话(2010年2月12日)》,《人民日报》2010年2月13日。

③ 谢邦宇主编:《罗马法》,北京大学出版社1990年版,第233页。

④ 〔英〕巴里·尼古拉斯:《罗马法概论》,黄风译,法律出版社2000年版,第90—91页。

先权制度作了详细规定①。意大利民法典对基于先取特权、质权和抵押权产生的优先权作了系统的规定。我国台湾地区在海商法、渔业法、矿业法、民用航空法等法律中规定了抵押的优先权②,在"破产法"、"劳动基准法"中规定了劳动债权优先权③。各个国家和地区在民法、破产法、劳动法等法律中规定的优先权种类和内容有所不同。

1804 年通过、历经后世不断修改但实施至今的《法国民法典》第 2095 条规定:"优先权是指,依据债权的性质,给予某一债权人先于其他债权人,甚至先于抵押权人,受清偿的权利。"第 2101 条第 4 项将受雇人员在过去的一年以及当年的报酬、薪金,雇员与学徒最近 6 个月的工资列为对一般动产享有优先权的债权,第 2104 条第 2 项又将受雇人员当年与已过去的一年的报酬、薪金,雇员与学徒最近 6 个月的工资列为对一般不动产享有优先权的债权。据此,债务人以其全部财产(包括动产和不动产)对其雇员一定期间内的工资债权承担优先清偿责任。第 2105 条则规定,在没有动产的情况下,第 2104 条所列举的有优先权的债权人,提出同其他对不动产有优先权的债权人一起就该不动产的价款受偿时,第 2104 条的优先债权先于其他优先权债权人并按第 2104 条规定的顺位受偿。④ 这一规定表明,只有在动产不足以对劳动债权人予以清偿时,一定期限内的工资优先权才延伸适用于不动产,并优先于不动产担保物权人。相应地,《法国劳动法典》第 143—7 条规定,受薪雇员及学徒的工资债权,依《民法典》第 2101 条第 4 项及第 2104 条第 2 项规定的条件,对债务人的动产及不动产拥有优先权。⑤ 从上述的规定还可以看出,有关法国工资优先权的性质是优先物权还是优先债权的讨论没有实质意义⑥,因为工资

---

① 对法国工资优先权制度,我国有学者作了不少论述,例如于海涌:《法国工资优先权制度研究——兼论我国工资保护制度的完善》,《中山大学学报(社会科学版)》2006 年第 1 期。故本书选择我国学者关注论述较少,但集民法和劳动法于一体的意大利民法典规定的优先权制度探讨制度沿革。

② 谢在全:《民法物权法论》下册,中国政法大学出版社 1999 年版,第 546 页。

③ 黄越钦:《劳动法新论》(修订三版),台北翰芦图书出版有限公司 2006 年版,第 312 页。

④ 参见罗结珍译:《法国民法典》,中国法制出版社 1999 年版,第 474—482 页。

⑤ 参见罗结珍译:《法国劳动法典》,国际文化出版公司 1996 年版,第 110 页。

⑥ 我国有学者对"劳动报酬优先权的性质"作了系统梳理。参见胡玉浪:《劳动报酬权研究》,知识产权出版社 2009 年版,第 210—222 页。

优先权的实质是一项法定优先权,其设置的原因不是从物权与债权、担保物权与担保债权区分的角度规定的,更多是从工资的特殊社会属性角度考虑而通过法律特别设置的。

意大利 1942 年通过、1944 年大幅度修改后的《意大利民法典》第四编调整的是债、第五编调整的是劳动、第六编调整的是权利的保护,废除了商法典,将民法和商法统一起来并努力处理企业和集体契约问题,并在第六编的第三章规定了财产责任、优先权的原因和财产担保的保护方法。在对民法和商法加以统一时,给予债务人以优先保护的"有利于债务人原则"受到严重削弱。商法的发展曾经以罗马法为基础,但是,这种发展是在中世纪的商人组织中实现的,这些商人在经济权利方面和有关的商务领域基本上是平等的,当时的商法在其内部未规定对契约中弱方的保护。在《民法典》实行的统一中,继之出现了以实质性平等为前提条件的前景,这种前景还因国家在一定程度上居间保障这样的平等而得到强化,并且随之创造出一种特别的劳动法,给予作为契约弱方的劳动者以特殊的保护;在以后的时期,它还给予消费者以一种特别的权利,也发挥着保护另一种契约弱方的职能。①

根据《意大利民法典》第 2741 条、第 2745 条的规定,诸债权人对债务人的财产享有同等的受偿权,但是,有优先权法定原因的除外。优先权的法定原因有先取特权、质权、抵押权。先取特权是法律鉴于债权原因而赋予。但是,法律规定的先取特权的设立,得基于当事人的合意;亦得基于公示的特别形式。先取特权有一般先取特权或者特殊先取特权。一般先取特权适用于债务人的所有动产,特殊先取特权适用于特定动产或者特定不动产。

根据《意大利民法典》第 2751 条附加条、第 2753 条、第 2754 条、第 2757 条的规定,对动产享有一般先取特权且与劳动债权有关的主要有:1. 属于雇员的任何形式的应当报酬和因终止劳动关系的效力而应得的全部补偿,以及因雇主少付报酬而遭受的损失、法定社会保障金和保险金的雇员的债权以及因无效的或者可撤销的解雇所产生的损害赔偿的债权。2. 自由职业者和其他任何从事智力创造的人在提供服务的最后两年内的酬金。3. 基于代理关系应得的提供服务的最后一年的佣金和因解除该代理关系所应给予的赔偿。

---

① 费安玲、丁玫译:《意大利民法典》,中国政法大学出版社 1997 年版,第 5 页。

4. 因未向经营残废、年老和生存责任强制保险的机构、团体或者专门组织以及其替代机构或补充机构交纳保险费而产生的债权,对雇主的动产享有一般先取特权。

当动产不足清偿劳动债权的情况下,《意大利民法典》第 2776 条规定:"在对动产的执行没有结果的情况下,终止劳动关系情况下应当享有的待遇及第 2118 条规定的获得补偿的债权优先于无担保债权对不动产的价款享有补偿清偿权。""除前款的规定外,第 2751 条和第 2751 条附加条规定的债权,对第 2753 条规定的经营残废、年老和生存责任强制保险的机构,团体或专门基金会包括其替代或者补充者的债权,在动产的执行没有结果的情况下,在前款规定的债权之后,本款所述债权优先于无担保债权对不动产的价款享有补偿清偿权。"

当存在多项先取特权的情况下,诉讼费用的债权优先于任何其他债权,即使这些债权设定了质权或抵押权。在诉讼费用之后即为在第 2751 条附加条中规定的有动产一般先取特权的债权,其顺序如下:1. 第 2751 条附加条第 1 项规定的债权;2. 第 2751 条附加条第 2 项和第 3 项规定的债权;3. 第 2751 条附加条第 4 项和第 5 项规定的债权。特别法规定的优先于任何其他债权的先取特权处于诉讼费用先取特权和第 2751 条附加条规定的先取特权之后。上述 1 和 2 的债权实质为劳动债权。

对于除了上述第 2777 条规定的优先权以外,对同一财产诸债权有一般先取特权或者特殊先取特权时,第 2753 条规定的由经营残废、年老和生存责任强制保险的机构、团体或专门基金会包括其替代或者补充者享有的债权行使第一顺序的优先权。①

除了上述的规定外,《意大利民法典》还对农业生产的必要供给和劳动的债权等也规定了优先权。

在国际公约方面。国际劳工组织的《保护工资公约》第 11 条规定,在企业面临破产或者司法清算时,该企业雇佣的工人根据内国法律、法规的规定就破产或者司法清算前一定时期的工资或者一定数额的工资应当享有优先债权

---

① 本节所引《意大利民法典》的条文,均引自费安玲、丁玫译:《意大利民法典》,中国政法大学出版社 1997 年版。

人的地位。构成优先债权的工资,应当在普通债权人提出任何财产清偿请求前全部予以支付。国际劳工组织的《雇主在无偿付能力情况下保护工资债权公约》及相应的建议书对工资债权优先性除了在第 5 条做出一般性规定外,在第 6 条列举了具有优先性的工资债权的范围,至少包括四项内容:(1)工人在雇主丧失偿付能力或者本人雇佣关系终止前一段规定时间内(不得少于 3 个月)因工资而产生的债权;(2)工人在雇主丧失偿付能力或者本人雇佣关系终止的当年和前一年因其从事的工作而应得的假日报酬所产生的债权;(3)工人在雇主丧失偿付能力或者本人雇佣关系终止前因其他形式的有酬缺勤而应得的一段规定时间内(不得少于 3 个月)的工资所产生的债权;(4)工人在本人雇佣关系终止时应得的遣散费。① 第 8 条规定,内国法律或者法规应当给予工人的工资债权优先于其他大多数优先债权的更高位阶,特别是要优先于国家和社会保障系统的优先债权。但是,根据该公约第三部分由一个担保机构保护工人的工资债权的,可以给予受到这种保护的工资债权低于国家和社会保障系统的优先债权的位阶。② 该公约强调在雇主无偿付能力的情况下保护工资债权的重要意义,除了以优先权加强对工资债权的保护以外,还允许采取担保机构的方式。联合国贸易法委员会发布的《统一破产法指南》第 625 条明确指出,在破产分配时可以考虑将工人工资、人身损害赔偿、环境损害赔偿置于有担保债权之前。

二、我国的欠薪优先权制度

欧美国家和我国台湾地区法律、国际劳工组织公约均对工资给予优先保护,虽然其优先权制度的内容各有差异,但基于工资保障劳动者生存及其发展、维护社会安定的重要意义考虑而作出的制度安排宗旨是相类似的。由此,这里先探讨两个问题:第一个问题是,我国对工资债权设定优先权的主要原因有哪些? 第二个问题是,我国法律对工资优先性的制度是如何设计的呢?

---

① 译自 International Labor Organization, *Article 6 of Protection of Workers' Claims* (*Employer's Insolvency*) *Convention*, 1992.

② 译自 International Labor Organization, *Article 8 of Protection of Workers' Claims* (*Employer's Insolvency*) *Convention*, 1992.

对第一个问题,有学者从破产优先权的公共政策基础角度分析了工资债权等的优先权基础。认为赋予工资债权以优先权性质的政策原因包括以下方面:1. 我国劳动力市场供大于需的状况,以及劳动者在劳动合同谈判中的被动地位。2. 工资拖延的客观可能性及相应风险防范手段的先天性欠缺。3. 人力资本分类所决定的转换工作机会很小而固守在原企业并遭受拖欠工资的可能性很大。4. 工作转换的成本代价所决定的职工对企业的"人身依附"现状。5. "工薪阶层"对工资风险的承受能力极为薄弱,一旦被欠薪可能意味着陷入生存的困境。① 上述归纳的五个因素,作为构建我国欠薪优先权制度的理由,是相对充分的。

对第二个问题,考察我国法律,有关欠薪优先权的规定主要是我国于2007 年 6 月 1 日起施行的《中华人民共和国企业破产法》(以下简称《企业破产法》)。相比 2007 年 6 月 1 日废止的 1986 年《中华人民共和国企业破产法(试行)》(以下简称《破产试行法》)和 1991 年 4 日起施行的《中华人民共和国民事诉讼法》关于破产还债程序的规定,《企业破产法》在欠薪保障方面颇费功夫,既吸收了旧法的规定,又设计了一些新规则。我国 1993 年 7 月 1 日起施行的《中华人民共和国海商法》(以下简称《海商法》)对海事劳动债权优先权作了特别规定。2002 年最高人民法院《关于建设工程价款优先受偿权问题的批复》也包括了工资优先权的规范。

在全面修订我国《企业破产法》的过程中,对劳动债权、担保债权与普通债权的关系如何处理,成为当时立法一个重要争议焦点。最终通过的《企业破产法》在多种利益冲突情况下,规定了针对保护欠薪的以下劳动报酬优先权内容②:

(一)保护劳动者权益的基本原则

《企业破产法》在总则第 6 条规定,法院审理破产案件,应当依法保障企业职工的合法权益,依法追究破产企业经营管理人员的法律责任。这是处理破产案件应当贯彻始终的一条基本原则,否则就违背了破产立法的基本宗旨。

---

① 参见韩长印:《破产优先权的公共政策基础》,《中国法学》2002 年第 2 期。

② 本部分以下内容参考了周贤日、杨明媚:《劳动债权与担保债权的冲突与法律协调》,《中国商法年刊(2007)》,但笔者对相关内容作了重新梳理和修改。

（二）职工安置的保护性规定

《企业破产法》第 8 条规定,债务人向法院提出破产申请要提交职工安置预案以及职工工资的支付和社会保险费用的缴纳情况。这是法律对劳动者权益保护的一种特别措施。如果职工安置预案不合理,法院有权做出不予受理的决定。2009 年 5 月 1 日起施行的《中华人民共和国企业国有资产法》第 37 条对国家出资企业的破产应让工会和职工知情、参与的规定对保护劳动债权等劳工权益也是有积极意义的。

（三）劳动债权的主动调查和公示

《企业破产法》第 48 条规定,债权人应当在法院确定的债权申报期限内向管理人申报债权。债务人所欠职工的工资和医疗、伤残补助、抚恤费用,所欠的应当划入职工个人账户的基本养老保险、基本医疗保险费用,以及法律、行政法规规定应当支付给职工的补偿金,不必申报,由管理人调查后列出清单并予以公示。职工对清单记载有异议的,可以要求管理人更正;管理人不予更正的,职工可以向法院提起诉讼。这一条文规定管理人主动调查、列出清单并公示欠薪的制度,使保护劳动债权的规则具有可操作性。

（四）职工债权人选派代表参加债权人会议

被拖欠工资及社保费等款项的职工为债权人,有权选派代表参加债权人会议。《企业破产法》第 59 条第五款规定,债权人会议应当有债务人的职工和工会的代表参加,对有关事项发表意见。虽然这里的职工没有明确是被欠薪的职工,但从法理看,如果有被欠薪的职工,应当首先保证被欠薪职工选派代表参加债权人会议。

（五）劳动债权的优先性保护

《企业破产法》第 113 条规定,破产财产在优先清偿破产费用和共益债务后,首先清偿破产人所欠职工的工资和医疗、伤残补助、抚恤费用,所欠的应当划入职工个人账户的基本养老保险、基本医疗保险费用,以及法律、行政法规规定应当支付给职工的补偿金;其次是清偿破产人欠缴的除前项规定以外的社会保险费用和破产人所欠税款;最后才是清偿普通破产债权。破产财产不足以清偿同一顺序的清偿要求的,按照比例分配。破产企业的董事、监事和高级管理人员的工资按照该企业职工的平均工资计算。但这一条没有进一步明确,当破产财产在优先清偿破产费用和共益债务后,如果不足以清偿:(1)所欠职工的工资和医疗、伤残补助、抚恤费用,(2)所欠的应当划入职工个人账户的基本养老保险、基本医疗保险费用,以及(3)法律、行政法规规定应当支付给职工的补偿金,这三类款项的情况下,如何处理这三者的先后清偿顺序?这是我国法律需要细分的劳动债权优先项目。笔者认为,按照现行法,这三项债权在破产财产不足以清偿时,应当区分先后清偿顺序并按比例清偿,首先应清偿的是所欠职工的工资和已发生但拖欠的医疗、伤残补助、抚恤费用,其次是所欠的应当划入职工个人账户的基本养老保险、基本医疗保险费用,然后才是法律、行政法规规定应当支付给职工的补偿金。

(六)职工代表参加债权人委员会

《企业破产法》第 67 条规定,债权人会议可以决定设立债权人委员会。债权人委员会由债权人会议选任的债权人代表和 1 名债务人的职工代表或者工会代表组成。债权人委员会成员不得超过 9 人。这对增进债权债务处理中的职工知情权和参与权是一个保障性规则。

(七)劳动债权人单独成组参加重整计划草案的讨论和表决

《企业破产法》第 82 条第二项规定,债务人所欠职工的工资和医疗、伤残补助、抚恤费用,所欠的应当划入职工个人账户的基本养老保险、基本医疗保险费用,以及法律、行政法规规定应当支付给职工的补偿金的劳动债权人作为单独一组债权人参加讨论重整计划草案的债权人会议,并对重整计划草案进行表决。

(八)企业职工有权追究企业负责人损害企业的责任

《企业破产法》第 125 条规定,企业董事、监事或者高级管理人员不尽职导致企业破产的,要承担民事责任。第 128 条规定,债务人有《企业破产法》第 31 条、第 32 条、第 33 条规定的行为,损害债权人利益的,债务人的法定代表人和其他直接责任人员依法承担赔偿责任。第 130 条规定,管理人不尽职给债权人、债务人或者第三人造成损失的,要承担赔偿责任。破产企业的职工作为债权人,有权依法追究上述人员的法律责任,要求赔偿。法院对此应当予以支持。

(九)特定国有企业的职工享受政策性破产包括安置在内的特殊规定

《企业破产法》第 133 条规定:"在本法施行前国务院规定的期限和范围内的国有企业实施破产的特殊事宜,按照国务院有关规定办理。"国务院 1994

年10月25日颁布的《关于在若干城市试行国有企业破产有关问题的通知》第1点明确规定,实施企业破产必须首先安置好破产企业职工。国务院1997年3月2日颁布的《关于在若干城市试行国有企业兼并破产和职工再就业有关问题的补充通知》第5点规定,妥善安置破产企业职工。安置破产企业职工的费用,从破产企业依法取得的土地使用权转让所得中拨付。破产企业以土地使用权为抵押物的,其转让所得也应首先用于安置职工,不足以支付的,不足部分从处置无抵押财产、抵押财产所得中依次支付。破产企业财产拍卖所得安置职工仍不足的,按照企业隶属关系,由同级人民政府负担。破产企业参加养老保险、医疗机构基金社会统筹的,离退休职工的离退休费、医疗费由所在试点城市社会养老、医疗保险机构分别从养老保险、医疗保险基金社会统筹中支付。没有参加养老、医疗保险基金社会统筹或者养老保险、医疗保险基金社会统筹不足的,从企业土地使用权出让所得中支付;处置土地使用权所得不足以支付的,不足部分从处置无抵押财产、抵押财产所得中依次支付。

破产企业进入破产程序后,职工的生活费从破产清算费中支付。破产企业财产处置所得,在支付安置职工的费用后,其剩余部分按照《企业破产法》的规定,按比例清偿债务。

国务院颁布的上述两个政策性文件目前仍然有效,属于国务院规定的特定国有企业破产,职工仍然享有欠薪、社会保险费、生活费优先受到保护和得到合理安置的权利。

有学者认为国务院两个通知对安置破产企业职工费用的上述规定,有以下问题:一是将设置抵押的财产用于职工安置,将本应由债务人企业或者国家负担的费用转由债权人承担;二是土地使用权可以用作国有企业的信用财产来扩大其信用,并可作为信用财产用作举债的担保,但最终却不能用作企业的责任财产用来偿债,这项规定带有行政立法对债权人的误导性质;三是抵押权的排他性和优先性是经由我国《民法通则》和《担保法》等法律确定的,并未授权国务院以行政法规或者行政命令形式加以改变,通知违背《立法法》。①

但是,在2007年6月1日《企业破产法》施行后,基于该法第133条肯定了国务院的上述两个通知(行政法规),并且通过该法已经明示了债务人和债

---

① 参见韩长印:《破产优先权的公共政策基础》,《中国法学》2002年第2期。

权人相应的法律规则,对担保债权所作的优先权排除不再存在违背《立法法》和误导担保债权人的问题。

那么,是否可以养老、失业以及医疗等社会保险制度的全面建立为理由,否定职工安置费用优先权呢? 在我国社会保险制度还很不完善的情况下,在处理国有企业破产案件中,还是要将保障工人生存权的一定时期欠薪(包括一定时期的工资、工资性待遇、相当于经济补偿金的安置费、因欠费导致无法获支付的工伤赔偿金纳入优先权范围),而拖欠统筹部分的社会保险费作为次于破产费用、共益债务和担保债权后的优先破产债权,或者与国家税收等国家债权具有同样的优先顺位,比较妥当。

这就涉及在工资债权、社会保险费债权、国家税收债权三者的优先顺序上,基于何种理由进行排序的问题。由于国家凭借公权力征缴统筹的社会保险费和各项税费,其实现能力和程度远比单个弱势的劳动者被迫出卖劳动力而陷入被欠薪、追讨维生之本的欠薪而言更高,虽然国家税费是为了社会公共利益而征收,但国家有足够的力量对抗风险,可以适时调整征缴税费的比例,可以适时动用警察、法庭和监狱对付拒缴税费的企业主;如果不优先保障劳动者维系生存权所依赖的工资,劳动者通过漫长的仲裁、诉讼、执行一系列程序来救济生存的迫切需要,这并不为广大劳动者所认同,势必导致劳动者通过罢工甚至暴力等无奈的手段来维护权益,其成本、代价远比国家牺牲国家税费债权的优先顺位要大,因此有理由将欠薪优先于税费。这两者的上述优先顺序安排也为多数国家民法、劳动法、破产法、税法所采纳。至于侵权行为之债,鉴于其发生的不确定性,可以借助商业保险制度来弥补受害人无法从侵权人处获得赔偿时的救济,而且超过了本书的涵盖范畴。因此,对侵权行为之债,是否需要在破产财产的分配顺序上使侵权行为之债的债权人取得优先于合同之债的债权人的分配顺位,本书不加以探讨。

(十)规定了劳动债权与担保债权的关系

《企业破产法》第132条对劳动债权清偿的顺序问题采取了过渡性做法。这一规定根据劳动债权是在《企业破产法》颁布前或后形成采取不同的处置规则。

《企业破产法》施行后,如果是在2006年8月27日《企业破产法》公布前形成的劳动债权,实质上享有优先于担保债权的绝对优先权利;如果是在

2006 年 8 月 27 日《企业破产法》公布后形成的劳动债权,只享有《企业破产法》第 113 条规定的相对优先权利,不能优先于担保债权。

三、我国《海商法》和其他规范性文件中的劳动债权优先权

（一）我国的"海事劳动债权请求"优先权

我国《海商法》对船长、船员和在船上工作的其他在编人员根据劳动法律、行政法规或者劳动合同所产生的工资、其他劳动报酬、船员遣返费用和社会保险费用的给付请求,具有优先受偿的权利。

该法第 21 条规定,船舶优先权,是指海事请求人依照本法第 22 条的规定,向船舶所有人、光船承租人、船舶经营人提出海事请求,对产生该海事请求的船舶具有优先受偿的权利。第 22 条规定了下列船舶优先权:(一)船长、船员和在船上工作的其他在编人员根据劳动法律、行政法规或者劳动合同所产生的工资、其他劳动报酬、船员遣返费用和社会保险费用的给付请求(以下简称海事劳动债权请求);(二)在船舶营运中发生的人身伤亡的赔偿请求(以下简称海事伤亡赔偿请求);(三)船舶吨税、引航费、港务费和其他港口规费的缴付请求(以下简称海事税费请求);(四)海难救助的救助款项的给付请求(以下简称海事救助款请求);(五)船舶在营运中因侵权行为产生的财产赔偿请求(以下简称海事财产侵权赔偿请求)。载运 2,000 吨以上的散装货油的船舶,持有有效的证书,证明已经进行油污损害民事责任保险或者具有相应的财务保证的,对其造成的油污损害的赔偿请求,不属于前款第(五)项规定的范围。第 23 条对受偿顺序作了规定,本法第 22 条第一款所列各项海事请求,依照顺序受偿,即先后受偿顺序为:海事劳动债权请求——海事伤亡赔偿请求——海事税费请求——海事救助款请求——海事财产侵权赔偿请求。但是,海事救助款,后于海事劳动债权请求、海事伤亡赔偿请求、海事税费请求发生的,应当先于海事劳动债权请求、海事伤亡赔偿请求、海事税费请求受偿。海事劳动债权请求、海事伤亡赔偿请求、海事税费请求、海事财产侵权赔偿请求中有两个以上海事请求的,不分先后,同时受偿;不足受偿的,按照比例受偿。海事救助款请求中有两个以上海事请求的,后发生的先受偿。

同时,我国《海商法》第 24 条规定了诉讼费用和共益债务优先于其他债权而优先拨付。

我国《海商法》对船舶优先权、船舶留置权和船舶抵押权的受偿顺序作了区分,对船舶优先权的行使期间、转移、行使方式和消灭作了规定,明定海事劳动债权请求权优先于船舶留置权和船舶抵押权。这一制度分别见于该法第25条、第26条、第27条、第28条和第29条的规定。

我国《海商法》第30条和第208条还对海事受雇人的赔偿请求不适用海事赔偿责任限制作了规定。

综上,我国《海商法》确立了劳动债权绝对优先制度,劳动债权仅次于诉讼费用和共益债务,但优先于船舶留置权和船舶抵押权等其他债权而受偿。

(二)我国其他规范性文件对劳动债权优先权的规定

除了上述国务院《关于在若干城市试行国有企业破产有关问题的通知》和《关于在若干城市试行国有企业兼并破产和职工再就业有关问题的补充通知》两个规范性文件中对特定国有企业劳动债权优先于动产和不动产担保物权而享有优先权外,我国还有其他一些规范性文件对劳动债权优先权作了规定。

我国1999年10月1日起施行的《中华人民共和国合同法》第286条规定,发包人未按照约定支付价款的,承包人可以催告发包人在合理期限内支付价款。发包人逾期不支付的,除按照建设工程的性质不宜折价、拍卖的以外,承包人可以与发包人协议将该工程折价,也可以申请法院将该工程依法拍卖。建设工程的价款就该工程折价或者拍卖的价款优先受偿。2002年6月27日起施行的最高人民法院《关于建设工程价款优先受偿权问题的批复》中规定,建筑工程的承包人的优先受偿权优于抵押权和其他债权,而且规定建筑工程价款包括承包人为建设工程应当支付的工作人员报酬、材料款等实际支出的费用。由此可见,建筑工人的欠薪应享有优先受偿权。但这一司法解释不是完整严格意义上的法定工资优先权。

国务院办公厅2003年11月22日颁发的《关于切实解决建设领域拖欠工程款问题的通知》(国办发[2003]94号)规定,已获得工程款的建筑业企业,要优先偿付拖欠农民工和工人工资。2004年9月6日起施行的《建设领域农民工工资支付管理暂行办法》(劳社部发[2004]22号)第11条也规定,企业因被拖欠工程款导致拖欠农民工工资的,企业追回的被拖欠工程款,应优先用于支付拖欠的农民工工资。这两个规范性文件的规定,其性质也属于工资优先权范畴。

四、我国《企业破产法》对欠薪保护的缺陷及完善

《企业破产法》即使在程序上和实体上都对劳动者的劳动报酬作了保护性规定,但是到了最后劳动债权并不能如劳动者所愿得到清偿,原因何在?

按照《企业破产法》第113条规定,劳动债权位于其他普通债权之前优先受偿,但是破产财产要首先清偿担保债权,再清偿破产费用与共益债务之后才清偿劳动债权,劳动债权实质是排在第三位的清偿顺序,而不是表面上的第一清偿顺序。

在破产实务中,破产企业在清偿了担保债权、破产费用与共益债务之后,破产财产往往殆尽。更为普遍的情况是,大量的企业在资不抵债的情况下,并没有循《企业破产法》的程序退出市场,而是无序地消失于市场。某些不良企业主利用担保制度转移财产、逃避劳动债权和其他普通债务,规避企业对劳动者应支付的劳动报酬。而破产企业的破产财产在不能清偿破产费用时即要终结破产程序,使得劳动债权落空。而第132条对劳动债权作为最优先权清偿只是过渡性条款,在《企业破产法》公布之日前产生的劳动债权具有特别优先权,但是过渡期后,劳动债权则只能从未担保财产中受偿。故建议设置劳动债权人对担保债权的无效或请求撤销的诉讼权利。当劳动债权人有理由和证据证明破产企业在破产前违法设定担保债权的目的是为逃避劳动债权的,应明确允许劳动债权人依法行使诉讼权利,提出担保行为无效或可撤销的诉讼。

为了避免企业利用《企业破产法》或者其他法律关于担保债权优先劳动债权的规定,利用事前的担保制度转移财产,逃避劳动债权,我国可以借鉴我国香港地区的《破产条例》、《公司条例》和《破产欠薪保障条例》,规定无论是我国《企业破产法》颁布前或后发生的欠薪,均享有法定数额的最优先清偿权利。例如,我国香港地区《破产条例》和《公司条例》特别规定了优先债项限额,即在清盘、破产程序中分配公司余下资产时,须在偿付所有其他债项前,优先偿付不超过2,000港元或1个月工资的代通知金,两者以较小的款额为准。所谓法定数额的最优先权利,就是区别不同性质的劳动债权,仅将关切劳动者最根本利益的部分劳动债权放在担保债权之前优先受偿。建议我国将破产受理裁定前劳动者6个月内被欠且不超过当地社会月平均工资3倍的工资,以

及工伤赔偿中依法应由社会保险金支付的、由于用人单位没有交纳社会保险费又无力支付的部分,优先于担保债权在内的其他债权①。还可以借鉴法国和意大利优先权制度中,将一定期限和一定数额的工资优先权先从债务人动产中获得优先清偿,无动产或动产不足清偿时,才从债务人不动产中获得优先清偿,以合理维持对不动产担保物权的优先保护。

设定这样的规则,既考虑到了担保权人的信赖利益和担保的功能,又对最迫切需要救济的6个月劳动报酬和工伤劳动者进行了救济。合理改造我国现有的优先权制度,又不致过度改变我国现行的《民法通则》、《物权法》和《担保法》等法律对担保物权优先性的规定。作为担保权人在设定担保时就应评估债务人(企业)是否已经存在一定时期的欠薪、是否已依法缴纳工伤保险费,这反过来又可督促用人单位为了获取信贷,采取措施不欠薪、不欠工伤保险费。

同时,规定符合相关要素时,认定破产企业恶意规避劳动债权、虚假设置担保债权的行为无效,从另一角度保护劳动债权。

此外,我国《企业破产法》对担保债权与破产费用、共益债务的优先顺序没有明确规定。从《企业破产法》第43条的规定看,破产费用和共益债务由债务人财产随时清偿。债务人财产不足以清偿所有破产费用和共益债务的,先行清偿破产费用。债务人财产不足以清偿所有破产费用或者共益债务的,按照比例清偿。债务人财产不足以清偿破产费用的,管理人应当提请人民法院终结破产程序。由此可以推断,破产费用和共益债务应优先于担保债权。因此,建议借鉴《意大利民法典》关于诉讼费用优先于一切优先权的规定,明定破产费用、共益债务优先于所有债权,使破产程序衔接得当、顺利进行。这也与我国《海商法》有关诉讼费用和共益债务优先于其他债权的规定一致。而不采纳法国工资的超级优先权制度中劳动债权优先于诉讼费用的做法②。

---

① 我国在2010年10月28日通过的《社会保险法》并于2011年7月1日起施行,该法第41条第1款规定:"职工所在用人单位未依法缴纳工伤保险费,发生工伤事故的,由用人单位支付工伤保险待遇。用人单位不支付的,从工伤保险基金中先行支付。"但目前各地尚没有针对该规定制定具体办法和落实奖金以备实施该规范。

② 有关法国工资优先权制度中一定限额的劳动债权优先于诉讼费用的制度,参见于海涌:《法国工资优先权制度研究——兼论我国工资保护制度的完善》,《中山大学学报》2006年第1期。

如果劳动债权优先于破产费用和共益债务,将使破产清算工作无法开展,为了全体债权人利益而必需的企业维持无法进行,导致实际上所设定的破产、清算制度可能无法执行。

综上,我国现行劳动债权优先权的根本症结是,在虚拟经济无限扩大的互联网、金融和信用社会,由于企业的财产基本用于担保了,在破产清算时,虽然我国《公司法》、《企业破产法》规定了在担保债权(《企业破产法》颁布后的)、破产费用和共益债务后,劳动债权(工资、经济补偿金、赔偿金、各项应当赔付或划给劳动者的社会保险费)优先于其他债权,但是企业实际已没有可供偿付劳动报酬这一保证生存权的财产,这种优先权制度设计实际上与现实问题脱节。现实的问题是,政策性的企业破产最终由财政兜底,这等于企业在清偿了担保债权后,无力支付劳动者的劳动报酬部分,由全体国民担责。申言之,就是用全体国民的纳税为有担保权的债权人担责。企业之所以能运作和创造出可用于设置担保的财产,是因为有劳动者的劳动创造财富,这些由劳动者创造的财富,本来理应先用于保证劳动者的生存之需的劳动报酬,而不允许被全部担保出去用于优先清偿担保债权人。

从社会法的理念和功能看,应当借鉴我国海商法的优先权制度,合理变革传统的民法、担保法体系,使得保障劳动者基本生存之需的一定时限和一定数额的工资优先于担保债权。这虽然与传统民法、担保法的物权优先理念冲突,但这恰恰体现了时代进步,体现了人权优先于物权的社会法理念,这是塑造一个和谐安宁社会的长效机制之一,比起增设恶意欠薪罪,更具有正当性和效益性。社会法的理念有利于塑造社会共赢的共同认识,只有和谐安宁的社会环境,才更有利于激发经营者的投资创业激情,才有利于劳动者提高劳动积极性和激发创造力。

第三节　欠薪支付令救济制度

为了保障劳动者劳动报酬及时得到救济,我国《劳动争议调解仲裁法》规定欠薪争议适用我国1991年4月9日起施行、2007年10月28日修正(修正案自2008年4月1日起施行)的《民事诉讼法》第十七章督促程序的支付令制度。这使我国欠薪保障救济制度增加了另外一种特别机制。如何评价我国欠薪支付令救济制度,也是本书需要探讨的一个问题。

一、欠薪保障与我国支付令制度概述

我国《民事诉讼法》为了保障诉讼顺利进行和裁决得到有效执行,确立了相应的诉讼保障制度,这些制度主要包括先予执行、财产保全和诉前禁令。其中先予执行和财产保全是1991年我国《民事诉讼法》规定的。2000年7月1日起实施的《海事诉讼特别程序法》对海事强制令作了规定,2000年8月25日修订的《专利法》和2001年10月27日修订的《商标法》、《著作权法》对诉前停止侵犯知识产权行为作了规定,这些规定确立了我国的诉前禁令制度。

由于我国没有专门针对劳动争议诉讼的特别程序法,劳动争议诉讼程序是按照民事诉讼程序来进行的,民事诉讼程序中的一些措施也为劳动争议仲裁中所适用。但根据劳动争议的特性,有些民事诉讼程序并不适用于劳动争议案件,例如欠薪劳动争议案件就不涉及采取诉前禁令,针对欠薪劳动争议案件的诉讼保障制度主要是先予执行和财产保全。这两项制度对保障劳动者的劳动报酬也是非常重要的,但它们主要是配合劳动争议仲裁和诉讼顺利进行的两项民事措施,不是相对独立于劳动争议仲裁和诉讼的程序,而是临时性的救济制度①,或者说是阶段性救济手段。

此外,我国最高人民法院在《关于审理劳动争议案件适用法律若干问题的解释(二)》第8条确立了劳动争议案件的预先支付制度。该制度的核心内容是,根据劳动者的申请,劳动争议仲裁委员会有权作出预先支付劳动者部分工资或者医疗费用的裁决;当事人不服该裁决向法院起诉的,法院不予受理;用人单位不履行上述裁决中的给付义务,劳动者向法院申请强制执行的,法院应予受理。

但从本质上看,预先支付制度类似先予执行制度,是为了在劳动争议仲裁阶段解决类似先予执行问题而作的司法解释。我国《劳动争议调解仲裁法》没有将司法解释的这一规定吸收、上升为法律规范;而是在该法第44条规定了先予执行制度。根据《劳动争议调解仲裁法》的规定,仲裁庭对追索劳动报酬、工伤医疗费、经济补偿或者赔偿金的案件,根据当事人的申请,可以裁决先

---

① 范跃如:《劳动争议诉讼特别程序原理》,法律出版社2008年版,第225页。

予执行,移送人民法院执行;劳动者申请先予执行的,可以不提供担保。仲裁庭裁决先予执行的,应当符合下列条件:1. 当事人之间权利义务关系明确;2. 不先予执行将严重影响申请人的生活。

劳动争议案件中的先予执行和财产保全,虽然与普通民事案件比较而言,在适用条件上有一些特别的规定,例如放宽对劳动者提供担保的要求,然而这两项制度的适用条件和程序基本与普通民事案件类似。因此本书不对先予执行、预先支付和财产保全三项制度深入评析。

近年来,还有人对小额诉讼程序进行了讨论。小额诉讼程序起源于美国,后来在英国、日本、我国台湾地区等的司法改革中,均借鉴美国设立了小额诉讼程序。我国甚至有个别人片面地主张废除督促程序,设立小额诉讼程序①。实行这一程序的主要目的是给当事人提供便利,降低当事人的诉讼投入,以更好地实现当事人的权利,而不是当事人应当为了诉讼效率的提高作出牺牲,更没有一个国家或地区宣扬小额案件不值得国家大量投入司法资源,甚至没有一个国家或地区武断地规定小额诉讼只配动用国家一次审判资源。② 由此观之,与支付令制度及其可能的改造方案相比,现行模式下的小额诉讼程序即使加以中国化改造,也恐难实现快捷高效处理大量欠薪的功能。从各国督促程序解决的案件来看,也主要是小额案件③,督促程序兼具简易程序和小额诉讼程序的一些特点,又能以非讼的、不可上诉的简便程序处理纷争。加之我国《劳动争议调解仲裁法》没有专门规定小额纠纷仲裁与诉讼的衔接、诉讼特别程序问题,而只是在该法第47条规定了小额纠纷的"有限一裁终局"④制度。因此,本书不深入讨论小额诉讼程序问题。

我国《劳动争议调解仲裁法》第16条从劳动法律层面将我国《民事诉讼

---

① 申飞飞、王璞:《废除督促程序的构想》,《法制与社会》2007年第1期。

② 参见汤维建等:《民事诉讼法全面修改专题研究》,北京大学出版社2008年版,第336—337页。

③ 白绿铉:《督促程序比较研究——我国督促程序立法的法理评析》,《中国法学》1995年第4期。

④ 根据我国《劳动争议调解仲裁法》第47条、第48条和第49条的规定,符合第47条情形的劳动争议仲裁案件,仲裁裁决后劳动者不起诉的即生效,但劳动者有权在接到仲裁裁决书之日起15日向基层法院起诉,用人单位有权在接到仲裁裁决书之日起30日内向中级法院申诉。因此,我国劳动争议仲裁案件不存在严格意义上的一裁终局程序。

法》的支付令制度"嫁接"进劳动争议调解仲裁程序中,成为我国独特的"欠薪支付令制度"。该规定的核心内容是,因支付拖欠劳动报酬、工伤医疗费、经济补偿或者赔偿金事项达成调解协议,用人单位在协议约定期限内不履行的,劳动者可以持调解协议书依法向法院申请支付令。法院应当依法发出支付令。上述规定,其出发点是为了强化调解,促成当事人自觉履行调解协议的义务。但是,这并不意味着《劳动争议调解仲裁法》赋予了这部分调解协议书以法律强制执行效力,也不意味着申请支付令可以获得更便捷的处理通道。

我国《民事诉讼法》则从第 191 条至第 194 条对支付令制度作了规定。2001 年 1 月 21 日起施行的最高人民法院《关于适用督促程序若干问题的规定》对督促程序具体适用上的管辖、审查、受理、异议处理、支付令效力等问题作了解释。从这些规范看,我国民事支付令是一种督促债务人偿还债务的特别非讼程序,专门用于解决债权债务关系明确而债务人无正当理由不偿还债务的非诉案件,又称为民事督促程序。

从迅速发挥欠薪救济的功能看,对于寻求获得工资、工伤赔偿或者医疗费用等以救济生活、生存的劳动者而言,我国《民事诉讼法》督促程序的支付令制度是一种从理论上讲有可能发挥及时救济、提高解决欠薪事件效率的制度。

民事支付令具有的是一种附条件的督促力和执行力,须在债务人没有提出异议或者异议被驳回的情况下,支付令才有执行效力。支付令的督促力体现在督促债务人在法定期间内清偿债务或者提出异议的效力,督促力自债务人收到支付令之日开始发生。债务人应当自收到支付令之日起 15 日内应清偿债务,或者向人民法院提出书面异议。人民法院对支付令的审理程序实行独任制,不需要开庭,程序简单快速;支付令一经作出,就具有形式确定力,一审终审,不得上诉。债务人自收到支付令之日起在 15 日内不提出书面异议或者异议被驳回的,支付令正式生效,债权人和债务人自支付令生效之时起不得就支付令所确定的债权债务关系再提起诉讼。然而,我国《民事诉讼法》没有要求债务人对支付令提出异议必须附实体理由,债务人仅需向法院作出反对支付令的书面意思表示即可导致支付令失效、督促程序终结,当事人需寻求其他救济手段维护权益。

根据我国《民事诉讼法》和最高人民法院《关于适用督促程序若干问题的

规定》,有关支付令异议的内容有:(1)债务人应在收到支付令之日起 15 日内,向作出支付令的法院提出异议。(2)债务人应当以书面形式提出异议。(3)债务人应当针对其债务本身或债权人的债权提出异议。即如果债务人对债权债务关系没有异议,只是对债务清偿的能力、期限、方式等提出不同意见,则此异议不成立。① (4)债权人基于同一债权债务关系,向债务人提出多项支付请求,债务人仅就其中之一项或几项请求提出异议的,不影响其他各项请求的效力。(5)债权人基于同一债权债务关系,就可分之债向多个债务人提出支付请求,多个债务人中的一人或几人提出异议的,不影响其他请求的效力。但我国民事诉讼法和司法解释没有规定对于同一债权债务,债务人仅就一项中的一部分提出异议的,是否影响支付令的效力。这是需要我国民事诉讼立法和司法解释厘清的问题点。

由此可见,支付令是否生效,其生效条件是否成就的主动权系于债务人一方,如果债务人在收到支付令之日起 15 日内书面异议,人民法院对支付令异议成立要件只是一种形式审查,不管其异议内容是否具有合理性,支付令即不能执行。这些规定体现了督促程序显著的非诉讼性和简捷性,但也难以通过支付令对债务人不履行债务的行为产生有效的约束。现实中,多数债务人会以不存在债务等实质性理由提出异议,而使督促程序成为作废的程序,徒增当事人处理欠薪等纠纷的程序和成本。

司法实践的数据证明了上述判断。上海全市法院 2001 年至 2007 年有关一审民事收案数与申请支付令案件数的数据对比表明,在法院一审民事案件收案数连年大幅攀升的同时,支付令案件的收案数却连年大幅走低,支付令案件收案数占同期一审民事收案数比例最高才 0.78%,最低仅 0.23%。而据统计,在督促程序运行良好的日本、德国等国家,适用督促程序处理的案件数多为同期一审普通诉讼民事案件数的 2 到 3 倍之多。②

要实现从理论上的可能到现实中对欠薪实际发挥保障功能,需要对我国支付令制度进行改造,实现督促程序与普通民事诉讼程序的对接,减少程序,

---

① 参见江伟主编:《民事诉讼法》(第二版),中国人民大学出版社 2006 年版,第 341 页。
② 王连国:《"欠薪支付令"法律适用问题探析——〈劳动合同法〉第 30 条第二款之理解与应用》,《中国劳动》2009 年第 1 期。

使支付令制度方便债权人，产生对债务人的切实约束力。

二、德国和我国台湾的支付令制度及其启示

从德国和我国台湾地区民事诉讼法的规定看，德国在督促程序中使用了督促裁定的概念，不再使用支付命令一词；我国台湾地区在督促程序中，使用支付命令的概念。而我国民事诉讼法使用了支付令一词。三者用语的实质含义相似，但我国支付令制度与德国和我国台湾地区的程序设计和相关规则有较大差异。

（一）德国的督促裁定

1877 年颁布的德国《民事诉讼法》规定了督促程序，该法虽历经多次修改，但适用至今，对世界影响深远。继德国之后，法国、奥地利、日本等大陆法系国家也相继在民事诉讼法中规定了督促程序[1]。我国台湾地区于 1920 年12 月 26 日制定公布并沿用至今的《民事诉讼法》[2]就是以德国《民事诉讼法》为蓝本制定的。新中国的《民事诉讼法》在立法时也借鉴了德国和日本的《民事诉讼法》[3]。

现代督促程序起源于德国《民事诉讼法》规定的督促程序，至今已施行了一百多年。1977 年 7 月 1 日施行的德国《民事诉讼法修正法》对督促程序作了重大修正，统一申请范本和格式，实行技术化和自动化的申请流程，对请求仅作形式审查。将督促程序的适用范围缩小为仅限于已到期而无对待给付的金钱给付一种。为配合同一债权人对众多债务人大量发督促裁定的需要，督促案件改由债权人住所地基层法院管辖[4]。将原来规定的债权人和债务人改为申请人和申请相对人，将原来支付命令和执行命令的用语改为督促裁定，对申请所为裁定并非法官的裁判而系法务官所为。将异议期间由一周改为两

---

① 章武生：《督促程序的改革与完善》，《法学研究》2002 年第 2 期。

② 该法 1920 年制定颁布以来，历经 1931 年、1935 年、1945 年、1968 年、1971 年、1983 年、1984 年、1986 年、1990 年、1996 年、1999 年、2000 年、2003 年、2004 年多次修正，沿用至今。参见陈聪富主编：《月旦小六法》，元照出版公司 2006 年版，第肆 1—2 页。

③ 章武生、杨严炎：《德国民事诉讼制度改革之评析》，《比较法研究》2003 年第 1 期。

④ 1990 年 12 月 17 日德国颁布的《司法简化法》把督促程序的管辖又修改为债权人申请支付命令时可以选择自己住所地，也可以向债务人住所地或双方协议的基层法院申请。

周。以自动化机器制作的督促裁定送达相对人时,法院同时将已经记载法院地址的异议书状附件寄给相对人,以便相对人填写回寄异议书。①

为了更好地发挥督促程序的作用,近年来,德国督促程序的具体环节进一步简化为自动化督促程序,通过三种方式提高申请和处理效率:一是使用表格化申请状;二是通过电子资料交换方式进行申请;三是当事人可通过网络向法院的电脑中心传送申请信息。同样,督促裁定及其他法院通知也可以相同的方式传送给当事人。德国目前试行的第二种和第三种方式,经由资料锁码及数位签章等技术手段,以确保申请资料与法院通知的正确性。②

特别关键的是,德国督促程序中一旦债务人提出合法异议,直接转为通常诉讼。德国和日本等国家适用督促程序的案件,其异议率都在 10% 以下,这与提出异议自动转入通常诉讼,可有效制止滥用异议权直接相关。

（二）我国台湾地区的支付命令

我国台湾地区的"民事诉讼法"在 1971 年 11 月对督促程序做了部分修改,近年又频繁修改,2003 年 2 月修正、9 月施行的修正条文对督促程序又有较大的修改。

根据我国台湾地区"民事诉讼法"的规定,其支付命令制度的要点除了以下特别论述的规范设计,其他基本要点与我国支付令制度类似,我国不少论著对此有很多介绍,此处不赘述。

与我国大陆支付令制度不同,而与德国督促程序的设计类似,我国台湾地区督促程序因对支付命令的异议成立而直接转入第一审程序,这一点为我国台湾地区"民事诉讼法"第 519 条所明定。根据台湾地区"民事诉讼法"2003 年的修正案,督促程序与第一审程序相衔接,将债务人撤回异议的时限延长至诉讼程序开始后的调解成立前或第一审辩论终结前,并明定债务人承担调解程序费和诉讼费的义务,以此制约债务人滥用异议权和撤回异议权,其制度效果与德国的督促程序是类似的。这些规定见于该法第 496 条、第 516 条和第 521 条③。

---

① 陈荣宗、林庆苗:《民事诉讼法》,台湾三民书局 1996 年版,第 876 页。

② 沈冠伶:《展望新世纪之德国民事程序法》,台湾《月旦法学杂志》1999 年 9 月,第 167 页。

③ 参见陈聪富主编:《月旦小六法》,台湾元照出版公司 2006 年版,第肆 1—2 页、第肆 88—92 页。

三、我国支付令制度的缺陷与完善

根据我国支付令制度,一旦债务人提出异议且成立的,支付令即作废,债权人要另寻救济途径或重启法律程序,往往通过督促程序反而增加了处理成本和程序,这是导致我国督促程序利用率很低的重要因素。而在德国,进入法院的民事案件有一半以上是通过督促程序得到处理的,这与提出异议则督促程序转入通常诉讼程序、相关费用由败诉方承担等机制是密切相关的。德国督促程序的价值彰显:一方面,督促程序以非讼程序解决诉讼问题,快速处理大量无争议案件,减轻了诉讼机制的压力,有利于非讼与诉讼两种程序的融合和民事纠纷多元化解决机制的加强;另一方面,为民事案件的当事人提供了诉讼之外的救济手段,以较少的成本投入获得与诉讼方式同样的效果。①

各国督促程序的具体规定,虽然不尽相同,但一旦债务人提出异议就转入通常诉讼,即督促程序与通常诉讼相衔接的这一基本程序结构是一致的。②这是特别值得关注的制度设计之处,是值得我国改造支付令制度借鉴的重要内容。

我国在修改《民事诉讼法》时,应借鉴德国和我国台湾地区的督促程序,改造我国现行的支付令制度,使我国支付令制度切实有效地运用于处理欠薪案件,克服现行欠薪案件历经"一调一裁两审"的漫长困境,实现处理欠薪案件的真正"绿色通道"③。

在完善我国支付令制度时,改革的重点不是异议的实质理由及其审查制度,而在于一旦债务人在法定期间内针对债务全部或一部本身是否属实提出异议,不论此种异议的理由是否具有真实性和实质性,就应将纠纷转入通常诉讼程序,并由败诉方承担督促程序和诉讼程序的费用,以此机制来牵制债务人滥用异议权,减少通过督促程序处理纠纷的环节和程序,提高督促程序的运用率。至于有关异议的成立要件,则可以在现行我国民事诉讼法规定的基础上,

---

① 章武生、杨严炎:《德国民事诉讼制度改革之评析》,《比较法研究》2003 年第 1 期。

② 白绿铉:《督促程序比较研究——我国督促程序立法的法理评析》,《中国法学》1995 年第 4 期。

③ 《国务院办公厅关于切实解决企业拖欠农民工工资问题的紧急通知》(国办发明电〔2010〕4 号)指出:"对因拖欠工资问题引发的劳动争议,要开辟争议处理'绿色通道',对符合立案条件的当即立案,快速调处。"《人民日报》2010 年 2 月 5 日。

合理吸收最高人民法院有关督促程序的司法解释规定,不需要债务人附异议理由①。

至于支付令生效后的执行制度,以维持我国现行民事诉讼法有关直接申请执行支付令的既定程序为妥当,不需要借鉴德国、日本、法国等国家民事诉讼法规定的"短期特别申请制度"②。我国现行的执行制度,有利于债务人虽然有可据以申请执行的生效支付令等法律文书,但仍然不排除当事人通过和解、调解或债务人自动履行债务了结纠纷之可能,而且过短的申请执行期限,容易导致债权人因为逾期申请而通过督促程序获得确定的权利复又落空。

第四节　欠薪保障与劳动监察救济制度

通过调解制度来处理欠薪争议,是一种介于公力救济与私力救济之间的社会救济机制。而通过国家机构中的劳动监察机构来处理欠薪问题,则是比较典型的公力救济机制,是公权力直接介入欠薪争议的体现。以美国为例,1935 年美国《瓦格纳法》即《国家劳工关系法》颁布前对工会活动进行了司法干预和管制;而 1935 年《瓦格纳法》的通过标志着联邦政府开始对组织工会和集体谈判给予支持,该法设立了"国家劳工关系委员会",作为管理和解释不正当劳工行为和陈述性条款的行政机构。③ 在英国,工业革命后,"劳动分工的增长也可以被描述为人们依赖农业生存的状况消失"。"受雇者的工作时间和工作条件必须加以规定,虽然这起初只是对私人企业的限制,但是不久

---

① 有的学者强调:"要建立异议审查制度"。参见章武生:《督促程序的改革与完善》,《法学研究》2002 年第 2 期。但从德国民事诉讼法的规定看,对异议理由并不严格限制和审查,而且在相关文书中还特别指引债务人提出怎样的异议才为实质有效。因此,债务人一旦在法定期间内提出了符合法律要求的异议,则无法再通过不开庭的督促程序继续审查和处理纠纷,有效的重点制度设计应是转为通常诉讼程序来处理双方的纠纷。以我国台湾地区"民事诉讼法"第 516 条第一款的规定来看,异议理由不应成为审查的对象。

② 有的学者主张,债务人在规定的期间不提出异议又不履行支付令的,债权人有权向人民法院申请执行命令。债权人依据执行命令向人民法院申请执行。如果债权人从有权提出执行命令申请之日起超过 30 日不提出申请,则支付令失效。参见白绿铉:《督促程序比较研究——我国督促程序立法的法理评析》,《中国法学》1995 年第 4 期。笔者不赞同"短期特别申请制度"。

③ [美]道格拉斯·L·莱斯利:《劳动法概论》,张强等译,中国社会科学出版社 1997 年版,第 1—7 页。

便发现,如果没有国家的检查,这些限制就不会有什么效果"。① 我国台湾地区在 1931 年 2 月 10 日制定了《工厂检查法》,历经 1935 年 4 月 16 日修正、1993 年 2 月 3 日修正为《劳动检查法》、2000 年 7 月 19 日修正、2002 年 5 月 29 日修正,适用至今。我国台湾地区"行政院"劳工委员会还在 1993 年 8 月 25 日订定发布了《劳动检查法施行细则》,并历经 2001 年 1 月 17 日、2002 年 3 月 20 日、2002 年 12 月 31 日修正,作为《劳动检查法》的施行细则适用至今。② 我国《劳动法》和《劳动合同法》规定由国家各级劳动保障行政部门负责劳动保障监察职责。而我国 2004 年 10 月 26 日国务院第 68 次常务会议通过、自 2004 年 12 月 1 日起施行的《劳动保障监察条例》则是规定我国劳动保障监察救济制度的一部相对系统全面的行政法规。

一、我国劳动监察救济制度概述

我国的劳动监察是指经法律确定的专门行政机构代表国家对劳动法的遵守情况实行监察。在我国,县级以上人力资源和社会保障行政部门设置综合性劳动监察机构,行使劳动监察的专门职责。劳动监察员是指国家设立的执行劳动监察的专职或兼职人员。

劳动监察是保障劳动报酬权实现的重要救济手段,是监督检查劳动法执行的关键一环。由于劳动监察以国家强制力为后盾、以专门机构和专责人员为依托,它与其他有关部门、工会组织和人民群众对执行劳动法的监督检查所发挥的作用不同,劳动监察实行的是专责化、专业化、专门化的劳动法监督检查。

但目前我国劳动监察制度存在不少缺陷,如劳动监察人员素质参差不齐滥用职权,执法设施配备不足,机构建制和机构、人员职权界限不明确,监察力度不够,地方政府不重视,甚至有些地方国家机构和人员越权干预,如一些地方政府借口吸引投资,规定某些企业免受监察,检查员不得入内,规避劳动监察,劳动法律在这些企业变为"一纸空文"。要改变这种现状,应完善劳动监

---

①　[英]W.I.詹宁斯:《法与宪法》,龚祥瑞、侯健译,三联书店 1998 年版,第 2—4 页。
②　台湾劳动法学会主编:《劳资圣经——经典劳动六法》,台北新学林出版股份有限公司 2008 年版,第 617—625 页。

察机构建制,给予劳动监察必要合理的职权和行政支持,在制度上保障劳动监察执法的顺利进行。

我国早在 20 世纪 50 年代就有劳动监察的规定。1950 年 7 月 24 日,政务院财经委员会发布的《关于各省、市人民政府劳动局与当地国营企业工作关系的决定》中规定,劳动局有权监督、检查国营企业贯彻、执行劳动法规的情况。1988 年国家行政机关进行机构改革,国务院批准的《劳动部"三定"方案》中规定了劳动部负责全国劳动方针、政策和劳动法规的监督检查工作。①1993 年 8 月 4 日起施行的《劳动监察规定》(已废止)、1995 年 1 月 1 日起施行的《劳动法》规定了劳动监督检查的机构及其职责;2004 年 12 月 1 日起施行的《劳动保障监察条例》完善了劳动保障监察机构和人员及其职责与职权的规定。2005 年 2 月 1 日起施行的劳动和社会保障部《关于实施〈劳动保障监察条例〉若干规定》,原《劳动监察规定》同时废止。

为了适应劳动监察专业化、专门化、专责化的要求,我国各地方陆续在劳动行政部门下设专责机构和人员负责劳动监察。深圳市政府 1989 年 6 月批准组建深圳市劳动监察大队,这是我国第一个劳动行政执法专门机构,多次机构改革后的现名称为深圳市劳动和社会保障监察大队,各区相应设有区劳动监察大队或劳动保障监察大队。② 相对独立的劳动监察机构和人员配备,比起身兼数职的机构和人员来说,对切实执行劳动监察职责,发挥的作用可能更好。

2007 年我国全年劳动保障监察结案数为 407,678 件,涉及支付工资和最低工资标准的 172,918 件,参加社会保险和缴纳社会保险费 78,959 件③。特别是在各地劳动争议仲裁机构和法院不受理和裁决参加社会保险和缴纳社会保险费的争议后,事关社会安全和劳动者生活保障的社会保险争议,更倚重劳动监察救济。

截至 2008 年末,我国共有劳动保障监察机构 3,291 个,劳动保障监察机

---

① 关怀主编:《劳动法》(第三版),中国人民大学出版社 2008 年版,第 338—339 页。
② 《市区劳动部门监察机构》,《深圳商报》2009 年 2 月 5 日。
③ 国家统计局人口和就业统计司、国家人力资源和社会保障部规划财务司编:《中国劳动统计年鉴 2008》,中国统计出版社 2008 年版,第 500 页。

构组建率为 94.7%。各级劳动保障部门配备劳动保障专职监察员 23,000 人。劳动监察机构 2008 年主动检查用人单位 1,808,000 户,对 1,712,000 户用人单位进行了书面审查,调查处理举报投诉案件 481,000 件,查处各类劳动保障违法案件 483,000 件。通过劳动保障监察执法,责令用人单位为 15,617,000 名劳动者补签了劳动合同,责令用人单位为 698,000 名劳动者补发工资等待遇 83.3 亿元,督促 164,000 户用人单位补缴社会保险费 49 亿元,督促 126,000 户用人单位办理了社会保险登记、申报,取缔非法职业中介机构 7,192 户,责令用人单位退还收取劳动者的风险抵押金 0.89 亿元。①

二、劳动监察机构的监察职责

我国《劳动法》第 85 条规定由县级以上各级人民政府劳动行政部门执行劳动监察职责。《劳动保障监察条例》第 10 条规定了劳动保障行政部门实施劳动保障监察,履行下列监察职责:1. 宣传劳动保障法律、法规和规章,督促用人单位贯彻执行;2. 检查用人单位遵守劳动保障法律、法规和规章的情况;3. 受理对违反劳动保障法律、法规或者规章的行为的举报、投诉;4. 依法纠正和查处违反劳动保障法律、法规或者规章的行为。第 11 条规定,劳动保障部门对下列事项实施劳动保障监察:1. 用人单位制定内部劳动保障规章制度的情况;2. 用人单位与劳动者订立劳动合同的情况;3. 用人单位遵守禁止使用童工规定的情况;4. 用人单位遵守女职工和未成年工特殊劳动保护规定的情况;5. 用人单位遵守工作时间和休息休假规定的情况;6. 用人单位支付劳动者工资和执行最低工资标准的情况;7. 用人单位参加各项社会保险和缴纳社会保险费的情况;8. 职业介绍机构、职业技能培训机构和职业技能考核鉴定机构遵守国家有关职业介绍、职业技能培训和职业技能考核鉴定的规定的情况;9. 法律、法规规定的其他劳动保障监察事项。

《劳动合同法》第 74 条规定,县级以上地方人民政府劳动行政部门依法对下列实施劳动合同制度的情况进行监督检查:1. 用人单位制定直接涉及劳

---

① 国家人力资源和社会保障部、国家统计局:《2008 年度人力资源和社会保障事业发展统计公报》,2009 年 10 月 5 日访问,http://www.stats.gov.cn/tjgb/qttjgb/qgqttjgb/t20090519_402559984.htm。

动者切身利益的规章制度及其执行的情况;2. 用人单位与劳动者订立和解除劳动合同的情况;3. 劳务派遣单位和用工单位遵守劳务派遣有关规定的情况;4. 用人单位遵守国家关于劳动者工作时间和休息休假规定的情况;5. 用人单位支付劳动合同约定的劳动报酬和执行最低工资标准的情况;6. 用人单位参加各项社会保险和缴纳社会保险费的情况;7. 法律、法规规定的其他劳动监察事项。

比较《劳动法》、《劳动保障监察条例》和《劳动合同法》的规定,三者的主要变化在于:

1.《劳动法》第十一章监督检查的规定比较简单,没有具体列举监督检查的各项内容。

2.《劳动保障监察条例》则是专门规范劳动保障监察工作的行政法规,内容全面具体些。其适用范围不仅包括用人单位(该条例主要指企业和个体工商户),而且适用于职业介绍机构、职业技能培训机构和职业技能考核鉴定机构。该条例对劳动保障监察的行政部门、职责、实施劳动保障监察的事项、实施程序、不属于劳动保障监察的事项、法律责任等各方面作了规定。

3.《劳动合同法》规定劳动行政部门监督管理的事项是与贯彻劳动合同制度密切相关的,没有全面列举劳动行政部门应当监督检查的所有事项,但针对劳动合同制度实施的监察作了深入具体的规定。

三、劳动监察救济手段在欠薪保障中的机制和功能

诚如台湾学者黄越钦认为:"劳动检查具有多方面的目标和任务,如劳工安全卫生的推进、劳动基准的订定和实施、经济建设工作的促进、劳资关系和谐的增进等,而劳工法令的贯彻,劳工权益的适切和适时的保障,尤赖劳工检查的落实。"①

(一)专责劳动监察部门专司其责,使监控欠薪制度化

我国《劳动法》第85条规定了负责劳动监督检查的机构为劳动行政部门,我国《劳动保障监察条例》第3条进一步明确了劳动保障监察的专责机构。

根据我国《劳动法》、《劳动保障监察条例》和《劳动合同法》的规定,可将

---

① 黄越钦:《劳动法新论》(第三版),台北翰芦图书出版有限公司2006年版,第643页。

我国劳动监督机构的监察职权归纳为以下几点：

1. 实地检查询问权。劳动监督机构有权进入用人单位的劳动场所进行检查，就调查、检查事项询问有关人员。《劳动保障监察条例》第 15 条第（一）、（二）项规定了实地检查、询问权。而《劳动合同法》没有规定询问权。

2. 查阅复制权。劳动监督机构实施监督检查时，有权以法定形式查阅、复制有关情况和资料，用人单位和劳动者都应当如实提供有关情况和材料。《劳动法》和《劳动合同法》只规定了查阅权，没有规定复制权。而《劳动保障监察条例》规定，劳动监察机构有权采取记录、录音、录像、照相或者复制等方式收集有关情况和资料。

3. 书面调查权。《劳动保障监察条例》规定，劳动监察机构有权要求用人单位提供与调查、检查事项相关的文件资料，并作出解释和说明，必要时可以发出调查询问书。已经废止的《劳动监察规定》第 9 条规定，在必要时，劳动监察机构可向用人单位或劳动者下达《劳动监察询问通知书》、《劳动监察指令书》，并要求其在收到该《通知书》或《指令书》之日起 10 日内据实向劳动监察机构作出书面答复。这一规定虽然已经废止，但对劳动监察部门发调查询问书的操作有指导作用。

4. 委托审计权。《劳动保障监察条例》规定，劳动保障监察部门有权委托会计师事务所对用人单位工资支付、缴纳社会保险费的情况进行审计。《劳动合同法》未规定此项内容。

5. 责令纠正权。《劳动保障监察条例》规定，劳动保障监察部门对事实清楚、证据确凿、可以当场处理的违反劳动保障法律、法规或者规章的行为有权当场予以纠正。《劳动合同法》未对此项职权作出规定。

可见，劳动监察部门依法定职权专责、专门收集、掌握用人单位拖欠工人工资的情况，分析欠薪规律，对欠薪高发时期、行业和单位依法监控，对容易发生拖欠工资的企业进行专项登记造册，专人监控，同时要求被监控的用人单位每月定期向劳动保障监察机构书面报告工资支付情况，对工资支付不正常的用人单位及时向有关部门通报，及时采取措施依法处理。[①] 这样，使得劳动监

---

① 广东省劳动和社会保障厅 2002 年颁布实施的《关于进一步做好拖欠工资等劳动保障违法案件的预防和查处工作的通知》，粤劳社[2002]153 号。

察在发挥欠薪保障救济方面起到其他制度不可替代的作用。

（二）专责劳动监察部门符合监察机制的分工和制约要求

根据我国《劳动保障监察条例》第19条的规定，行政相对人认为自己的权益因劳动监察机构的不作为或者作为而受损的，有权依法申请行政复议或提起行政诉讼，这对劳动监察机构及其人员反过来形成监督和制约。

为了遏止本级政府机构可能存在保护主义、忽视工人权益的问题，切实解决建设等领域长期严重拖欠工程款、特别是政府投资项目拖欠工程款①、从而引发的大量欠薪争议，《劳动保障监察条例》第13条第二款规定，上级劳动保障行政部门根据工作需要，可以调查处理下级劳动保障行政部门管辖的案件。通过劳动监察机构、特别是上级劳动监察部门介入处理下级政府投资项目拖欠工程款引起的欠薪事件，通过劳动监察部门督促建设单位按照合同约定及时拨付工程款项，建设资金不落实导致欠薪的，督促、监督有关部门对欠薪建设单位不得发放施工许可证和不得批准开工报告，对违反规定发放施工许可证、开工报告的有关部门，由劳动监察部门向本级政府和上一级劳动监察部门通报，并建议本级政府予以行政处分。上一级劳动监察部门有权直接介入下级政府投资项目引发的欠薪事件，向本级政府通报，建议本级政府对下级政府对欠薪负有直接责任人予以行政处分，使劳动监察部门的上下级和内部分工、制约机制合理有效，切实发挥监督检查功能，及时有效处理欠薪纠纷。

（三）专责劳动监察机构追究用人单位的法律责任具有法定性和强制性

"徒法不足以自行"，劳动保障监察机构通过专业化、常规化的执法监督检查，查处用人单位违反劳动法的行为，对欠薪保障发挥行政公权力的惩处作用，对劳动者劳动报酬用国家行政强制力加以保障。

为此，《劳动保障监察条例》第26条规定，用人单位有下列行为之一的，由劳动保障行政部门分别责令限期支付劳动者的工资报酬、劳动者工资低于当地最低工资标准的差额或者解除劳动合同的经济补偿；逾期不支付的，责令用人单位按照应付金额50%以上1倍以下的标准计算，向劳动者加付赔偿金：1. 克扣或者无故拖欠劳动者工资报酬的；2. 支付劳动者的工资低于当地最低工资标准的；3. 解除劳动合同未依法给予劳动者经济补偿的。上述规

---

① 《切实解决企业拖欠农民工工资问题》，《人民日报》2010年2月6日。

定,是对欠薪采取的事后行政干预手段。延续了该条例这一规范的《劳动合同法》第85条规定,用人单位有下列情形之一的,由劳动行政部门责令限期支付劳动报酬、加班费或者经济补偿;劳动报酬低于当地最低工资标准的,应当支付其差额部分;逾期不支付的,责令用人单位按应付金额50%以上100%以下的标准向劳动者加付赔偿金:1. 未按照劳动合同的约定或者国家规定及时足额支付劳动者劳动报酬的;2. 低于当地最低工资标准支付劳动者工资的;3. 安排加班不支付加班费的;4. 解除或者终止劳动合同,未依照本法规定向劳动者支付经济补偿的。

　　《劳动保障监察条例》对劳动保障行政部门的其他各项劳动保障监察职责为:第22条规定了劳动保障监察机构对用人单位欠薪等违反劳动法行为的信息披露权。第23条规定由劳动保障行政部门对用人单位的违法行为责令改正,并按照受侵害的劳动者每人1,000元以上5,000元以下的标准计算,处以罚款。规定劳动监察机构对非法用工单位实施劳动保障监察、通报工商登记管理机构查处取缔非法用工单位的职权。第24条规定了用人单位与劳动者建立劳动关系不依法订立劳动合同的,由劳动保障行政部门责令改正。第25条规定用人单位违反劳动保障法律、法规或者规章延长劳动者工作时间的,由劳动保障行政部门给予警告,责令限期改正,并可以按照受侵害的劳动者每人100元以上500元以下的标准计算,处以罚款。第27条规定用人单位向社会保险经办机构申报应缴纳的社会保险费数额时,瞒报工资总额或者职工人数的,由劳动保障行政部门责令改正,并处瞒报工资数额1倍以上3倍以下的罚款。骗取社会保险待遇或者骗取社会保险基金支出的,由劳动保障行政部门责令退还,并处骗取金额1倍以上3倍以下的罚款;构成犯罪的,依法追究刑事责任。第28条规定,职业介绍机构、职业技能培训机构或者职业技能考核鉴定机构违反国家有关职业介绍、职业技能培训或者职业技能考核鉴定的规定的,由劳动保障行政部门责令改正,没收违法所得,并处10,000元以上50,000元以下的罚款;情节严重的,吊销许可证。未经劳动保障行政部门许可,从事职业介绍、职业技能培训或者职业技能考核鉴定的组织或者个人,由劳动保障行政部门、工商行政管理部门依照国家有关无照经营查处取缔的规定查处取缔。第29条规定,由劳动保障行政部门对用人单位违反我国《工会法》的行为责令改正。第30条规定,由劳动保障行政部门对违反劳动保障监察的行为责令改正,对法定情形处 2,000 元以上 20,000 元以下的罚款。

（四）明确专责劳动监察机构及其人员的法律责任使责任具体化

实务中,劳动保障监察机构及其人员存在或可能存在滥用职权的各种违法行为。为此,《劳动保障监察条例》第 31 条规定了劳动保障监察员渎职擅权的行政责任和刑事责任,规定了劳动保障行政部门和劳动保障监察员违法行使职权侵犯用人单位或者劳动者合法权益的赔偿责任。而我国《劳动合同法》第 95 条的规定比《劳动保障监察条例》第 31 条的规定对劳动保障监察部门及其人员等的责任更严格,除了保持原规定"违法作为"——违法行使职权给劳动者或者用人单位造成损害要承担赔偿责任,还规定劳动监察保障部门及其人员等的"违法不作为"——玩忽职守、不履行法定职责给劳动者或用人单位造成损害也要承担赔偿责任。

四、劳动保障监察的边界与局限

（一）劳动保障监察的边界

我国法律将劳动力使用上的关系区分为民事雇佣关系（劳务关系）和劳动关系,我国目前的劳动立法将很多事关劳动者权益的问题留给政府（主要是劳动保障监察）去解决,没有规定劳动者的司法救济权;或者没有将一些劳动关系纳入劳动法调整,只是参照民法、人身损害赔偿的规定,而且在劳动法律责任体系中没有关于精神损害赔偿的规定。

但是,我国劳动法律对劳动保障监察与劳动争议诉讼、仲裁的界限区分是不明晰的。以《劳动保障监察条例》第 21 条的规定为例。根据这一规范的规定,用人单位违反劳动保障法律、法规或者规章,对劳动者造成损害的,依法承担赔偿责任。劳动者与用人单位就赔偿发生争议的,依照国家有关劳动争议处理的规定处理。对应当通过劳动争议处理程序解决的事项或者已经按照劳动争议处理程序申请调解、仲裁或者已经提起诉讼的事项,劳动保障行政部门应当告知投诉人依照劳动争议处理或者诉讼的程序办理。

这一规范并没有厘定哪些事项是"应当通过劳动争议处理程序解决的事项"。实务中,常发生劳动者投诉到劳动监察机构,随后再申请劳动争议调解或仲裁的;或者有些劳动监察机构认为劳动者的争议应由劳动争议仲裁机构处理,不属于劳动保障监察处理,由此产生劳动保障监察机构与劳动者的理解歧义甚至冲突。

劳动保障监察机制在维护劳动者劳动报酬权益、解决劳动者与用人单位各项争议中确有其特殊的功能,但这只是处理争议的方法之一,不能排斥当事人通过司法途径解决问题①,更不能过分扩张劳动监察这种贯彻法律的强制权。这可以作为区分劳动监察与劳动争议仲裁、诉讼的一条边界或者指导原则。我国2007年12月29日通过、2008年5月1日施行的《劳动争议调解仲裁法》吸收了最高人民法院近年来扩大受理劳动争议案件范围的相关司法解释②,使劳动者和用人单位可以通过司法救济的范围适当扩大了。根据《劳动争议调解仲裁法》的规定,我国境内的用人单位与劳动者发生的下列劳动争议,劳动争议处理机构应当受理:1. 因确认劳动关系发生的争议;2. 因订立、履行、变更、解除和终止劳动合同发生的争议;3. 因除名、辞退和辞职、离职发生的争议;4. 因工作时间、休息休假、社会保险、福利、培训以及劳动保护发生的争议;5. 因劳动报酬、工伤医疗费、经济补偿或者赔偿金等发生的争议;6. 法律、法规规定的其他劳动争议。

但是在实务中,不少地方仍然将上述已由法律明确列为劳动争议的一些事项排除在劳动争议仲裁和诉讼范围之外,例如不受理单纯因缴纳社会保险费发生的争议,而改由劳动者向社会保险征管机构申请处理,这是不妥当的。笔者认为,在完善劳动保障监察的同时,不仅不应排除劳动者和用人单位直接申请劳动争议仲裁和诉讼的事项,而且应当逐步扩大受理的范围。劳动保障监察的事项应当侧重预防劳动争议和处理集体劳动争议,而已发生的劳动争

---

① 李国光主编:《最高人民法院劳动争议案件司法解释释义与案解》,法律出版社2006年版,第146页。

② 最高人民法院近年颁行了六个涉及受理劳动争议案件范围的司法解释。2001年4月30日起施行的《最高人民法院关于审理劳动争议案件适用法律若干问题的解释》、2006年10月1日起施行的《最高人民法院关于审理劳动争议案件适用法律若干问题的解释(二)》列举的人民法院应当受理的劳动争议案件将当时出现的一些新类型劳动争议案件归纳进受理案件范围,适当扩大了《劳动法》原来的调整范围。2003年9月5日起施行的《最高人民法院关于审理事业单位人事争议案件若干问题的规定》和修正该司法解释的2004年4月30日最高人民法院对北京市高级人民法院《关于审理事业单位人事争议案件如何适用法律及管辖的请示》所作的批复,对事业单位劳动争议法律适用问题作了规定。2009年7月6日最高人民法院颁布了《关于当前形势下做好劳动争议纠纷案件审判工作的指导意见》。2010年9月14日起施行的《最高人民法院关于审理劳动争议案件适用法律若干问题的解释(三)》。

议以及个体劳动争议,应引导当事人通过劳动争议调解、仲裁和诉讼的途径解决。对用人单位违法用工、非法用人单位用工案件、存在职业危害或危害风险案件,应由劳动者选择行使其权利救济途径为好;劳动者如果选择了通过申诉、控告要求劳动监察处理,则劳动行政部门有职责按照《劳动合同法》、《职业病防治法》、《劳动保障监察条例》等的规定,依法处理和作出行政处罚;如果劳动者选择了申请劳动仲裁、诉讼,则应按照劳动仲裁、诉讼的机制解决争议。

（二）劳动保障监察机制设计上的缺陷可能使欠薪权利救济落空

我国《劳动保障监察条例》第 26 条、《劳动合同法》第 85 条规定的"责令限期支付劳动者的工资报酬、劳动者工资低于当地最低工资标准的差额或者解除劳动合同的经济补偿"的"期限"是多少？"责令用人单位按应付金额 50% 以上 100% 以下的标准向劳动者加付赔偿金"——是否需要劳动者先通过请求劳动行政部门履行职责"责令"？ 如果劳动行政部门不履行职责,劳动者是否可以在申请仲裁、提起诉讼中请求？ 是否可以不经行政部门"责令"处理,劳动者直接通过申请仲裁、提起诉讼请求？ 在仲裁中没有请求的,在诉讼中可否再请求？ 这些问题在《劳动合同法》、《劳动保障监察条例》和《劳动合同法实施条例》中均没有明确,容易产生歧义,应当以法律明确规定为妥当。

按照文义解释,"限期"没有明定期限就使执法机关有极大的裁量权;而"责令"应是一种行政行为。劳动者只能通过行政机关的行政行为主张"加付赔偿金"请求,对于行政机关不作为只能通过行政复议或行政诉讼主张此项权利。这样的规定,一方面使得劳动保障行政机构面临大量的"欠薪"和"加付赔偿金"投诉和行政诉讼,另一方面又使得劳动者无法直接寻求准司法和司法的程序救济。

《劳动合同法》规定的"加付赔偿金"比 1995 年 1 月 1 日起执行的《违反和解除劳动合同的经济补偿办法》规定的经济补偿金比例提高了,并将名称改为加付赔偿金,吸收了《劳动保障监察条例》和《违反〈中华人民共和国劳动法〉行政处罚办法》的用词;同时比《违反〈劳动法〉行政处罚办法》第 6 条中规定的按相当于支付劳动者工资报酬、经济补偿总和的 1 至 5 倍支付劳动者赔偿金来讲,幅度调低,使违法责任负担更合理和适当。

由于《违反〈劳动法〉行政处罚办法》仅是行政规章,而且《劳动合同法》

施行以后,上述劳动规章《违反和解除劳动合同的经济补偿办法》和《违反〈中华人民共和国劳动法〉行政处罚办法》这两个规章对 2008 年 1 月 1 日以后发生的欠薪不再适用。按照《劳动合同法》第 97 条的规定,《违反和解除劳动合同的经济补偿办法》也仅适用于 2007 年 12 月 31 日以前发生的欠薪情形,但笔者认为该办法设计的由劳动者直接请求 25% 补偿金或 50% 额外补偿金的制度,比《劳动合同法》通过行政程序责令加付赔偿金的制度更符合权利救济的要求。

根据《违反和解除劳动合同的经济补偿办法》第 3 条、第 4 条、第 10 条的规定,用人单位克扣或者无故拖欠劳动者工资的,以及拒不支付劳动者延长工作时间工资报酬的,除在规定的时间内全额支付劳动者工资报酬外,还需加发相当于工资报酬 25% 的经济补偿金。用人单位支付劳动者的工资报酬低于当地最低工资标准的,要在补足低于标准部分的同时,另外支付相当于低于部分 25% 的经济补偿金。用人单位解除劳动合同后,未按规定给予劳动者经济补偿的,除全额发给经济补偿金外,还须按该经济补偿金数额的 50% 支付额外经济补偿金。

《违反和解除劳动合同的经济补偿办法》赋予劳动者直接通过劳动争议仲裁和诉讼请求加付补偿金的方式,比起《劳动保障监察条例》和《劳动合同法》的行政程序处理更妥当。

还有,我国《劳动法》对用人单位支付工资和缴纳社会保险费的规定是存在疏漏的,在保护劳动者的时效设计上也是有瑕疵的。例如我国《劳动法》第 50 条规定,工资应当以货币形式按月支付给劳动者本人。但是对工资清册的设置和保存上,《劳动法》没有规定。劳动部颁发、1995 年 1 月 1 日起施行的《工资支付暂行规定》第 6 条规定,用人单位必须书面记录支付劳动者工资的数额、时间、领取者的姓名以及签字,并保存两年以上备查。用人单位在支付工资时应向劳动者提供一份其个人的工资清单。我国台湾地区则在"劳动基准法"第 23 条中作这样的规定:"工资之给付,除当事人有特别约定或按月预付者外,每月至少定期发给二次;按件计酬者亦同。""雇主应置备劳工工资清册,将发放工资、工资计算项目、工资总额等事项记入。工资清册应保存五年。"这一规定简洁明了,可资借鉴。

（三）贯彻劳动监察的"三方原则"

　　由于劳动监察是国家行政强制力介入劳动领域的一种机制,对劳动者和用人单位的权益影响极大,而我国劳动监察制度的设计过分强调劳动监察部门的单方执行,没有合理吸收国际劳工组织的"三方原则",这也是我国劳动监察制度设计和实务的一个局限。

　　为更好保障劳动报酬权等各项劳动者权利,应当尊重劳动者和用人单位的知情权和参与权,特别是可以吸收工会、劳动者代表、企业协会人员参加劳动监察执法过程和相关行政决定,增强执法透明度,促进用人单位和劳动者对劳动监察的理解和支持。

　　此外,完善我国劳动监察员的选任、培训制度,规定劳动监察员的禁止行为和利益回避①,也是构建有效的欠薪保障劳动监察救济制度的重要内容。

---

　　① 黄越钦:《劳动法新论》(第三版),台北翰芦图书出版有限公司 2006 年版,第 648—650 页。

第五章 欠薪保障法律责任制度研究

欠薪保障法律制度体系中,除了探究欠薪保障的各项实体性和程序性法律制度,还需要构建欠薪保障的法律责任制度,使欠薪的责任主体受到否定性评价和承担相应的不利后果。欠薪法律责任的功能,既有对事前行为的补救、惩罚,又有事后的保障、引导。通过这两方面的作用,使欠薪保障的各项制度得以发挥现实功效。

制裁问题属于法律实效领域的问题。提出制裁是为了保证法律命令得到遵守和执行。而法律责任的实际承担就是一种制裁,是为了保证法律制度得到遵守和执行。"一种不拥有强制的有效手段的法律体系,可以表明无能力去限制那些不合作的、反社会的犯罪分子,因而,它不能执行它的维护社会秩序和正义的基本职能。"但"一种法律秩序的基本保证是社会对它的认可,而强制性的制裁只能构成次要的和辅助的保证"①。可见,符合社会秩序和正义需要的法律制度本身是它能根植于社会,得到民众认同的基础;制裁的强制性规范只能是用来对付不合作的少数人,而不是相反。

第一节 法律责任基本理论问题

一、法律责任概述

何谓法律责任,在法学界存在数十种描述,有学者将这些描述归纳为七种学说②,这些见解从各个角度阐释法律责任一词,从不同层面揭示法律责任的

---

① [美]埃德加·博登海默:《法理学——法律哲学和方法》,张智仁译,上海人民出版社1992年版,第310—311、314页。

② 该学者归纳了法学界对法律责任的七种定义,分别为义务说、强制说、法律关系说、处罚说、后果论、状态说、责任说。参见叶传星:《法律责任研究》,朱景文主编:《法理学研究》(下),中国人民大学出版社2006年版,第832—835页。

内涵和外延,丰富了法律责任理论。

在这些定义中,以张文显提出的区分第一性义务和第二性义务的义务说为很多人接受。张文显指出:"法律责任就是由于侵犯法定权利或违反法定义务引起,由专门国家机关认定并归结于法律关系有责主体、带有直接强制性的义务,即由于违反第一性义务而招致的第二性义务。"①但这一定义似乎将法律义务和法律责任实质等同或者将"法律义务作为法律责任的构成部分"②,无法突出法律责任的特定内涵,甚至混淆了义务和责任两对不同范畴,有同语反复问题。而从以下两个角度来界定和分析法律责任概念颇有新意,一是用属种关系理论来界定法律责任概念,一是将法律责任概念放在相关概念范畴下即相关语境下进行分析。

从逻辑学理论看,"属种关系指一个概念的外延真包含或真包含于另一概念的外延这种关系,外延大的那个概念是属概念,外延小的那个概念是种概念"③。有学者借鉴此理论将法律责任概念界定为:"法律责任是由于违反法定义务、约定义务或因法律有特别规定,法律迫使行为人或其关系人承受的一种不利的法律后果"。这一定义方式就是"将种差与属概念结合起来"④。这一定义方式有其逻辑学上的合理性,将法律责任这一属概念与各种具体展开的种概念关联起来了,揭示了法律责任的内涵和外延。

二、相关语境下的法律责任

基于责任概念的多样性语义,对法律责任的概念确实是一个多义的理解。有学者将法律责任置于相关的语境下讨论问题,对认识法律责任的内涵和外延是一个独特的研究视角。例如,叶传星将法律责任与法律义务、国家强制与法律责任、行为的应受否定评价与法律责任、法律制裁与法律责任联系起来进行了分析,然后提出:"法律责任是指由于违背了具有法律意义的义务或基于

---

① 张文显:《法律责任论纲》,《吉林大学社会科学学报》1991 年第 1 期。以及张文显:《法学基本范畴研究》,中国政法大学出版社 1993 年版,第 187 页。

② 叶传星:《法律责任研究》,朱景文主编:《法理学研究》(下),中国人民大学出版社 2006 年版,第 837 页。

③ 李海侠:《论划分和属种关系》,《华北电力大学学报(社会科学版)》1998 年第 3 期。

④ 张梓太:《环境法律责任研究》,商务印书馆 2003 年版,第 24 页。

特定的法律联系,有责主体应受谴责而必须承受的法律上的不利负担。"①这一研究方法为揭示法律责任内涵和外延提供了比较清晰的思路,这一定义虽与张梓太提出的种属关系定义方式有类似,但论证更充分、层次更丰富。

将法律义务与法律责任联系起来看,权利、义务和责任这三个概念有密切关系,权利与义务对应,义务和责任对应,但是有些权利又是义务。例如,劳动的权利和义务,受教育的权利和义务,对这类既是权利又是义务的"权利",偏重的是"权利",对权利主体本身不采取对应的责任,而对阻碍权利实现的相对方和权利主体外的义务承担者要有对应的责任。"法律责任以先在的法律义务的存在为前提,违背了这个义务才导致法律责任的出现。只是在特殊情况下,法律可以基于某种法律事实直接规定责任的承担。""义务或责任的完整形态都需要对方的支持,义务离开了责任的保证就会落空,而责任脱离了义务则失去其正当性的根据。"②将义务和责任两对范畴联系起来进行研究,可以使我们清晰地认识到法律义务和法律责任既是两个不同的概念,又是相互联系和相互依存的两个范畴。这种关系可以指引我们在拟订法律时,既要有法条的义务规定,又要有对应的责任条款,避免空有义务性规定,而无责任的强制保证;也要避免空有责任的强制措施,而无义务性的指引规范。

在国家强制与法律责任的关系上,两者"从设定形式上看,法律责任必须经过相应的法律条款确定,没有国家的认可,责任规范便不具有法律效力,约定责任的法律性也在于它符合相应的法律条文,由此才具有法律责任的性质。在责任的现实化过程中,它最终必须由国家专门机关来认定,并由其来执行。""但不能把责任归结为国家强制措施。"③这一对范畴在立法和司法上的意义在于,国家通过立法在设定法律责任时必须十分慎重,尽量追求法律责任设定的公平正义,在司法中运用法律责任条款时也要符合社会正义公平,不能为了某种时期的情势而牺牲法律的基本要旨即公平正义,要注意责任的合理

①　叶传星:《法律责任研究》,朱景文主编:《法理学研究》(下),中国人民大学出版社 2006年版,第 836—842 页。

②　叶传星:《法律责任研究》,朱景文主编:《法理学研究》(下),中国人民大学出版社 2006年版,第 837 页。

③　叶传星:《法律责任研究》,朱景文主编:《法理学研究》(下),中国人民大学出版社 2006年版,第 838—839 页。

性、必要性和谦抑性。例如我国在某些时期采取的运动式严打立法和严打措施,往往可能导致国家权力的过度介入甚至滥用,产生冤假错案,减损了法律的公平正义。再如我国设定的对用人单位未付给劳动者的应得劳动报酬应加付 1 至 5 倍的赔偿金额,往往脱离了用人单位的实际负担能力,在实践中劳动行政部门也往往不可能按此规定落实监察权,因法条责任规范设计不合理又增生了不少矛盾。

在法律制裁与法律责任的关系上,两者虽然关系密切,但法律责任与法律制裁是两个不同的概念范畴。"法律制裁是国家保护和恢复法律秩序的强制性措施,它包括恢复权利性措施和对构成违法、犯罪者实施的惩罚性措施。"①"法律制裁是一种重要的国家强制措施,但不是国家强制措施的全部。"②例如,我国各级人力资源和社会保障部门依法进行的劳动和社会保障监督检查,带有强制性措施,但不是法律制裁和法律责任;只有在检查中发现了用人单位违反了劳动法律义务,劳动监督检查部门依法对其采取惩罚性或恢复性措施,才属于法律制裁。通过法律制裁,法律责任规范得到实现;但不是法律责任规范的保护措施,不需要也不应该采取法律制裁。例如劳动法上对职业病防护的规定、对妇女劳动者禁忌从事的工种规定等,这些规范本身不是法律责任规范,也不是法律制裁规范。上述的分析将法律制裁与法律责任联系起来考察,主要可以为我们提供以下视角和认识:(1)避免将法律制裁与法律责任混淆;(2)法律责任要通过法律制裁来实现;(3)强制措施未必是法律责任,也未必是法律制裁;(4)要避免滥用法律制裁,就要设计好法律责任对应的法律制裁方式。

在应受否定性评价、应受谴责性评价和法律责任这三个范畴关系上,应受否定性评价的含义比应受谴责性评价的含义要宽些,应受否定性评价包括了应受谴责性评价,应受谴责性评价是法律责任的体现,这种应受谴责性评价主要是社会性的,也包括个体道德内省的,但通过法律规范的方式来实现。

---

① 孙国华主编:《法理学教程》,中国人民大学出版社 1994 年版,第 511 页。
② 叶传星:《法律责任研究》,朱景文主编:《法理学研究》(下),中国人民大学出版社 2006 年版,第 841—842 页。

三、欠薪与法律责任

通过上述的分析,笔者认为,在欠薪问题的处理上,我们不能为了谋求一夜之间改变现状而过分功利和急躁,导致忽视法律的规范和指引功能,过分倚重依托于国家强制的法律责任而可能减损法律的公平正义和歉抑原则。

在处理欠薪问题上,当我们能够通过建立指引性规则来解决欠薪问题时,要考虑合理性和谦抑性,应当尽量设置指引性规范,而不要谋求采取直接简单的刑事责任和刑事制裁。因为法律要注重塑造、规范和指引社会行为方式,而不是首先采取惩罚的规制方式。

以劳动法律责任为例,过度的法律制裁可能导致抑制投资创业,也可能将劳动者排斥在就业外,从而影响劳动者就业权的实现。

但是,由于各种利益主体诉求的多样性及其差异,特别是群体性的纷争中,往往难以通过私权的自由协调达致各方共同认可的结论,于是预先设定权利、义务和责任的法律规制,成为实现公平正义的必要措施,而不能将这种规制视为对自由的恶意干涉和破坏。以欠薪的社会事实为例,由于劳动关系双方、特别是集体劳动争议中的劳动关系双方,往往难以通过自治性协商达成公平的协议以及通过和解处理争议,这就需要我们设置合理的权利、义务和责任体系。

第二节　我国现行法关于欠薪法律责任的规定评析

一、违反劳动法的法律责任立法模式简述

对违反劳动法律的责任承担,以分散式规定为好,还是以集中式规定为好,并无定论。各国或地区因其立法、司法和法律传统等不同因素而各有不同选择。从便于法律遵守和法律适用的角度看,笔者认为我国规定违反劳动法的法律责任以集中式规定为妥当。

以《法国劳动法典》为例,该法典采取分卷式体例,分别为第一卷有关劳动的规定,第二卷劳动规章,第三卷职业介绍与就业,第四卷行业团体、雇员代表事宜、雇员参与分红制度,第五卷劳动冲突,第六卷对执行劳动立法与法规的监督,第七卷对某些行业的特别规定,第八卷适用于海外省的特别规定,第九卷在经常教育范围内开展继续职业培训。在每一卷的最后一编为"罚则"

的规定。可谓兼容了集中式和分散式规定的特点。

我国台湾地区"劳动基准法"采用专章第十一章"罚则"集中规定了违反"劳动基准法"的行政责任和刑事责任,对违法者采取罚款、罚金、拘役或有期徒刑等责任形式。

我国《劳动法》既借鉴了我国台湾地区的立法,又有所不同。在专章即第十二章"法律责任"采取了集中规定模式,对用人单位、劳动者和相关国家机构及其人员的法律责任作了列举性规定,将劳动法上的法律责任分为民事责任、行政责任和刑事责任三种。在上述规定基础上,我国相关劳动法律、法规、规章主要对用人、用工单位欠薪的民事责任作了具体规定,但没有规定欠薪的刑事责任。我国《刑法》修正案(八)正式将拒不支付劳动报酬规定为犯罪,追究刑事责任。

在制定我国欠薪保障法律时,为了法律适用的统一和方便,以集中规定欠薪的法律责任模式为妥当。集中规定方式,便于吸收我国已有的分散的各项欠薪责任规范,便于支付欠薪各项补偿时的计算,便于行政执法和司法机关的法律适用,便于劳动关系当事人的理解和遵守。

二、我国劳动法律对欠薪法律责任的规定

(一)我国《劳动法》及其配套法规、规章关于欠薪责任的规定

《劳动法》第 91 条规定对用人单位克扣或无故拖欠劳动者工资、拒不支付劳动者延长工作时间工资报酬、低于当地最低工资标准支付工资、解除劳动合同后未依法给予劳动者经济补偿的,由劳动行政部门责令支付劳动者的工资报酬、经济补偿,并可以责令支付赔偿金。《劳动法》虽然规定了劳动合同的经济补偿等制度,但并没有规定经济补偿金、赔偿金的具体标准。为了贯彻《劳动法》有关经济补偿金的规定,1995 年 1 月 1 日起执行的劳动规章《违反和解除劳动合同的经济补偿办法》对经济补偿金问题作了比较全面的规定。

《违反和解除劳动合同的经济补偿办法》规定:(1)用人单位克扣或者无故拖欠劳动者工资的,以及拒不支付劳动者延长工作时间工资报酬的,除在规定的时间内全额支付劳动者工资报酬外,还需加发相当于工资报酬25%的经济补偿金。(2)用人单位支付劳动者的工资报酬低于当地最低工资标准的,要在补足低于标准部分的同时,另外支付相当于低于部分25%的经济补偿

金。(3)经劳动合同当事人协商一致,由用人单位解除劳动合同的,用人单位应根据劳动者在本单位工作年限,每满1年发给相当于1个月工资的经济补偿金,最多不超过12个月。工作时间不满1年的按1年的标准发给经济补偿金。(4)劳动者患病或者非因工负伤,经劳动鉴定委员会确认不能从事原工作、也不能从事用人单位另行安排的工作而解除劳动合同的,用人单位应按其在本单位的工作年限,每满一年发给相当于1个月工资的经济补偿金,同时还应发给不低于6个月工资的医疗补助费。患重病和绝症的还应增加医疗补助费,患重病的增加部分不低于医疗补助费的50%,患绝症的增加部分不低于医疗补助费的100%。(5)劳动者不胜任工作,经过培训或者调整工作岗位仍不能胜任工作,由用人单位解除劳动合同的,用人单位应按其在本单位工作的年限,工作时间每满1年,发给相当于1个月工资的经济补偿金,最多不超过12个月。(6)劳动合同订立时所依据的客观情况发生重大变化,致使原劳动合同无法履行,经当事人协商不能就变更劳动合同达成协议,由用人单位解除劳动合同的,用人单位按劳动者在本单位工作的年限,工作时间每满1年发给相当于1个月工资的经济补偿金。(7)用人单位濒临破产进行法定整顿期间或者生产经营状况发生严重困难,必须裁减人员的,用人单位按被裁减人员在本单位工作的年限支付经济补偿金。在本单位工作的时间每满1年,发给相当于1个月工资的经济补偿金。(8)用人单位解除劳动合同后,未按规定给予劳动者经济补偿的,除全额发给经济补偿金外,还须按该经济补偿金数额的50%支付额外经济补偿金。(9)经济补偿金的工资计算标准是指企业正常生产情况下劳动者解除合同前12个月的月平均工资。用人单位依据上述4、6、7的情况解除劳动合同时,劳动者的月平均工资低于企业月平均工资的,按企业月平均工资的标准支付。(10)经济补偿金在企业成本中列支,不得占用企业按规定比例应提取的福利费用。但是,企业月平均工资是一个需查证的事实,可能会影响到劳动者的请求之确定性。

《违反〈中华人民共和国劳动法〉行政处罚办法》和《劳动保障监察条例》规定了更重的欠薪责任形式。以《违反〈中华人民共和国劳动法〉行政处罚办法》第6条为例,该条规定了劳动行政执法部门对用人单位欠薪应责令支付劳动者的工资报酬、经济补偿,并可责令按相当于支付劳动者工资报酬、经济补偿总和的1至5倍支付劳动者赔偿金。

（二）我国《劳动合同法》及其配套法规关于欠薪责任的规定

《劳动合同法》第 85 条规定，用人单位有下列情形之一的，由劳动行政部门责令限期支付劳动报酬、加班费或者经济补偿；劳动报酬低于当地最低工资标准的，应当支付其差额部分；逾期不支付的，责令用人单位按应付金额 50% 以上 100% 以下的标准向劳动者加付赔偿金：(1)未按照劳动合同的约定或者国家规定及时足额支付劳动者劳动报酬的；(2)低于当地最低工资标准支付劳动者工资的；(3)安排加班不支付加班费的；(4)解除或者终止劳动合同，未依照本法规定向劳动者支付经济补偿的。《劳动合同法》还在第 47 条规定了经济补偿的计算标准：(1)经济补偿按劳动者在本单位工作的年限，每满 1 年支付 1 个月工资的标准向劳动者支付。6 个月以上不满 1 年的，按 1 年计算；不满 6 个月的，向劳动者支付半个月工资的经济补偿。(2)劳动者月工资高于用人单位所在直辖市、设区的市级人民政府公布的本地区上年度职工月平均工资 3 倍的，向其支付经济补偿的标准按职工月平均工资 3 倍的数额支付，向其支付经济补偿的年限最高不超过 12 年。(3)月工资是指劳动者在劳动合同解除或者终止前 12 个月的平均工资。

《劳动合同法实施条例》对欠薪的法律责任没有新的实质突破性规定，但对《劳动合同法》没有明确的几个问题作了补充完善。该条例第 23 条规定，用人单位依法终止工伤职工的劳动合同的，除依照《劳动合同法》第 47 条的规定支付经济补偿外，还应当依照国家有关工伤保险的规定支付一次性工伤医疗补助金和伤残就业补助金。这一规范使欠薪的范畴合理扩大，符合工伤救助的迫切性需求。在上述讨论设置我国欠薪优先权制度一节中，笔者也提出应将工伤赔偿金列为优先权范畴。该条例第 25 条规定，用人单位违反《劳动合同法》的规定解除或者终止劳动合同，依照《劳动合同法》第 87 条的规定支付了赔偿金的，不再支付经济补偿。赔偿金的计算年限自用工之日起计算。这一规范明确了欠薪责任中，性质上等同于经济补偿金双倍之赔偿金，不应再计付经济补偿，避免理解和执行为"支付三倍经济补偿金"之重责。该条例第 27 条规定，《劳动合同法》第 47 条规定的经济补偿的月工资按照劳动者应得工资计算，包括计时工资或者计件工资以及奖金、津贴和补贴等货币性收入。劳动者在劳动合同解除或者终止前 12 个月的平均工资低于当地最低工资标准的，按照当地最低工资标准计算。劳动者工作不满 12 个月的，按照实际工作的月数计算平均工资。这一规范厘定了我国《劳动合同法》中的经济补偿计算标准中的"月工资"概念,便于在追责时计算补偿标准。

对于非法用工单位、个人承包违法用工而欠薪的法律责任和劳动者权益保护问题,过去我国的劳动法律没有明确这类劳动关系是否属于劳动法律调整。《劳动合同法》第93条和第94条对此作了规定。

《劳动合同法实施条例》对欠薪的法律责任没有新的实质性突破,但对《劳动合同法》没有明确的几个问题作了补充完善。该条例第23条规定,用人单位依法终止工伤职工的劳动合同的,除依照《劳动合同法》第47条的规定支付经济补偿外,还应当依照国家有关工伤保险的规定支付一次性工伤医疗补助金和伤残就业补助金。这一规范使欠薪的范畴合理扩大,符合工伤救助的迫切性需求。在上述讨论设置我国欠薪优先权制度一节中,笔者也提出应将工伤赔偿金列为优先权范畴。该条例第25条规定,用人单位违反《劳动合同法》的规定解除或者终止劳动合同,依照《劳动合同法》第87条的规定支付了赔偿金的,不再支付经济补偿。赔偿金的计算年限自用工之日起计算。这一规范明确了欠薪责任中,支付了等同于经济补偿金双倍之赔偿金的,不应再计付经济补偿,避免理解和执行为"支付三倍经济补偿金"之重责。该条例第27条规定,《劳动合同法》第47条规定的经济补偿的月工资按照劳动者应得工资计算,包括计时工资或者计件工资以及奖金、津贴和补贴等货币性收入。劳动者在劳动合同解除或者终止前12个月的平均工资低于当地最低工资标准的,按照当地最低工资标准计算。劳动者工作不满12个月的,按照实际工作的月数计算平均工资。这一规范厘定了我国《劳动合同法》中的经济补偿、赔偿金计算标准中的"月工资"概念,便于在追责时计算补偿标准。

三、《劳动合同法》与原劳动法律关于欠薪责任的规定比较

对比《劳动合同法》与原《劳动法》、劳动规章关于欠薪责任的规定,我国劳动法律在欠薪的民事责任承担上有一些新变化。

第一,《劳动合同法》规定只有在劳动保障行政部门责令用人单位限期支付应付欠薪,而用人单位逾期不支付的情况下,用人单位才有加付赔偿金的责任。问题是,劳动保障行政部门给予用人单位支付应付金额的时间究竟是多长,《劳动合同法》和《劳动合同法实施条例》均没有明确规定。

第二,《劳动合同法》规定了加付赔偿金的幅度为按应付金额的 50% 以上 100% 以下。规定的加付赔偿金比《违反和解除劳动合同的经济补偿办法》规定的"额外经济补偿金"、"加付经济补偿金"比例提高了,并将名称改为加付赔偿金,吸收了《劳动保障监察条例》和《违反〈中华人民共和国劳动法〉行政处罚办法》的用词,同时比《违反〈中华人民共和国劳动法〉行政处罚办法》第6 条中规定的按相当于支付劳动者工资报酬、经济补偿总和的 1 至 5 倍支付劳动者赔偿金来讲,幅度调低了,以切合执法的客观实际状况和用人单位的承受能力。

第三,《劳动合同法》实际将非法单位、个人用工发生的劳动关系纳入劳动法律调整,这类劳动者的欠薪受到劳动法律的调整和保护。不具备合法经营资格的用人单位或者其出资人应当依照《劳动合同法》有关规定向劳动者支付劳动报酬、经济补偿、赔偿金;给劳动者造成损害的,应当承担赔偿责任。个人承包经营违反《劳动合同法》规定招用劳动者,给劳动者造成损害的,发包的组织与个人承包经营者承担连带赔偿责任。

第四,《劳动合同法》施行以后,上述《违反和解除劳动合同的经济补偿办法》和《违反〈中华人民共和国劳动法〉行政处罚办法》这两个规章不应适用于 2008 年 1 月 1 日后的情况。根据《劳动合同法》第 97 条的规定分析,《违反和解除劳动合同的经济补偿办法》仅适用于 2007 年 12 月 31 日以前发生的欠薪情况。《违反和解除劳动合同的经济补偿办法》和《违反〈中华人民共和国劳动法〉行政处罚办法》这两个规章的很多内容相互冲突,已经与客观实际不符,也与《劳动合同法》的规定冲突。《违反〈中华人民共和国劳动法〉行政处罚办法》中关于"1 至 5 倍支付劳动者赔偿金"的规定也与《劳动保障监察条例》的规定冲突。比较妥当的做法是不论 2008 年 1 月 1 日前或后的情形,均应按《劳动合同法》的规定执行,以统一责任尺度。

对不履行正常清算义务给债权人(包括工资债权人)造成损失的,根据最高人民法院《关于适用〈中华人民共和国公司法〉若干问题的规定(二)》的规定,作为有限责任公司的股东、股份有限公司的控股股东和董事以及公司实际控制人应承担相应民事责任,对公司债务承担连带清偿责任。如果是跨国、跨境的外国企业或个人,不论是否已出境,负有清算义务而不履行清算义务导致债权人损失,也应按上述规则对公司债务承担连带责任。因此,不论是劳工在追偿未获垫付的欠薪还是欠薪保障机构在追偿垫付资金时,均可主张不履行正常清算义务给债权人造成损失的有限责任公司的股东、股份有限公司的控股股东和董事以及公司实际控制人对债务承担连带责任,这也是用人单位及其责任人员承担民事责任的规范。

此外,我国《劳动法》、《劳动合同法》及配套法规、规章和《劳动争议调解仲裁法》均没有规定对"设立中企业"(准企业)里劳动关系的法律适用规则,即使《劳动合同法》第93条和第94条的规定也不能当然适用于"准企业"里劳动关系的情形。

笔者认为,"准企业"与劳动者发生的劳动关系,从保护劳动者利益角度出发,应当按照劳动法赋予劳动者的权利来处理为妥当。如果设立中企业最终不能成立,应当由投资人按照劳动法规定的标准连带承担给付劳动者劳动报酬、缴纳社会保险费以及赔偿给劳动者造成损失的责任。对于责任人的认定问题,在能明确投资人的情况下,由投资人承担义务;无法查明投资人的,由招用工作人员的负责人承担义务。关于处理程序,为了与其他劳动争议案件统一,建议统一按照《劳动争议调解仲裁法》的规定程序处理为妥。如果企业最终成立,应当让成立后企业按照劳动法标准对劳动者承担包括给付劳动报酬、经济补偿金、缴纳社会保险费、赔偿给劳动者造成损失在内的一系列义务。如果设立中企业最终不能成立而与劳动者解除或者终止劳动关系,考虑到此种情况的特殊性,以投资人不需给付劳动者经济补偿金为宜。这点与成立后企业所承担的责任是不同的[1]。

第三节 欠薪行政责任及其完善

我国现行劳动法律对欠薪的法律责任规定,主要表现在上述的民事责任承担方面。而行政责任主要是针对劳动保障行政部门、其他行政执法部门及其人员的行政处分,并非针对欠薪的法律责任承担主体用人单位及其责任人。

针对欠薪责任主体的行政责任形式主要是罚款或滞纳金形式。例如,我国台湾地区"劳动基准法"第79条规定,违反主管机关依第27条期限给付工

---

[1] 周贤日:《设立中企业的劳动关系法律适用探讨》,《中国劳动》2010年第3期。

资的,违反主管机关依第 43 条所定假期或事假以外期间内工资给付的最低标准的,处 2,000 元以上 20,000 元以下罚款。但是我国台湾地区"劳动基准法"第 27 条并没有规定一个明确的支付"期限"。再如,我国《劳动保障监察条例》第 27 条第 1 款规定,用人单位向社会保险经办机构申报应缴纳的社会保险费数额时,瞒报工资总额或者职工人数的,由劳动保障行政部门责令改正,并处瞒报工资数额 1 倍以上 3 倍以下的罚款。

在欠薪仲裁和诉讼等救济手段之外,规定通过劳动监察责令责任主体限期支付欠薪,是基于工资为劳动者及其家属维持生计之基本,劳动者通过劳动仲裁和诉讼救济旷日持久,难以解决劳工生活迫切需求,将形成严重的社会问题。[①]

我国《劳动合同法》也规定了由劳动保障行政部门责令用人单位限期支付欠薪,但是没有规定明确的"期限",也没有规定用人单位不按限期支付的行政责任,只是规定了"加付赔偿金"的民事责任。

虽然我国《劳动保障监察条例》第 17 条规定,劳动保障行政部门对违反劳动保障法律、法规或者规章的行为的调查,应当自立案之日起 60 个工作日内完成;对情况复杂的,经劳动保障行政部门负责人批准,可以延长 30 个工作日。这一规定,只是劳动保障行政部门调查期限,而不是责令用人单位支付欠薪的期限。《劳动保障监察条例》第 30 条第 1 款第三项规定,经劳动保障行政部门责令改正拒不改正,或者拒不履行劳动保障行政部门的行政处理决定的,由劳动保障行政部门处 2,000 元以上 20,000 元以下的罚款;但是,这一行为是否包括了欠薪行为,是不明确的。

还有一个问题是,如果劳动保障行政部门没有责令用人单位限期支付欠薪,或者用人单位不按限期支付欠薪、劳动保障行政部门没有责令用人单位加付欠薪的 50% 以上至 100% 以下的赔偿金,从法理和法条的含义看,劳动者对此"加付赔偿金"是不能通过劳动争议仲裁和诉讼请求获得的,只能通过提起对劳动保障行政部门的行政诉讼来救济,这可能是一条比劳动争议仲裁和诉

---

① 参见我国台湾地区"劳动基准法"第 27 条及其立法说明。该条文及立法说明均引自:台湾劳动法学会主编:《劳资圣经——经典劳动六法》,台北新学林出版股份有限公司 2008 年版。

讼更艰难的维权之路。

依我国《劳动保障监察条例》第 21 条第 2 款规定,对应当通过劳动争议处理程序解决的事项或者已经按照劳动争议处理程序申请调解、仲裁或者已经提起诉讼的事项,劳动保障行政部门应当告知投诉人依照劳动争议处理或者诉讼的程序办理。由此,如果用人单位对欠薪纠纷先行通过申请仲裁等程序以避开劳动监察,劳动者就可能无法通过劳动监察达到快速救济之目的了。

建议我国欠薪保障的法律责任制度中,赋予劳动者一方选择处理欠薪的方式,并规定劳动者有权选择通过劳动监察或者直接申请仲裁的方式要求欠薪的责任主体加付 50% 以上至 100% 以下的赔偿金。

建议完善《劳动保障监察条例》第 26 条和《劳动合同法》的相关规定,对欠薪在 1 个月以下的,加付所欠金额 50% 赔偿金;欠薪在 1 个月(含 1 个月)以上的,加付所欠金额 1 倍赔偿金。这样划定尺度,可以限制劳动行政监察的裁量权,使加付责任细化。

同时,劳动仲裁制度实际使欠薪制成为“三审终审”制度,不利于劳动者便捷维权,建议取消劳动仲裁制度,此类劳动争议归入法院民事审判范畴。为了顺应这一改革,建议各级法院按需要成立专门的劳动法庭,吸收通过国家司法资格并有符合一定年限和审理一定数量劳动争议仲裁案件的仲裁员作为法官,缓解目前地区性的劳动诉讼案件经办人员紧缺矛盾。

第四节　欠薪刑事责任的是非之争

面对我国欠薪的“恶疾”,对欠薪的责任承担主体用人单位及其责任人是否要动用刑法来追究其刑事责任,成为了我国立法、司法和法学界一个热点争论问题。虽然我国《刑法》修正案(八)已经正式将拒不支付劳动报酬规定为犯罪加以追究刑事责任,但笔者仍然坚持刑法谦抑理念和强调处理欠薪问题的长效社会机制。

2008 年金融危机爆发后,面对大量欠薪欠款逃避义务的情况,中共广东省委政法委员会曾组织相关机构和人员开展了一项专门针对欠薪欠款问题的调查,并提出了动用刑法严厉打击恶意欠薪欠款的地方性调研意见。有人认为,拖欠工资问题长期得不到有效解决的重要原因是法律责任过轻。过轻的法律责任直接导致了欠薪的产生,也加大了解决拖欠工资问题的难度,因此建议修订《刑法》时,设立恶意欠薪罪,追究恶意逃避工资支付义务的责任人刑事责任。① 有些接受调查访问的人士认为,设定恶意欠薪罪,才能形成足够的刑法威慑力,至于认定标准就以有支付能力而不支付为基本要件,而拒不执行生效裁判罪的证明标准较高,威慑力不够。② 确实,我国香港法例和我国澳门2009 年1 月1 日生效的《澳门劳动关系法》有直接对欠薪定罪处罚的规定。例如,根据香港《雇佣条例》第65 条规定,雇主故意拖欠工资将被定罪,除须支付根据该条例所施加的罚款外,如判其有罪的法庭有所命令,还需付给在定罪时尚未清付而与所犯罪行有关的工资或其他款项。如果法庭以雇主并非故意拖欠,或并非无合理辩解而拖欠为理由,判雇主该条例所订的罪行罪名不成立而将其释放,但却认为与该项控罪有关的工资或其他款项已经到期支付,可下令该雇主付给此等工资或其他款项③。再如,香港《雇佣条例》第67 条对拘捕潜逃雇主的申请作了明确的规定,如任何雇主或前雇主,意图逃避付给以下款项而即将离开香港:(a)拖欠其任何雇员所赚取的工资,不论该工资是否已经到期支付;或(b)拖欠其任何雇员根据雇佣合约应得的其他款项,则其雇员可向区域法院法官申请发出手令拘捕潜逃雇主。④ 还有我国《澳门劳动关系法》规定,违法全部或部分否定获报酬的权利的,可处以罚金,还可按《刑法典》的规定转换为监禁。相关规定见于《澳门劳动关系法》的第62 条、第64 条、第79 条、第85 条和第87 条等。

　　理论界也对拖欠工资是否应当入罪进行了激烈的讨论。例如,《法治论坛》2009 年第15 辑开设了"欠薪逃匿研究专题",刊发了11 篇意见针锋相对的学术论文。⑤

　　欠薪的普遍原因是经营产生的风险和劳动关系产生的纠纷,更多的是劳

---

① 参见:"广东省劳保厅呼吁:欠薪保障规定尽快出台",《羊城晚报》2009 年8 月11 日。

② 笔者与肖胜方律师、严垠章律师等人讨论这一问题时,他们提出了类似看法,对他们的观点给笔者的启示,特此致谢。

③ 香港《雇佣条例》第65 条,由1992 年第31 号第7 条修订。

④ 香港《雇佣条例》第67 条,由1998 年第25 号第2 条修订。

⑤ 参见广州市法学会编:《法治论坛》2009 年第15 辑,中国法制出版社2009 年版,第49—94 页。

动法、合同法、公司法这些非刑法规范调整的领域。刑法介入这一领域，不仅涉及因经营、劳动纠纷等产生的欠薪与有支付能力而恶意逃匿欠薪的认定标准问题，涉及公权力介入这一特殊民事债务纠纷的正当性和效益性问题，还涉及刑法的谦抑原则和社会法的长效机制问题。①

第一，如果对某种行为要追究刑事责任，则该行为必须具有极大的社会危害性。建议增设"恶意欠薪罪"的支持者认为，工资，尤其是农民工的工资，是工人唯一的生活来源，拖欠工资的行为不仅侵犯了工人获得劳动报酬的权利，而且侵犯了工人的生存权，拖欠工资的行为使得大量工人的基本生活得不到保障，这些衣食无着的工人被逼无奈往往采取一些极端的方式来讨要工资或者表达不满，从而引发了严重的社会问题。因此，支持者认为拖欠工资具有极大的社会危害性，应当通过刑罚手段予以规制。

但是，无论是支持者还是反对者都认为解决拖欠工资的长效机制是建立欠薪保障基金等救济制度。根据欠薪保障基金制度，对于符合法定情形的被欠薪劳动者，欠薪保障基金会先垫付一部分工资，这部分垫付工资一般足以解决劳动者重新就业前一段时期的基本生活，欠薪保障基金取得本来由劳动者享有的针对该垫付部分向用人单位追索的权利。通过这一机制，即使用人单位拖欠劳动者工资也不至于危及劳动者一定时期的基本生活。在基本生活得到保障以后，劳动者便可以通过法律手段追索剩下的劳动报酬。可见，在类似我国香港、台湾、深圳、上海所实行的欠薪保障基金制度全面推广施行以后，拖欠工资行为预计不再具有支持者所说的极大危害性和引发激烈社会冲突。

第二，对拖欠工资的行为予以刑事处罚可操作性难，可能达不到立法者的立法目的和预期。支持者在论述构想中的"恶意欠薪罪"的犯罪构成的时候，绝大多数人认为该罪的主观要件是故意。但是在论述什么样的情形是故意的时候存在分歧，主要有以下两种观点：第一种观点认为，用人单位有支付劳动者工资的能力却不支付则构成故意；第二种观点认为，除非不可抗力，用人单位只要逾期不支付劳动者工资就构成故意。

对于第一种观点，如果能够证明用人单位有支付劳动者工资的能力，则能

① 周贤日：《恶意欠薪入罪冷思考》，《法治论坛》2009 年第 15 辑，中国法制出版社 2009 年版。

证明用人单位有可供执行的财产,那么通过民事手段同样能够使得劳动者拿到应得的工资,而且《劳动合同法》对欠薪导致劳动者提出解除劳动合同,用人单位也要给予劳动者经济补偿,就体现了民事处罚的意旨。我国《劳动争议调解仲裁法》对保障工资报酬等劳动权利也设计了一些重要制度,例如申请仲裁时效的中断和延长制度、先予执行制度、支付令制度等。同时,如果用人单位有能力履行生效裁判而采取隐匿、转移财产等方式逃避履行生效裁判义务的,按照我国现行的刑法和民事诉讼法,可按"拒不履行生效裁判罪"追究其刑事责任,无需新设罪名。

对第二种观点,除非不可抗力,只要用人单位逾期不支付劳动者工资就构成故意,就要构成"恶意欠薪罪",这对于用人单位来说显然是不公平的,会产生消极的法律后果。

从已经通过的刑法修正案(八)的规定看,是"以转移财产、逃匿等方法逃避支付劳动者的劳动报酬或者有能力支付而不支付劳动者的劳动报酬,数额较大,经政府有关部门责令支付仍不支付"作为追究刑事责任的要件。这与刑法原有的"拒不履行生效裁判罪"的构成要件没有突破性变化,而且为政府有关部门的责令之裁量权增加了更加厉害的"刑法威慑"手段。搁置"拒不履行生效裁判罪"不用,为了增加外观的"威慑力"而增设一个罪名,放弃将经过法院裁判确定的本质属债权争议直接转为政府责令(此种行政程序正义显然无法与司法程序正义相比)后的直接追究刑事责任,其必要性仍然值得推敲。

实践中,用人单位拖欠工资的原因比较复杂,有的是因为企业经营不善而无力支付;有的是企业恶意拖欠,即有能力支付而故意不予支付;有的是企业陷入三角债务关系,等待债权的实现;有的是建设方缺乏诚信,不及时按工程进度拨付工程款,甚至让施工方垫资建设,以致施工方负债累累;有的是中小企业主突然遭受天灾人祸,以致无力支付;有的是商品或服务的质量存在问题,或者劳动者违反竞业限制义务,或者劳动者违反规章制度导致用人单位损失,由此产生当事人之间的争议,一方当事人暂时不支付全部或部分劳动报酬。[①] 这属于企业的正常经营风险。如果因为经营不善或者非企业主自身的

---

　　① 曾粤兴、张勇:《刑罚权发动的合理性——人大代表增设拖欠工资罪议案的思考》,《中国人民公安大学学报》2005 年第 4 期。

主观原因规避义务,企业陷入资金困难发不了工资就构成犯罪,对于用人单位的投资人来说是非常不公平的,将可能引发新一轮的政府有关部门选择性执法和权力寻租,将可能抑制投资人的投资创业积极性。

政府部门拖欠建筑行业工程款,从而引发拖欠工人工资也是难以动用刑法追责的一个问题。建筑行业是拖欠工资的重灾区,建筑行业的农民工是拖欠工资受害严重的群体之一。政府部门基于追求"政绩"的考虑超越自身财力大兴土木,大搞城镇基础设施建设等"形象工程",从而拖欠建筑行业工程款是造成连年拖欠农民工工资的重要原因。在政府工程的资金链条上,政府作为业主是资金流的源头,而农民工处于资金流的最末端,如果政府拖欠工程款,将立即导致农民工工资断流,必然形成拖欠现象。① 但是也有学者指出,承包方从发包方处得到的工程款是其经营目的实现和利润的收获,于此相伴随的收款风险实质上是一种经营风险,而劳动者的劳动是不能分享经营者的利润的,当然也不必承担其经营风险,用人单位应该以自身业已具备的偿付能力,而不是依靠使用劳动者后获取的利益来支付劳动者的工资。②

问题是,对政府部门拖欠工程款而连带引起的拖欠劳动者工资,能否对政府部门及其负责人追究"恶意欠薪罪"之类的刑事法律责任? 显然这是无法操作和实现的。

第三,刑法对恶意欺诈、逃避债务已有相应的处罚条款。从纳入刑法调整的社会关系看,其本质是严重危害了国家利益、公共利益和社会秩序且已经为世人普遍认可需要承担刑事责任的行为。自 1997 年新刑法颁行以来,我国近 10 年来接连通过了 7 个刑法修正案,不断扩充刑法调整的社会关系,补充增加了许多罪名,但是并没有明显提升社会的和谐安宁秩序,反而给人"严刑峻法"的压抑窒息感觉,我们不能过于倚重刑法的调整功能。"法律的主要功能并不是惩罚或镇压,而是为人们的共存和某些基本需要的满足提供规范性安排。对强制性制裁的需要越少,法律就越完成它的加强社会和平及和谐的目的"③。

---

① 张建明:《根治农民工欠薪的政府责任及法律对策》,《法制研究》2007 年第 8 期。
② 黎建飞:《拖欠民工工资的法律问题》,《法学杂志》2004 年第 2 期。
③ [美]埃德加·博登海默:《法理学——法律哲学和方法》,张智仁译,上海人民出版社 1992 年版,第 315 页。

"严酷的刑罚也违背了公正和社会契约的本质"①。因此,我们不能过分依赖不到万不得已才动用的刑罚强制制裁手段,而应动用欠薪保障基金等在内的相对和缓的保障机制。

第四,直接增设恶意欠薪罪并不能真正救济劳动者生存需求。反思这些年刑法扩充的进路,对刑法调整社会矛盾的功能,我们要慎重评估,不能过分夸大。过于苛责地追究经营者的欠薪责任甚至上升到刑罚层面,是否会压抑经营者创业的动力? 是否会造成更为激烈的对抗? 即使恶意欠薪入罪处罚,劳动者在刑事案件中请求附带民事赔偿即请求劳动报酬,获得的几率又如何? 从我国附带民事赔偿请求获赔率极低的事实看,恶意欠薪入罪恐怕无法真正救济劳动者生存的迫切需求。

相反,社会法的调整机制是一种相对缓和的理性手段,并且比刑法手段更容易为经营者接受,也容易营造一个和谐共处的社会环境。即使在我国刑法修正案(八)已经"尘埃落定"的背景下,我们仍然不能倚重刑法解决欠薪问题,而要塑造处理欠薪问题的社会法机制。正如我国香港法律,虽然规定了欠薪入罪,但其发挥有效应急功能的却是欠薪保障基金制度。通过设立既有保障和调剂功能又可以由欠薪基金组织追偿的欠薪保障基金制度,仿照我国香港法例对每一个用人单位每年征收数百元的欠薪保障费,或者仿照我国台湾法律规定工资垫偿基金由雇主依劳工保险投保薪资总额万分之二点五按月提缴,能够为绝大多数经营者接受,也可以解决欠薪的应急基金问题②。再如,对拖欠劳动者工资比较普遍的建筑行业和其他某些劳动者流动性大的行业,加强工资支付监控,已经实施工资支付保证金制度的地区,在未建立欠薪保障基金制度前,可以继续实行,要求业主将一定额度的工程款划入受劳动行政主管部门监控的银行专户,防止建筑等行业存在的普遍欠薪问题。还有,在法律上赋予劳动者更快速简便的法律救济机制,如借鉴德国、日本的民事支付令制度,改革我国的民事支付令制度,也是比欠薪入罪更现实、更长效的机制。③

从各国刑法立法例看,"遍查各国刑法典,规定了'故意拖欠工资罪'及其

---

① [意]贝卡利亚:《论犯罪与刑罚》,中国大百科全书出版社 1993 年版,第 11 页。
② 周贤日:《我国港台地区欠薪保障基金制度比较研究》,《比较法研究》2010 年第 6 期。
③ 周贤日:《恶意欠薪入罪冷思考》,《法治论坛》2009 年第 15 辑,中国法制出版社 2009 年版。

类似犯罪的以《俄罗斯联邦刑法典》最为典型"①；有些论文主张设"恶意欠薪罪"，也只是举了韩国和我国香港的立法例。② 德国《刑法典》第 266A 条规定，雇主截留或侵占雇员劳动报酬的，判处 5 年以下自由刑并处罚金。但从世界各国立法例看，主张设"恶意欠薪罪"的人，也很难从欧美等发达国家刑法立法例中找到更多的立法例证。而且茅于轼先生认为似乎有必要"警惕那些企图通过讨好穷人获得政治支持的人"③。保护劳动者利益和兼顾用人单位的利益，是一个辨证的问题，要找到合适的平衡点，否则严重打击投资人的投资积极性和创业热情，将造成我国投资资金外流和各类非国有经济组织外移，冲击我国劳动力就业和产业结构提升。

综上，"恶意欠薪罪"所要求的故意在司法实践中是有可能很难操作，如果一项罪名不具有可操作性，那么这项罪名存在的合理性就应当受到质疑。根据以上论述，在欠薪保障基金制度和配套的救济制度推广施行以后，拖欠工资的现象将有效地得到遏止，欠薪行为的社会冲突将趋向缓和。

---

① 徐楷、宋敏：《俄罗斯刑法恶意欠薪罪解构与借鉴》，《山东省青年管理干部学院学报》2009 年第 2 期。

② 黄福涛：《建议刑法中增设故意拖欠工资罪》，《法制与社会》2007 年第 2 期。

③ 王从圣：《要警惕那些企图通过讨好穷人获得政治支持的人》，《南方周末》2007 年 8 月 30 日。

第六章　欠薪保障基金立法构想

第一节　欠薪保障基金立法概述

欠薪保障法律制度涉及从立法完善、行政干预、司法介入、经济调控和舆论谴责等方面的协同手段。如何处理好各项手段的关系,发挥协同作用,是一个值得认真研究的系统性社会科学问题。从法治的基本要素看,首先应当有法可依,因此借鉴已有立法文本和实践经验,制定我国的欠薪保障法律,是有法理和现实依据的。

如前所论,欠薪保障法律制度的具体展开包括欠薪保障基金制度、欠薪救济法律制度(具体包括欠薪调解救济制度、欠薪劳动监察救济制度、欠薪支付令救济制度、欠薪优先权救济制度以及欠薪准司法和司法救济制度)、欠薪法律责任制度,等等。各项具体制度本身的正当性和效益性需要进行认真深入的研究,各项制度之间的相互关系也是需要我们认真研讨的问题。

因为欠薪而引发的社会矛盾层出不穷,欠薪已经成为影响社会稳定的重要因素,解决欠薪问题刻不容缓。通过上述的比较分析,优先的选择应是构建我国欠薪保障基金制度,以济劳动争议仲裁和诉讼之不足。而国家层面欠薪保障基金法律制度的缺失,使得为采取措施保障劳动报酬成了一个重要的地方立法项目。从这个角度讲,非经济特区地方所进行的欠薪保障基金制度立法虽有违我国《立法法》,但具有时局的正当性和迫切性。

如果采取示范法,由各地自由选择适用的做法,可能冲击现行的立法体制,使得一些人担心国家立法权受到肢解。为此,笔者建议,由全国人大或全国人大常委会制定欠薪保障法,全国的欠薪保障法对欠薪保障基金适用范围、征收费率、垫付情形等具体问题授权各地在全国性法律框架下制定各地的具体规定。这一方案既符合我国《立法法》规定对非国有财产征收需要制定法律的强制性规范,又允许各地有选择是否实行欠薪保障基金制度的自主权,兼顾各地实际情况,避免立法一刀切。

然而,符合我国立法体制的做法应是由国家立法机关制定全国性法律。从国家立法层面完善我国的欠薪保障基金法律,授权各省级区域在全国立法的框架下结合本地区实际情况制定本地区适用的具体条例,充分发挥地方的积极性和主动性。或者在修改我国《劳动法》时,对欠薪保障基金法律制度加以原则性规定,授权国务院制定欠薪保障基金条例,使欠薪保障基金法律制度在全国的推行有法可依。

2009 年 6 月至 2010 年 1 月,笔者对广东省部分地区进行了有关欠薪为主题的实地访谈调查和随机问卷调查,对广东省的欠薪基本情况有实证研究基础。2009 年 10 月 21 日,广东省法制办公室向社会公布了《广东省欠薪保障规定(征求意见稿)》(以下简称《广东省规定稿》),也是本书的一个参考素材。笔者对我国香港、台湾两地区和上海市、深圳市两地方的欠薪保障基金制度作了一些比较研究。结合上述的调查、研究,笔者下文提出的《中华人民共和国欠薪保障基金法(建议稿)》(以下简称《欠薪保障基金法(建议稿)》),在法律制度层面探讨欠薪保障基金制度的立法规范和表述,其中的评析和论述不限于欠薪保障基金制度,而是涉及欠薪保障的相关问题。本章以期透过一个直观的文本展示构建欠薪保障基金制度的基本问题,为构建全国欠薪保障基金制度提供立法参考。

但是有些人提出,我国作为单一制的国家结构形式,没有制定示范法的前例,实行的都是自上而下的立法。因此,建议通过完善《劳动保障监察条例》,完善用人单位的法律责任。但是,我国已有的劳动报酬法律、法规并不能有效地维护劳动者权益,存在的疏漏也不是现行劳动法律可以解决的。

在拟订欠薪保障基金法建议稿过程中,笔者深感拟订这样一部法律稿条款,无论是立法观念、还是其他立法障碍,均存现实差距,将会引起不少的争论。

第二节　《欠薪保障基金法(建议稿)》及立法论证

《欠薪保障基金法(建议稿)》既借鉴我国香港、台湾、深圳和上海等地的相关做法,又考虑全国各区域不平衡特点,做出有一定弹性的规定,允许各省、自治区、直辖市选择适用,而不是强制全国自上而下统一执行。在该法施行一定时间后,例如五年,才由全国立法机关审议、修改并决定是否在全国统一强制施行。从这点看,进行全国性的欠薪保障基金立法,有示范文本的意义,又可避免通过地方立法征缴欠薪保障费与立法法冲突的问题,为各地方推行欠薪保障基金制度确定上位法依据。

《欠薪保障基金法(建议稿)》规定了欠薪保障相关措施,规范欠薪保障费的筹集和支出、欠薪的申请和垫付、追偿以及对欠薪逃匿的用人单位责任人的处理等。制度设计体现保障劳动者取得劳动报酬的权利、维护社会和谐稳定的目的,贯彻社会共济、应急帮助和有限垫付的立法原则。

《欠薪保障基金法(建议稿)》共分为九章,分别是第一章总则、第二章管理机构、第三章专责机构、第四章欠薪保障费、第五章申请和垫付、第六章垫付追偿、第七章跨境协助、第八章法律责任、第九章附则。

以下为《欠薪保障基金法(建议稿)》示范文本及分章、分条的立法说明。

第一章 总 则

本章为立法总则,规定了立法目的、适用范围、基本原则、相关机构分工和职责、配套制度、利益回避、变通规定。

第一条[立法目的] 为了保障劳动者取得劳动报酬的权利,维护社会安全,促进劳动关系和谐,根据《中华人民共和国宪法》和《中华人民共和国劳动法》,制定本法。

[立法论证]我国宪法确定了劳动者的劳动权,劳动者取得劳动报酬是劳动者的核心劳动权之一。我国连年来的大量欠薪社会问题,已经严重影响了社会安全,破坏了劳动关系和谐。因此,制定欠薪保障基金法,从法理、宪法和劳动法上存在依据。

第二条[适用范围] 中华人民共和国境内企业、民办非企业单位(以下称用人单位)缴纳欠薪保障费,以及与上述用人单位建立劳动关系的劳动者申请欠薪垫付,适用本法。

前款规定的用人单位设立的分支机构依法取得营业执照或者登记证书的,其缴费以及劳动者申请欠薪垫付,依照本法规定执行。

劳务派遣单位和用工单位按照本法规定的缴费标准,由办理劳动者社会保险所在的单位缴纳欠薪保障费;受派遣劳动者申请欠薪垫付,依照本法规定执行。劳务派遣单位和用工单位对缴纳欠薪保障费和劳动者的劳动报酬承担连带责任。

[立法论证]设立欠薪保障基金主要针对欠薪多发的企业,但是随着用人单位的多样化,考虑立法的公平,亦为保证欠薪保障费来源,对民办非企业单位、企业领取营业执照的分支机构和民办非企业单位领取登记证书的分支机构,也应征收欠薪保障费。从我国现有立法用意看,是限制劳务派遣的,对发生损害劳动者权益的行为,应由劳务派遣单位和用工单位承担连带责任;因此,对于劳务派遣单位和用工单位由办理劳动者社会保险所在的单位缴纳欠薪保障费,方能体现我国劳动法律意旨和保护劳动者权益。

第三条[基本原则]　欠薪保障实行社会共济、应急救济、有限垫付和代位追偿的原则。

[立法论证]本条规定欠薪保障基金的基本原则。

社会共济原则是指欠薪保障基金来自向众多用人单位的征费和其他各项收入,用于垫付不特定劳动者的欠薪,是一种兼具社会保险和公共救助性质的特殊制度。

应急救济原则是指用人单位破产、解散、清算或其负责人逃匿等法定情形,被欠薪的劳动者获得紧急救助以免本人及其家属生活陷入困顿。

有限垫付原则是劳动者申请垫付的只限于法定情形发生前、法定月数内和法定额度的欠薪。

代位追偿原则是指欠薪保障基金垫付劳动者的部分欠薪后,取得所垫付欠薪向用人单位追偿的代位权。但是,在劳动者尚有欠薪未获垫付和未获用人单位支付的情况下,劳动者就未获垫付和未获支付的欠薪仍然享有欠薪优先权,优先于欠薪保障基金的代位追偿权;鉴于欠薪保障基金的代位追偿权属于垫付劳动者欠薪而获得,应在劳动债权之后,优先于国家税收债权。

有限垫付原则和代位追偿原则均是为了保障欠薪保障基金的充实和垫付能力而规定的,为使欠薪保障基金能满足更多被欠薪劳动者的紧急生活需要,垫付不能没有限度,垫付以后应取得追偿权。

第四条　[相关机构分工和职责]

国务院设欠薪保障监督委员会,负责制定欠薪保障政策,领导和监督全国各地区的欠薪保障监察和欠薪保障基金工作,协调各省、自治区、直辖市欠薪保障基金委员会之间以及其与各级欠薪保障费征收机构、欠薪保障垫付机构、欠薪保障监察机构的关系。

国务院人力资源和社会保障部门领导全国欠薪保障监察工作。地方各级人力资源和社会保障部门负责本地区欠薪保障监察工作,负责处理本地区欠薪事务。

各省、自治区和直辖市设置独立于政府的欠薪保障基金委员会,负责欠薪保障基金管理工作。

根据各省、自治区和直辖市欠薪保障基金委员会的授权,各级地方税务机关负责本地区欠薪保障费征缴等工作,地方各级人力资源和社会保障部门负责本地区欠薪保障基金垫付等工作。

[立法论证]本条明确了欠薪保障监督,监察,欠薪事务处理,欠薪保障费的征缴,欠薪保障基金的管理和垫付的相应机构,避免欠薪保障相关工作缺乏明确的负责机构。

我国香港地区设置独立于政府的破产欠薪保障基金委员会,负责破产欠薪保障基金事务,但破产欠薪保障费通过香港税务部门征收,垫付工作授权香港劳工处负责,破产欠薪保障基金委员会实际是一个政策性、管理性和审核性机构,不具体处理欠薪保障费征收和垫付工作。

我国现有的自上而下的各级人力资源和社会保障部门是政府的内部机构,其内部多数已设立了劳动保障监察部门,由各级人力资源和社会保障部门负责欠薪监察工作和处理欠薪事务,比较符合现行的行政体制。

但是,鉴于欠薪保障基金在全国各地区建立起来后是一笔庞大的资金,为了加强监督和管理,协调欠薪保障基金机构与现有劳动保障监察机构(欠薪保障监察、垫付办理机构)、欠薪保障费征收机构的关系,以及协调各省、自治区、直辖市欠薪保障的关系,在国务院设欠薪保障监督委员会,负责制定欠薪保障政策,监督各级劳动保障监察和欠薪保障基金工作。

由于我国各级人力资源和社会保障机构依附于政府,其内部缺乏制衡和监督,信息不公开,收支难以有效监控,如果将欠薪保障费的征收、管理和垫付职权集于其一身,容易导致权力滥用。借鉴我国香港的体制,由专门设置的各省、自治区、直辖市欠薪保障基金委员会授权本地区各级人力资源和社会保障部门负责本地区欠薪保障费的垫付等工作,是比较妥当的做法。因此,各级欠薪保障基金垫付机构是指用人单位缴纳养老保险费所在地的同级人力资源和社会保障部门。

我国各级地方税务机构具有专业的征收队伍和技术保障,由税务部门征收欠薪保障费更有效。因此,欠薪保障费由地方各级税务部门向各缴费单位征收,将欠薪保障基金委员会设定为管理性、政策性和审核性专门机构,保证委员会的独立性和公正性,符合职权制衡和分工监督的基本要求,对欠薪保障基金的高效、独立、公正运行是一种制度保障。

至于欠薪保障基金委员会的具体设置由本法专门规定。

第五条[配套制度] 对劳动密集型企业、外向型企业和根据统计数据表明容易发生欠薪的其他用人单位,各级人力资源和社会保障部门可以会同本地区税务、工商和银行等机构,实行工资支付监控制度,预防欠薪。

[立法论证]由于欠薪保障基金制度只是欠薪之后的有限垫付救济,通常不能完全实现劳动者的劳动报酬权。为了预防欠薪,建立工资支付监控制度,是有必要的。

由于目前建筑行业的不规范性和特殊性,加上该行业用工流动性极大和欠薪严重,各地往往对建筑行业单独设立工资支付保证金制度。该制度的基本做法是,让建设单位在申领工程项目施工许可证前,按照工程造价的一定比例作为首付工资保证金存入中标建筑企业开设的专用存款账户,以备将来支付拖欠劳动者的劳动报酬。

有些地方的欠薪保障规章规定,各地对建筑施工企业实施了工资支付保证金制度的,不适用欠薪保障基金制度,如上海市的欠薪保障地方规章。有些地方的欠薪保障规章则规定,各地对建筑施工企业实施了工资支付保证金制度的,同时适用欠薪保障基金制度,如《广东省规定稿》。

建筑行业的工资支付保证金制度与欠薪保障基金制度的设立目的和功能基本类似。让已经实施了工资支付保证金制度的建筑行业再缴纳欠薪保障费,的确更加有利于保障劳动者获得合法劳动报酬,但是对建筑行业却是不公平的。

工资保证金制度仅适合有支付工程款的建筑业,不适合一般的行业,工资保证金制度要与工资支付监控制度相配合,需要劳动监察部门、建筑主管部门、银行等的相互配合,目前尚没有实证数据可资研究其实施效果,在建立了欠薪保障金制度后,以暂缓实行工资保证金制度为妥当。

在目前的情况下,为了使欠薪保障基金制度与工资保证金制度相衔接,可借鉴上海市的制度,对已经实施了工资支付保证金制度的建筑施工企业可以暂不适用本法。

具体如何处理,建议授权各省、自治区和直辖市在制定本地区欠薪保障基金条例时加以规定,本法不做强制性规定。

第六条[利益回避]　欠薪保障基金委员会委员及其办事机构人员、专责机构专责人员和联络员及其办事处人员、其他欠薪保障执法人员,有下列情形之一的,应自行回避:

(一)投资欠薪用人单位达到其注册资本百分之一以上的;

(二)持有欠薪用人单位股份或股权达到百分之一以上的;

(三)现与或曾与欠薪用人单位法定代表人、负责人或者控制人发生不属于执行职务所致的纠纷,而为仲裁或诉讼案件的当事人,依情形有执行职务偏颇可能的;

(四)本人或其配偶、前配偶、直系血亲、三等以内旁系血亲或曾有此关系的人为欠薪用人单位的法定代表人、负责人或控制人的;

(五)本人或其配偶、前配偶、直系血亲、三等以内旁系血亲或曾有此关系的人为欠薪用人单位股东选派的董事会成员的;

(六)有其他利害关系并足以导致执行职务偏颇可能的。

前款规定的人员应自行回避而不回避的,欠薪用人单位或者被欠薪劳动者有权在前款规定的人员所在机构作出决定之日起三十日向欠薪保障基金委员会提出异议。

[立法论证]本条是关于利益回避的规定,这是公平、公正、公开执行本法的重要制度保障。由于需要回避的情形比较复杂多样,本法参考了我国台湾地区《劳动检查员执行职务回避办法》,并根据我国情况拟订上述条款。

《中华人民共和国公务员法》规定的回避制度比较细致完善,也可以参照我国《公务员法》有关公务员回避制度的规定拟订本法回避规定。

第七条[变通规定]　本法授权各省、自治区、直辖市人民代表大会常务

委员会制定本地区的欠薪保障基金条例决定适用本法的时间和步骤,并可对下列事项作出与本法不同的变通规定:

(一)与劳动者建立劳动关系的事业单位、社会团体和个体工商户,其缴费以及劳动者申请欠薪垫付;

(二)对已经实行工资支付保证金的行业和企业,是否适用本法;

(三)决定符合本地区实际情况的收费标准;

(四)决定本地区欠薪保障机构的征缴手续费率;

(五)欠薪保障基金财政补贴的具体规则。

[立法论证]本条是国家立法授权地方立法的依据,因此规定在总则比规定在附则更好。本条列举的事项由地方立法解决的主要原因是:

1. 我国各地区的差异悬殊,是否要在本地区建立欠薪保障基金,应由各省、自治区、直辖市的人大或其人大常委会决定为妥当。要因事设岗、设人,不能因人设岗。我国有些地区可能在相当长时期内欠薪问题不突出,暂不需要自上而下全面推行欠薪保障基金制度。因此,本法允许各省、自治区、直辖市通过地方立法决定实施本法的时间和步骤,同时允许其做出与本法不同的变通规定,这就使本法一方面给迫切需要通过征收欠薪保障费来构建欠薪保障基金的地方提供了法律依据;另一方面使本法成为一个示范法,而不是一刀切的强行法。

2. 鉴于事业单位、社会团体和个体工商户的情况比较复杂,不宜将其纳入统一调整的范围。各地事业单位的经费来源和人员成分多样。各地在事业单位和社会团体的改制进程上也不一样,有些地方对事业单位和社会团体改制较快,相当部分事业单位和社会团体已经不是主要靠财政拨款运作,相当部分人员也已经按照劳动法律调整。有些地方的个体工商户规模很大,与众多劳动者建立了劳动关系。因此,事业单位、社会团体和个体工商户的缴费以及劳动者申请欠薪垫付问题,由各省、自治区、直辖市立法机关自行制定条例决定比较合适。

3. 至于各类国家机关与劳动者形成劳动关系的,由于各类国家机关以国家财政为支付劳动报酬的保证,并且从理论上讲其招用劳动者的人数和支付劳动报酬受到相关主管部门的有效监控,因此本法也不将其纳入缴费和垫付范围。

4. 我国有些地区已经对建筑业等行业实行工资支付保证金制度,要求建设单位预先将工程款的一部分划入由政府监控的银行账户,用于支付劳动者的工资。这一制度对预防欠薪和保障劳动者劳动报酬也起到了积极作用。为此,我们建议不采取强制已经实行工资保证金制度的行业和企业适用欠薪保障基金制度,可以由所在地区人民政府决定或者制定过渡办法,逐步统一适用欠薪保障基金制度。

5. 鉴于我国有些地方已经实行按户每年征缴一定额度的收费标准,本法允许各地方对收费标准做变通规定。对征收欠薪保障费的机构的征缴手续费率,也允许各地区有自主权。

6. 由于各地方财政收支悬殊,欠薪情况也相异甚远,当各地欠薪保障基金入不敷出时,如何帮助基金渡过难关,是一个值得考量的问题。我国香港地区的做法是由政府给予基金一定额度的特别信贷。因此,将财政补贴的规则由地方立法加以规定,比较妥当。

第二章　管理机构

本章规定了欠薪保障基金委员会的设置、组成及职责,欠薪保障基金委员会办事机构及职责,经费保障,欠薪保障费征收机构及其职责,欠薪保障基金垫付机构及其职责,欠薪保障费的监督管理。

第八条[欠薪保障基金委员会的设置、组成和职责]　各省、自治区、直辖市设欠薪保障基金委员会。委员会由七名委员组成,由本级人民政府首长从本地区人力资源和社会保障部门、财政部门、税务部门、银行、工会、企业联合会、高等学校中各指派一名委员,并指定其中一人担任主任委员和一名担任副主任委员。委员会向本级人民代表大会负责并报告工作,履行下列职责:

(一)制定委员会的工作规则、政策;

(二)负责欠薪保障基金的统筹和管理;

(三)授权、协调、指导欠薪保障基金各级征收机构和垫付机构开展工作;

(四)负责对欠薪保障基金垫付机构作出的垫付决定审核同意后,作出欠薪垫付审核决定书;

(五)负责对欠薪保障基金垫付机构作出决定的异议申诉的审核工作;

(六)每年第一季度内向社会公布上一年度欠薪保障基金收入、垫付、运行费用和累积等信息；

（七）依法应由欠薪保障基金委员会履行的其他职责。

[立法论证]构建欠薪保障基金制度，首先要建立一个既有分工、又有制约的制衡机制，对征缴欠薪保障费、受理欠薪垫付申请、复核被拒之垫付申请、追缴欠薪保障费、追偿垫付资金的职责做合理划分。

我国上海市、深圳市等地现有的欠薪保障基金地方立法和《广东省规定稿》在机构设置和权限职责方面规定得不明确，制衡和分工监督机制粗糙。

建议借鉴我国香港的制度，将欠薪保障基金委员会作为独立于政府的一个机构，委员会向当地人大负责并报告工作，接受监督。可以考虑委员会由7人的单数组成，由本级人民政府首长从本地区人力资源和社会保障部门、财政部门、税务部门、银行、工会、企业联合会、高等学校中各指派1名委员，并指定其中1人担任主任委员和1人担任副主任委员。这是本建议稿所拟的方案。也可以考虑委员会的组成人员由9人的单数组成，分别由当地政府首长选派的人士4名并指定其中1人为主任，当地雇主组织选派的人士2名，当地工会组织选派的人士2名，社会公众通过当地媒体或网络投票选派的当地人士1名组成，这是类似于香港的方案。

第九条[欠薪保障基金委员会议事机制] 欠薪保障基金委员会采取会议议事方式处理欠薪保障基金的征收、管理和垫付事务，定期审核对垫付机构决定和异议申诉。

会议由主任召集和主持，主任不履行或不能履行职责时，由副主任召集和主持会议。当任何委员不能出席会议每年度累计达到五次，欠薪保障基金委员会办事机构和其他任何委员均有义务向本级人民政府首长报告此情事，本级人民政府首长应当在一个月内重新选派委员。

委员会每月至少开会一次，讨论欠薪保障基金的征收、管理、垫付等事项和审核申诉。

委员会会议需由全体委员的过半数出席方可召开。委员会达成会议决议，需由出席会议的过半数委员表决同意；如果同意票和不同意票相等，主任委员有权投附加票同意或不同意所议事项。

[立法论证]从我国上海、深圳市的地方立法和《广东省规定稿》看，对欠薪保障机构的议事方式和规则均无规定，使欠薪保障基金委员会实际成为一

个空壳。

本法借鉴我国香港破产欠薪保障基金委员会的相关制度,使委员会成为一个实际运作和议决欠薪保障重大事项的机构。

第十条[欠薪保障基金委员会办事机构及其职责]　欠薪保障基金委员会下设办事机构,负责欠薪保障基金委员会的日常工作。

欠薪保障基金委员会办事机构应当在欠薪保障基金委员会开会的七个工作日前书面通知各委员,并将欠薪保障基金委员会会议所需议决的事项书面附于会议通知后。

欠薪保障基金委员会办事机构负责审批基金为欠薪垫付案件财产保全提供的担保,在事后报欠薪保障基金委员会每月会议审核备案。

欠薪保障基金委员会办事机构受理对垫付机构决定异议申诉后,将申诉事项列为委员会会议议决事项,交委员会讨论议决后,由办事机构送达给申诉人和欠薪垫付机构。

[立法论证]欠薪保障基金委员会由于采取会议议事机制,下设办事机构使委员会的日常工作有具体的负责部门和人员,便于处理委员会负责的各项职责下的具体事务。

上海、深圳欠薪保障基金委员会的办事机构设在同级人力资源和社会保障行政部门,使得欠薪保障基金委员会实际成为同级人力资源和社会保障部门的附属,丧失委员会的独立性。

本法鉴于这种实际窘况,借鉴我国香港地区的制度,将欠薪保障基金委员会及其办事机构单独设置,不设在同级人力资源和社会保障部门为妥当。

第十一条[征收机构及其职责]　欠薪保障费的征收工作实行省(自治区、直辖市)、市、县(市、区)各级地方税务部门分级负责。

征收的欠薪保障费,在征收后的第一个月内扣除百分之一的征收费用后全额划转至欠薪保障基金委员会的专设银行账户。

专设银行账户存管的欠薪保障基金实行专款专用,并报各省、自治区、直辖市人民政府审计部门备案。

[立法论证]本条规定明确征收的分工负责管辖,有利于防止征收机构截留、迟延划转欠薪保障费。并规定欠薪保障费要存管于受审计部门监控的银行专户,实行专款专用。至于扣除百分之一的征收费用,主要是考虑征收机关

的征收管理工作费用,调动征收机关的工作积极性。

第十二条[垫付机构及其职责]　欠薪保障基金的垫付工作实行属地管辖原则,由用人单位所在地的市级人力资源和社会保障部门管辖垫付工作。

[立法论证]明确垫付的管辖机构,有利于垫付工作的开展,大量欠薪申请集中由省一级欠薪保障基金委员会受理不切实际,由负责劳动保障监察工作的市级人力资源和社会保障部门受理比较符合我国客观实际,同时避免县、区级人力资源和社会保障部门作为垫付机构可能存在的缺陷。

第十三条[经费保障]　欠薪保障基金委员会及其办事机构、欠薪保障专责机构及其办事处和欠薪保障基金垫付机构的日常工作经费由同级财政予以保障。

欠薪保障基金不得向劳动者收取欠薪垫付的手续费或者其他形式的申请费。

[立法论证]我国香港地区法例规定欠薪保障机构的经费由欠薪保障基金提取,并经立法会每年度审核。

鉴于我国欠薪保障基金初建,积累少,规定我国欠薪保障相关机构的经费由财政保障,可以纳入财政预算和决算,减少对欠薪保障费支出的项目。在基金有一定规模时也可以考虑借鉴我国香港的做法从基金中提取合理的费用。

第十四条[监督管理]　审计部门依法对欠薪保障基金的收入、垫付、运行费用和累积等情况进行审计监督。

欠薪保障基金委员会应当在每年第一季度向同级审计部门报送上一年度欠薪保障基金的收入、垫付、运行费用和累积等信息。

[立法论证]加强审计监督是完善欠薪保障基金制度的重要内容。建议对基金收支和管理费用进行严格审计,借鉴我国香港的制度,由独立的第三方对基金收支情况进行审核,欠薪保障委员会每年向同级立法机关报告审计、审核情况,以遏止贪污、挪用、侵占基金。

欠薪保障基金委员会要主动、及时、依法公开收支情况信息,控制管理费用。要强制规定基金委员会每年第一季度向社会公开披露基金上一年度的收入和支出,管理费用,垫付行业、人数和金额,追偿金额,盈余款项的存储,等等。在制度中明确规定管理运营费用的最高限额,避免挥霍、浪费基金。

第三章　专责机构

本章规定欠薪保障基金的专责机构、人员组成、职责、议事规则、专责机构办事处的组成和职责。

第十五条[专责机构的设置和组成]

欠薪保障基金专责机构由各省、自治区、直辖市同级人民检察院检察长选派三名专责人员,同级审计部门、行政监察部门、税务部门、人力资源和社会保障部门负责人各选派一名联络员,共七人组成。

[立法论证]本条借鉴我国香港地区的法例和制度,为了保证欠薪保障基金得到良好的运作,遏止贪污、挪用、诈骗、浪费基金,需要设置一个跨部门的专责机构,加强相关机构之间的衔接,形成欠薪保障基金外的有力、有效监督和追责机制。

第十六条[专责机构办事处]　专责机构在同级检察机关设立办事处,受同级检察机关领导和监督。

由同级检察机关检察长选派的三名专责人员任办事处工作人员、并指派其中一人担任主任。同级检察机关应保证办事处的人员、场所和经费配备。

[立法论证]本条规定设立专责机构办事处,使专责机构成为一个具有人员、场所和行动能力的实体组织,避免虚设专责机构,无法落实追责机制。

第十七条[专责机构议事规则]　欠薪保障基金专责机构采取会议议事方式,至少每季度召开一次会议,会议由专责机构办事处主任召集和主持。

在专责机构每季度会议上,专责机构办事处将受理和处理各类涉及欠薪保障基金案件的情况向专责机构通报。但专责机构办事处有权按保密规定,在侦查终结前对需要保密的案件不作通报。

欠薪保障基金委员会办事机构负责人列席专责机构会议。

[立法论证]本条的规定调整专责机构和专责机构办事处的关系,也沟通了专责机构及其办事处和欠薪保障基金委员会及其办事机构的关系。专责机构是一个联络性质的会议机构,打击贪污、挪用、侵占、骗取欠薪保障基金犯罪和其他违法行为,需要一个具有行动能力的办事机构来具体处理,专责机构办事处就是这样一个部门。

第十八条[专责机构办事处的职责]　专责机构办事处负责受理涉及欠

薪保障基金的刑事案件和其他违法案件。

涉及欠薪保障基金的刑事案件由专责机构办事处受理后,依法移送对应的检察机关侦查和起诉。

涉及欠薪保障基金的其他违法案件由专责机构办事处受理后,依法移送对应的主管机构查处。

欠薪保障基金委员会及其办事机构、欠薪保障费征收机构、欠薪保障基金垫付机构和专责机构联络员,发现涉及欠薪保障基金的刑事案件和其他违法案件及其线索,应及时向专责机构办事处通报。

[立法论证]本条是为了落实涉及欠薪保障基金的刑事案件和其他违法案件的受理和查处问题,协调行动,通报信息,使追责机制得以更好实现。

第四章　欠薪保障基金

本章规定了欠薪保障基金来源、欠薪保障收费标准、缴费调整、基金用途。

第十九条[基金来源]　欠薪保障基金来源包括:

(一)用人单位缴纳的欠薪保障费、滞纳金;

(二)垫付欠薪款项的追偿所得;

(三)欠薪保障基金的利息收入;

(四)财政补贴;

(五)社会捐赠;

(六)其他合法收入。

[立法论证]本条规定了欠薪保障费的来源,第一项就是用人单位缴纳的欠薪保障费、滞纳金。根据《立法法》第八、九、十条的规定,只有法律才能制定对非国有财产的征收事项;对非国有财产的征收尚未制定法律的,全国人大及其常委会也可授权国务院先制定行政法规;国务院不得将该项权利转授给其他机关。对用人单位征收欠薪保障费和滞纳金显然属于对非国有财产的征收,上海市的规章、《广东省规定稿》只是地方政府规章,而现行法律和行政法规并未有关于征收欠薪保障费和滞纳金的规定。因此,上海市的规章、《广东省规定稿》与《立法法》有冲突。

鉴于前述构建欠薪保障基金制度的合宪性、正当性和迫切性,而欠薪保障基金制度又涉及直接或者间接向企业征收费用,事关企业的财产权,因此根据

《立法法》第八条的规定,通过制定专门法律或者增订专门法律条款的方式来确立欠薪保障基金制度的基本框架比较符合法理。这也是本书拟订全国性欠薪保障基金法建议稿的依据和价值所在。

第二十条［收费标准］　欠薪保障费由用人单位按照缴纳养老保险费的工资总额万分之二点五按月提缴。

新成立的用人单位自成立起的次月缴纳养老保险费开始提缴。

用人单位缴纳的欠薪保障费在成本中列支。

［立法论证］关于欠薪保障收费标准是一个重要而复杂的问题。我国香港、上海、深圳均采取了按每家企业(用人单位)征收数百元定额欠薪保障费的做法。《广东省规定稿》也是采取这一模式。

这种不论规模大小、劳动者人数多少,缴纳一个统一标准费用的做法,虽然有我国香港、深圳、上海等地的先例,但实际上有违公平。

笔者更倾向借鉴我国台湾的积欠工资垫偿制度,工资垫偿基金由雇主依劳工保险投保薪资总额万分之二点五按月提缴。但是,这一收费方案存在以下障碍:第一,用人单位申报的职工人数真实性难以控制;第二,某地区用人单位平均职工人数不断变化难以计算,真实性同样难以控制;第三,建立欠薪保障制度的目的决定了覆盖人数不能简单与缴纳社会保险人数和投保工资总额联系起来。但是,这种设计方案解决了企业人数不论多少缴费"一刀切"的弊端,更符合公平合理的基本原则。而且我国台湾的制度设计允许雇主或劳工采取事后补缴的方式取得申请垫偿权。在完善了劳动合同签订和社会保险覆盖率问题的地方,是可以选择的方案。

因此,在总则第六条中规定,允许各地区制定条例变通收费标准。

第二十一条［缴费调整］　缴纳欠薪保障费连续十年没有实际垫付欠薪的用人单位,应暂停收费,并向社会公布。暂停收费后发生欠薪垫付的,应当恢复收费。

当一地区欠薪保障基金当年盈余达到或者超过该地区上一年度劳动者工资总额的5%以上时,可以由该地区欠薪保障基金委员会报请该地区人大常委会决定减少收费,减少收费的决定自下一年度开始执行。

［立法论证］基金的盈余是否充足,是衡量是否暂停收费的依据。以用人单位自身欠薪与否而非以地区欠薪与否作为暂停收费的标准,这样不但解决

了公平的问题,而且可以起到奖优罚劣的功效,督促用人单位守法。但是,如果一个用人单位缴费较短年份就可以停缴,一旦停缴不久,发生该用人单位发生欠薪,也不合理;唯有一个用人单位缴费足够长的年份而又没有发生欠薪时,可以停缴,则符合欠薪保障费征收的公平、合理和"惩劣奖优"规则。

同时,可借鉴我国台湾和香港的制度,当基金盈余达到一定数额足以应对未来规模欠薪时,作为是否暂停收费或减少收费的一个衡量标准。

《广东省规定稿》规定收取欠薪保障费连续三年没有实际垫付欠薪的地区,应暂停收费,并向社会公布。暂停收费后发生欠薪垫付的,可以恢复收费。这一规定对守法企业不公平,也不符合基金积累储备以应对风险的衡量原则。假设,一个地区有1,000,000家用人单位,三年来只有1家用人单位欠薪并获欠薪保障费垫付,那么该地区就不符合暂停收费的条件,无缘享受暂停收费的好处,这对另外的999,999家用人单位是不公平、不合理的。

第二十二条[基金用途]　欠薪保障基金用于下列项目:

(一)垫付劳动者被拖欠的于法定情形发生前6个月内、不超过当地最低工资标准的6个月工资、不超过当地最低工资标准的1个月补偿金或代通知金;

(二)欠薪保障基金委员会及其办事机构为执行本法而支出的诉讼费、代理费、欠薪逃匿公告费、送达费、证照查询费、执行费等直接费用;

(三)为欠薪垫付案件财产保全提供担保。

[立法论证]按照有限垫付的原则,基金只限于垫付符合本法规定情形的有限金额,而不能过度替代支付欠薪,避免基金收支失衡,造成财政负担和基金支付困难。

参考我国台湾和香港的制度,在用人单位出现某种事实状态之日起往前计算6个月内被欠的一定限额劳动报酬为合适。这样规定,有利于劳工及时提出欠薪垫付,避免消极对待自己的权利,如果基金垫付过长期间的欠薪,也容易导致基金过度负担;同时规定自用人单位出现某种事实状态之日起开始往前推算,避免劳工在不符合申请的事实状态下随意申请,导致欠薪保障基金的垫付条件被忽视。如果劳工的申请不被办理机构接受,但在兹后的欠薪保障基金委员会审核中被接纳,此种情况下也应从用人单位出现某种事实状态之日起往前计算6个月的欠薪期间,方为妥当。

按照专款专用的原则,基金只能用于为执行本法而支出的诉讼费、代理费、欠薪逃匿公告费、送达费、证照查询费、执行费等直接费用;不能挪用基金用于任何其他用途。我国香港地区法例则是将基金存于行政首长认可的银行专户。

为欠薪垫付案件财产保全提供担保也要严格审批,避免基金被以合法形式非法利用。此种担保要经过欠薪保障基金委员会办事机构审批,在事后报欠薪保障基金委员会每月会议审核备案。

第五章　申请和垫付

本章规定了申请垫付情形、申请时限、欠薪垫付申请书、申请材料、受理申请、处理申请、不予垫付人员、垫付标准、垫付发放、超付退回、垫付信息通报、案件信息通报、异议审核。

第二十三条[申请垫付情形]　用人单位欠薪且发生以下事件之一的日期起,劳动者有权向用人单位缴纳或者应当缴纳养老保险所在地的人力资源和社会保障部门申请垫付本法规定时限和数额的欠薪:

(一)用人单位营业期限届满且实际解散日;

(二)用人单位的章程或内部规定解散事由成就且实际解散日;

(三)用人单位决议解散日;

(四)用人单位被法定机构解散日(依法被吊销营业执照日、责令关闭日或者被撤销日);

(五)司法解散用人单位或利害关系人诉讼的受理日;

(六)人民法院裁定受理破产、和解或重整申请日;

(七)企业清算公告日或者法院裁定受理清算申请日;

(八)法定代表人、负责人或者主要经营人逃匿,劳动争议仲裁委员会或者人民法院受理劳动者欠薪仲裁申请日或者受理起诉日;

(九)法定代表人、负责人或者主要经营人逃匿,人力资源和社会保障部门作出处理决定日;

(十)发生表明用人单位不继续或不能继续营业的其他事件之日。

[立法论证]本条是关于劳动者申请欠薪垫付的情形和申请开始日期。规定劳动者有权开始申请的起点日期,便于确定往前计算欠薪的时间和数额。

　　规定劳动者向用人单位缴纳养老保险所属地的人力资源和社会保障部门申请欠薪垫付,是基于本法规定按用人单位缴纳养老保险费的工资总额万分之二点五来计收欠薪保障费。由缴纳养老保险所属地的人力资源和社会保障部门受理申请,符合管辖的层级要求,避免大量欠薪申请集中于欠薪保障基金委员会,避免受理不及时而延误垫付、导致减损欠薪基金的应急救助功能。欠薪保障基金委员会主要对不予垫付的决定进行审核,对已经审查做出垫付的决定做出批复或备案。

　　这样的规定,借鉴了我国香港法例。我国深圳市的实际做法是由各级人力资源和社会保障部门受理垫付申请,不是直接由欠薪保障基金委员会受理垫付申请。《广东省规定稿》第14条规定劳动者向欠薪保障基金委员会提出申请,并不符合实际运作要求。

　　第二十四条[申请时限]　劳动者应在知道或者应当知道前条事件之一发生的日期开始起60日内,申请欠薪保障基金垫付本法规定时限和数额的以下欠薪:

　　(一)已到期支付而未获支付的工资;

　　(二)已到期支付而未获支付的代通知金;

　　(三)用人单位支付经济补偿金的法律责任已产生,而未获支付的经济补偿金(不论该经济补偿金当时是否已到支付期)。

　　劳动者逾期申请,没有正当理由的,由欠薪保障基金垫付机构做出不予垫付决定。

　　[立法论证]规定自开始申请日起60日内的申请时限,足够劳动者了解信息、行使权利,督促劳动者及时申请,便于欠薪保障基金委员会、劳动保障监察部门及时对用人单位的财产采取财产保全措施和其他法律措施。

　　第二十五条[欠薪垫付申请书]　劳动者申请垫付欠薪的,应当向欠薪保障基金垫付机构提交一式两份的欠薪垫付申请书,申请书需载明下列事项:

　　(一)申请人及代表人、代理人的姓名、身份证号码、联系电话和送达地址;

　　(二)用人单位名称、住所、类型和法定代表人、负责人或者主要经营人的姓名、职务、联系电话;

　　(三)用人单位欠薪时间、金额等事实;

（四）用人单位法定代表人、负责人或者主要经营人逃匿或者用人单位破产的基本情况；

（五）用人单位的财产线索；

（六）其他相关事项。

申请书由申请人亲笔签名或按指印确认。

申请欠薪垫付的劳动者在 10 人以上的，应推选代表人申请垫付，并提交一式两份的代表人推选书。推选的代表人最多不超过 5 人。

［立法论证］本条对欠薪垫付申请书需要具备的一般事项作了指引性规定。本条用了"需载明"，而不是用"应当载明"一词，主要考虑有些劳动者无法掌握用人单位的全部情况，垫付机构要实质审查申请是否符合垫付要求和是否能实行垫付，而不能简单以不具备载明事项而否定符合本法要求的垫付申请。

本条还规定了代表人制度，主要考虑有些欠薪案件人数众多，推选代表人申请欠薪垫付，便于欠薪保障基金垫付机构受理和处理垫付工作。

第二十六条［申请材料］　申请人申请欠薪垫付的，需在提交欠薪垫付申请书时一并提交一式两份下列材料：

（一）劳动合同或者劳动关系的其他证明材料；

（二）被欠薪前六个月的工资收入凭证；

（三）证明欠薪事实的相关材料；

（四）劳动争议仲裁委员会、人民法院的受理通知书或者劳动保障行政部门的处理决定书；

（五）证明本法第二十三条申请垫付情形之一的材料。

申请人因客观原因确实不能提供前款全部材料的，可以提交所掌握的已有材料并提供有关材料的调查线索，并申请欠薪保障基金垫付机构调查相关材料。但申请人应注意因材料不足而申请可能不获垫付。

欠薪保障基金垫付机构在接到劳动者的报告或申请后，有权调查与欠薪用人单位及其投资人、负责人、管理人等有关的住所、银行账户、其他财产登记机构等，有关机构和人员应当予以配合。

［立法论证］本条没有对劳动者申请欠薪垫付的条件规定过于苛刻。过分的申请要求，容易成为垫付机构拒绝受理垫付申请的借口。

由于劳动者往往无法查明用人单位的财产情况,至多劳动者能提供某些线索。实践中,用人单位拖欠工资后,其投资人或管理人往往行踪不明,劳动者难以取得拖欠工资金额和拖欠开始时间的证明,而且要劳动者从一入职就防范用人单位有欠薪之虞而时刻准备此类材料,未免苛责劳动者并影响劳动关系的建立和和谐。

因此,当发生用人单位解散、清算、破产、用人单位投资人或负责人逃匿等情形且有欠薪事实时,只要申请人提交了所掌握的已有材料的情况下,欠薪保障基金垫付机构就应依法受理,并进行相关调查。为此,要规定欠薪保障基金垫付机构在接到劳动者的报告或申请后,有权调查与欠薪用人单位及其投资人、负责人、管理人等有关的住所、银行账户、其他财产登记机构等,有关机构和人员应当予以配合。

第二十七条[受理申请] 欠薪保障基金垫付机构收到欠薪垫付申请后,对符合本规定垫付情形的,应当在五日内受理并作出受理决定送达申请人;对不符合本规定垫付情形的,应当在五个工作日内予以答复,并将不予受理决定送达申请人;逾期不答复的,视为受理。

[立法论证]办理欠薪保障基金的垫付机构应及时作出受理或不受理垫付申请的决定。至于基金办理机构受理期限,应以五日为限,避免过长的受理审查期间害及基金的效率和功能。

第二十八条[处理申请] 欠薪保障基金垫付机构受理欠薪垫付申请后,按照下列情形分别处理:

(一)仲裁裁决书、法院判决书或调解书、管理人决定或者劳动保障监察行政处理决定书已认定欠薪事实的,在五个工作日内作出准予垫付决定并垫付欠薪。

(二)劳动争议仲裁委员会、人民法院或者劳动保障行政部门尚未作出裁决、判决或者处理决定的,欠薪保障基金垫付机构根据相关部门、用人单位和劳动者提供的证据材料进行审查,在五个工作日内作出准予或者不予垫付的决定。

未获垫付的欠薪,劳动者有权继续向用人单位追偿。

[立法论证]欠薪保障基金实行征收、垫付、管理(审核)分工制衡的原则,由垫付机构根据法定的情形审查申请人的申请,做出垫付与不垫付的决定。

规定五日的审查决定时限,主要是为了发挥欠薪保障基金应急救助的功能,而且考虑垫付机构实行分级受理,不会过度集中于某一级垫付机构,垫付机构有能力和有条件在五个工作日内作出审查决定。

第二十九条[不予垫付人员]　申请欠薪垫付人员为下列人员之一的,不予垫付:

(一)投资欠薪用人单位达到其注册资本百分之五以上的人员;

(二)持有欠薪用人单位股份或股权达到百分之五以上的人员;

(三)本人或其配偶、子女、父母为欠薪用人单位的法定代表人、负责人或实际控制人的;

(四)本人或其配偶、子女、父母为欠薪用人单位股东选派的董事会成员的;

(五)其他依法不应当垫付的人员。

[立法论证]本条也是贯彻利益回避的原则,当申请人与欠薪用人单位存在实际上的经济利益重合或控制关系的情况下,申请人不应当获得垫付。但是如果是通过工会或职工(代表)大会选派的董事,该董事代表的是职工利益,不是资方股权控制下的代表;只要该董事不存在本条应回避的情形,自然应获得垫付。

第三十条[垫付标准]　在本法第二十三条规定的垫付欠薪事件发生之日起往前的六个月内,垫付欠薪按照实际欠薪月数计算;超过六个月的,按照六个月计算。

劳动者在本法第二十三条规定的垫付欠薪事件之一发生之日前六个月内的工资低于当地最低月工资标准的,按当地最低月工资标准计算欠薪。

劳动者申请垫付的欠薪数额以不超过当地最低月工资标准的六个月工资为限,并且可申请当地最低月工资标准的一个月补偿金。

[立法论证]由于是有限垫付,所以欠薪保障基金制度不能解决劳动者的全部欠薪,劳动者未获垫付的欠薪需要透过欠薪优先权救济制度等再寻求救济。考虑到用人单位不继续或不能继续营业后,有些劳动者虽然可能并不存在此前被欠薪,但劳动者与用人单位的劳动关系实际终止,劳动者可能面临生活的困境;有些用人单位没有缴纳失业保险,劳动者无法透过失业保险获得救济;所以规定劳动者有权申请当地最低月工资标准的一个月补偿金,以救济劳

动者重新就业前的应急生活所需。

本条的规定不简单以劳动者被欠薪的数额为申请垫付的金额,而要按照当地最低工资标准计算垫付款项,一方面保证基金的充足,避免过度垫付导致基金运行困难,另一方面体现基金的有限垫付和应急救助的性质,最低工资是国际劳工组织公约和我国法律规定的基本劳动法律制度,是为了保障劳动者基本生存需要的底线。按当地最低月工资标准垫付欠薪,可缓解更多被欠薪劳动者的生活急需。

《广东省规定稿》采取这样的规则:"欠薪月数不超过三个月的,垫付欠薪按照实际欠薪月数计算;超过三个月的,按照三个月计算。""劳动者每月被欠薪的数额低于用人单位所在地上年度在岗职工月平均工资百分之六十的,垫付金额按照实际欠薪数额计算;高于用人单位所在地上年度在岗职工月平均工资百分之六十的,垫付金额按照上年度在岗职工月平均工资百分之六十计算。"这一规定垫付的欠薪月数只有三个月,与我国香港、台湾、深圳等地规定的垫付六个月的规定并不一致;而且该规定没有将欠薪保障制度与最低工资保障制度联系,也存在偏颇。

《深圳经济特区企业欠薪保障条例》规定,垫付欠薪申请期限前六个月以内的欠薪。垫付欠薪的数额以员工实际被拖欠的工资总额为限,但最高不超过上年度市职工年平均工资的百分之二十。显然也没有将欠薪保障与最低工资联系起来。

第三十一条[垫付发放]　各级欠薪保障基金垫付机构决定垫付的各劳动者欠薪,由欠薪保障基金委员会会议审核或备案后,应当通过欠薪保障基金银行专户转入劳动者本人账户。各地欠薪保障基金委员会有权根据本地方的具体规定决定对垫付机构的垫付决定采取审核方式还是备案方式作出发放。

欠薪保障基金委员会应当每月在其网站和省级媒体公布上月发生欠薪垫付的用人单位及其法定代表人、负责人的名单和劳动者姓名、垫付欠薪数额及时限。

[立法论证]由省一级欠薪保障基金委员会最终审核或备案垫付机构的垫付决定,将垫付欠薪直接转入劳动者本人银行账户,有利于防止欠薪垫付办理机构及其工作人员与某些人串通骗取、截留垫付的欠薪。是采取审核制还是备案制,可由各地方的地方立法具体规定。

规定公布欠薪垫付用人单位和劳动者的信息,是为了社会监督欠薪保障基金的使用,避免欠薪保障基金被滥用,也为了督促用人单位依法支付劳动者薪酬。

第三十二条[超付退回]　垫付金额超出相关生效法律文书确定的实际欠薪金额的,劳动者应当退回超出部分金额至欠薪保障基金委员会银行专户。

自欠薪保障基金委员会发出退回通知之日起十日内,劳动者不退回的,从通知发出之日起按应退回金额计收每日千分之一的滞纳金。欠薪保障基金委员会可在其网站发布催收公告。

欠薪保障基金委员会发出退回通知的送达地址以劳动者在欠薪垫付申请书上填写的送达地址为准,以寄出日期为发出通知之日。因劳动者填写的送达地址不能送达通知的,由劳动者承担后果。

[立法论证]垫付欠薪不能超过实际欠薪数额,且垫付的每月欠薪不能超过当地最低月工资标准。领取超过实际欠薪数额的劳动者,应当及时按欠薪保障基金委员会的通知退回,否则应承担相应的法律后果。所以,要对不退回的法律责任加以细化规定,催使劳动者按时退回超付金额。

第三十三条[垫付信息通报]　欠薪保障基金委员会垫付欠薪后,应当在十五日内书面通报受理欠薪案件的劳动争议仲裁机构、人民法院或者劳动保障行政部门,以及对欠薪案件有执行管辖权的人民法院。

[立法论证]

本条规定欠薪保障基金委员会垫付欠薪后,应当在十五日内书面通报相关机构,以免劳动者获得重复支付,以免欠薪保障基金代位权落空。

第三十四条[案件信息通报]　劳动保障行政部门、劳动争议仲裁委员会和人民法院就相关欠薪案件作出生效法律文书,应当及时送欠薪保障基金委员会。

欠薪保障基金垫付机构作出不受理、垫付或不垫付决定的相关文书和材料,均应当移送一套给欠薪保障基金委员会备查。

[立法论证]本条第一款的规定是相关机构对欠薪保障基金委员会进行的信息通报,避免欠薪保障基金委员会作出重复垫付和超额垫付。

本条第二款的规定是为了方便欠薪保障基金委员会审核、监督欠薪保障基金垫付机构的不受理决定、垫付决定和不垫付决定。在第二十五条和第二十六条规定申请人提交一式两份的文书和材料，就是为了垫付机构移送一套给欠薪保障基金委员会。

第三十五条［异议审核］　对欠薪保障基金垫付机构的不予受理决定、不予垫付决定或者对垫付决定有异议的，申请人有权在接到决定之日起十日内向欠薪保障基金委员会申请审核。

欠薪保障基金委员会应自受理异议申诉之日起两个月内作出审核决定。

欠薪保障基金委员会的审核决定为最终决定，不属于异议申诉、劳动争议仲裁、行政诉讼或者行政复议受案范围。

［立法论证］规定欠薪保障基金委员会的审核权，形成监督，提供权利救济。

鉴于欠薪保障基金委员会采取每月会议议事方式，而且该委员会透过其办事机构具体受理申诉和送达决定文书，因此规定两个月的审核时限为合理。

《中华人民共和国行政诉讼法》第12条明确规定了法院不予受理的案件范围仅限如下四类：国家行为、抽象行政行为、内部行政行为和法律规定由行政机关最终裁决的具体行政行为。最高人民法院《关于执行〈中华人民共和国行政诉讼法〉若干问题的解释》第5条解释"法律规定由行政机关最终裁决的具体行政行为"中的"法律"，是指全国人民代表大会及其常务委员会制定、通过的规范性文件。《中华人民共和国行政复议法》第5条明确规定了可以提起行政复议的10种情形，最后还附加了一条兜底条款，根据行政法的法理，不可以提起行政复议的事项可参照不可以提起行政诉讼的事项。

因此，《广东省规定稿》意图通过地方规章确立欠薪保障基金委员会审核决定的终局效力，与我国《行政复议法》和《行政诉讼法》相悖。

确立欠薪保障基金委员会审核决定的终局效力，需要全国人大及其常务委员会制定的法律来确立，不能由地方立法规定。欠薪保障基金委员会设置在省一级，独立于政府，实行会议议事规则，直接受理本地区各级欠薪垫付机构不予垫付的决定并作出裁决，具有较高的层级和公正性保障，赋予其审核裁决的终局效力，是为了提高欠薪保障基金委员会裁决的效率和拘束力，减少处理环节和节省成本。

第六章　垫付追偿

本章规定了代位追偿、劳动者的追偿权、追偿方式和期限、欠薪优先权、追偿所得处理。

第三十六条[代位追偿]　欠薪保障基金委员会垫付欠薪后,获得对已垫付欠薪的追偿权和受偿权。

欠薪保障基金委员会按垫付审核决定书将垫付款项通过银行转账给劳动者之日起五天内,作出追偿垫付款项决定书,并同时在其网站和省级媒体上公告追偿垫付款项决定书。欠薪用人单位及其法定代表人、负责人、实际控制人或者主要经营人应当按照追偿垫付款项决定书的要求履行偿还垫付款项义务。

[立法论证]欠薪保障基金委员会垫付欠薪后,获得已垫付欠薪的追偿权和受偿权。欠薪保障基金委员会应当运用一切合法的手段向欠薪用人单位追偿,否则将构成渎职。

我国香港、台湾、深圳等地在欠薪基金垫付以后,基金虽然名义上获得对所垫付款项的代位追偿权,但长期以来实际追偿所得比例偏低,而台湾披露的信息更是显示追偿费用超过了追偿所得,因此引发出是将欠薪垫偿制度作为准社会保险还是作为一项公共救助制度的争论。

在行使追偿权中,还可以引入企业法人的人格否认制度,将追偿责任适用于滥用企业独立法人地位、损害劳动债权的企业控股股东、实际控制人、董事、监事、高级管理人员等,以提高基金的追偿所得比例。

由于垫付审核决定书是对垫付机构的垫付决定所做的审核,而追偿垫付款项决定书则是对已垫付款项向欠薪责任人所作的追偿文书。本条第二款的规定就是针对追偿权而设计的。

第三十七条[劳动者的追偿权]　欠薪保障基金委员会行使代位追偿权和受偿权,不影响劳动者就未垫付部分的欠薪依法申请劳动争议仲裁、诉讼、向人民法院申请强制执行生效法律文书和参加破产还债程序。

[立法论证]劳动者未获垫付的欠薪,有权依法继续追偿。

但是,劳动者并不能像欠薪保障基金委员会一样,不经劳动争议仲裁以及或然的诉讼而直接申请执行生效法律文书。劳动者要追偿未获垫付的欠薪部分,需要经过仲裁以及或然的诉讼取得生效法律文书,才能向法院申请强制执行。

当欠薪用人单位按照《企业破产法》进入破产还债程序,劳动者有权参加破产还债程序,依法就未获垫付的欠薪部分申报债权。

第三十八条[追偿方式和期限]　欠薪保障基金委员会应当自追偿垫付款项决定书作出之日起两年内,凭追偿垫付款项决定书、欠薪垫付审核决定书和已垫付凭证等材料向被执行人住所地或者被执行人的财产所在地人民法院申请强制执行。

欠薪用人单位按照《中华人民共和国企业破产法》的规定进入破产还债程序的,欠薪保障基金委员会应依法及时申报债权。

欠薪保障基金委员会授权其办事机构负责前两款的申请和申报工作。

[立法论证]在设计我国欠薪保障基金的追偿制度时,欠薪保障基金委员会是通过劳动争议仲裁、诉讼以及向人民法院申请强制执行生效法律文书的方式追偿已垫付欠薪,还是直接凭追偿垫付款项决定书、欠薪垫付审核决定书和已垫付凭证等材料向法院申请强制执行或参加破产清算程序?

鉴于我国香港、台湾、深圳等地的经验,为了节省欠薪保障基金运行成本,提高追偿效率,欠薪保障基金委员会凭追偿垫付款项决定书、欠薪垫付审核决定书和已垫付凭证等材料直接向法院申请强制执行为妥当;在用人单位破产清算时,欠薪保障基金委员会凭追偿垫付款项决定书、欠薪垫付审核决定书和已垫付凭证等材料直接参加破产还债程序为妥当。

这也与本法第35条规定的"欠薪保障基金委员会的审核决定为最终决定,不属于劳动争议仲裁、行政诉讼或者行政复议受案范围"相符合。欠薪保障基金垫付机构作出的是欠薪垫付决定书;欠薪保障基金委员会对欠薪垫付决定书作出审核或进行备案后或对异议申诉作出审核后,同意垫付而作出欠薪垫付审核决定书;实际垫付款项后,为行使追偿权,则要作出追偿垫付款项决定书。从本法的宗旨和程序看,对欠薪保障基金垫付机构作出的欠薪垫付决定书允许提出异议申诉,而对欠薪保障基金委员会作出的欠薪垫付审核决定书和追偿垫付款项决定书不能提出异议申诉、劳动争议仲裁、行政复议或行政诉讼。但为了欠薪跨境司法协助,赋予欠薪保障基金委员会通过特别民事诉讼程序取得对欠薪垫付审核决定书和追偿垫付款项决定书的生效裁判确认。

本条根据我国2008年4月1日起施行的修正后《民事诉讼法》第201条、第215条的规定,明确欠薪保障基金委员会应当自追偿垫付款项决定书作出之日起两年内向被执行人住所地或者被执行人的财产所在地人民法院申请强制执行。

第三十九条[欠薪优先权]　欠薪用人单位没有依法缴纳欠薪保障费,导致劳动者不能申请欠薪保障基金垫付欠薪的,劳动者对自本法第二十三条规定的垫付欠薪事件发生之日起往前六个月内的欠薪,享有优先于除按《企业破产法》而发生的破产费用和共益债务外的优先权。该项欠薪优先权优先于质权和抵押权,并且以不超过当地最低月工资标准的六个月工资和当地最低月工资标准的一个月补偿金为限。

在破产还债程序中,欠薪垫付款项按工资的清偿顺序优先受偿。但是,用人单位财产不足以同时清偿欠薪垫付款项和劳动者未获垫付的欠薪部分的,优先清偿劳动者未获垫付的欠薪。

[立法论证]欠薪保障基金制度遇到的一个瓶颈是,有些用人单位不但欠薪,而且不缴、欠缴欠薪保障费。从我国深圳市的欠薪保障法规和上海市的欠薪保障规章规定看,欠薪保障基金只适用于已经缴纳欠薪保障费的用人单位及其劳动者。如果劳动者所在用人单位没有依法缴纳欠薪保障费,则欠薪保障基金制度不能覆盖到这类劳动者。这将使欠薪保障基金制度的功效大打折扣。

我国台湾地区的制度有一个演变过程,从固守事业单位提缴积欠工资垫偿费,其劳动者始有权申请积欠工资垫偿;演变为允许事业单位补缴,后又演变为允许劳动者代缴自己应分担份额的积欠工资垫偿费,再到现在不论劳动者所在事业单位是否缴纳了积欠工资垫偿费,劳动者被欠薪即可申请垫偿,主管机关即应受理申请。这种演变路径,一方面与我国台湾地区的提缴率极高有关,另一方面与我国台湾地区的积欠工资垫偿基金连年盈余、高额累积有关。

但是,从法理和法规范角度讲,我国台湾地区积欠工资垫偿基金制度仍然是与缴费关联在一起的。至于我国香港地区,虽然从香港破产欠薪保障基金委员会披露的周年报告和数据无法看出缴费与垫付之间的关联,但香港破产欠薪保障基金连年盈余、高额累积，以及香港高效廉洁的基金运作机制、极高的欠薪保障费征缴率，似乎也把缴费与垫付之间的关联度冲淡了。

回到我国内地，缴费与垫付之间的关联却是无法漠视的核心问题。因此，当欠薪用人单位没有缴纳欠薪保障费的情况下，其所属劳动者的欠薪如何获得救济，自然成了我国构建欠薪保障基金制度和欠薪优先权制度的重点问题。

因此，本条设置了劳动者的欠薪优先权，规定当用人单位没有缴纳欠薪保障费导致劳动者无法申请欠薪保障基金垫付一定时限和数额的欠薪时，劳动者获得有限的优先于质权和抵押权的优先权，使这类劳动者虽然不能获得欠薪保障基金的有限救济，但可以获得欠薪优先权的有限救济。这样就使欠薪保障基金制度与欠薪优先权制度对接起来了。但是，本条第 1 款的制度规则突破了我国《企业破产法》优先权的规定，更类似于我国《海商法》的规定。这一制度在实际立法中可能遇到各种阻力。然而，透过这一制度，可以促使为用人单位提供贷款的机构在提供贷款前，调查借贷单位是否已经依法参加了养老保险和缴纳欠薪保障费等。这反过来促使用人单位为了获得贷款等融资，会尽量缴纳负担并不重的欠薪保障费。

本条第二款解决的问题是，当欠薪保障基金垫付了劳动者的部分欠薪后，从法理上讲，劳动者因追索欠薪所享有的便利应当适用于欠薪保障基金委员会，比如在破产清算程序中基金处于与劳动者同等地位、有权获优先清偿或按劳动债权比例优先清偿等。但是，用人单位财产不足以同时清偿欠薪垫付款项和劳动者未获垫付的欠薪部分的，如何处理这两种优先权？

欠薪保障基金的目的和功能是为了救济劳动者，欠薪保障基金通过国家公权力征缴费用，比单个劳动者具有不可比拟的抗风险能力和累积资金能力，从我国台湾地区和香港地区基金连年盈余的统计数据看，欠薪保障基金的收支平衡应能够得到保证，故应优先清偿劳动者未获垫付的欠薪。但需要注意的是，按照我国《企业破产法》现有规范规定的工资优先权实质是一个虚幻的优先权，由于其后于质权、抵押权、破产费用和共益债务，在现实中往往被架空。所以，本条第一款规定了非常特殊、不同于《企业破产法》现有规定的优先权规范。

第四十条[追偿所得处理]　劳动者退回多领取的垫付款项、滞纳金和欠薪垫付追偿所得应当全额划入欠薪保障基金专设的银行账户。

［立法论证］本条是对超付退回和追偿所得及时归入基金账户的规定。本法第 32 条规定了对拒不退回超付款项的劳动者计收滞纳金。是否要对垫付款项计收滞纳金,也是值得探讨的一个问题。

第七章　欠薪跨境司法协助

本章规定了对境外欠薪责任人的特别民事诉讼、欠薪裁判的执行,是为欠薪跨境司法协助特别设置的程序。

第四十一条［对境外欠薪责任人的特别民事诉讼］　为了实现跨境追偿欠薪,追究欠薪逃匿行为,欠薪保障基金委员会可以自己名义,向所在地的中级人民法院对逃匿至境外的欠薪责任人提起民事诉讼,请求人民法院判决逃匿至境外的欠薪责任人偿还已垫付款项。

［立法论证］我国深圳市的欠薪保障法规、上海市的欠薪保障规章没有欠薪跨境协助的规定,《广东省规定稿》第六条只规定粤港澳的协作,没有规定与其他国家、地区协作的原则,这主要是受限于地方立法的权限无法对此作出规定。

在跨国、跨境欠薪案件中,涉及法律适用、我国相关机构对欠薪案件的管辖权、生效法律文书的协助执行等问题。

本建议稿参考我国现行《民事诉讼法》第二十八章"司法协助"以及相关法律、文献,专拟一章"欠薪跨境司法协助",以更好地指引跨国、跨境协作,打击欠薪逃匿、追偿欠薪。

第四十二条［欠薪裁判的执行］　欠薪保障基金委员会对人民法院作出的发生法律效力的追偿已垫付款项的判决、裁定,如果被执行人或者其财产不在中华人民共和国领域内,欠薪保障基金委员会可以直接向有管辖权的外国法院申请承认和执行,也可以由人民法院依照中华人民共和国缔结或者参加的国际条约的规定,或者按照互惠原则,请求外国法院承认和执行。

［立法论证］由于欠薪保障基金委员会的欠薪垫付审核决定书不是人民法院作出的生效裁判文书,本法虽然规定其在国内有终局的法律效力,但在跨境司法协助中,这类文书的效力一般不被国外法院所认可,无法得到执行。因此需要欠薪保障基金委员会自己动用诉讼程序,通过人民法院的裁判确认欠薪责任人应偿还的已垫付款项,然后凭生效裁判,由欠薪保障基金委员会直接

向有管辖权的外国法院申请承认和执行,或者由人民法院依照中华人民共和国缔结或者参加的国际条约的规定,或者按照互惠原则,请求外国法院承认和执行。

第八章　法律责任

第四十三条[拒不履行生效文书的责任]　用人单位有偿还能力,或者用人单位法定代表人、负责人、实际控制人或主要经营人逃匿拒不接受人民法院的调查和询问,表明有履行能力但逃避责任,拒不履行欠薪保障基金委员会追偿垫付款项决定书确定的还款义务,或者拒不执行人民法院生效判决、裁定确定的偿还垫付欠薪义务,情节严重的,依照《中华人民共和国刑法》第三百一十三条的规定追究刑事责任。

[立法论证]本条规定有我国《刑法》的依据。对有偿还能力而故意欠薪逃匿的责任人,可按照我国《刑法》现有规范,追究欠薪责任人的刑事责任。

按照我国《刑法》第313条和2002年8月29日全国人大常委会《关于〈中华人民共和国刑法〉第三百一十三条的解释》的规定,拒不执行判决、裁定罪的客体是指人民法院依法作出的具有执行内容并已发生法律效力的判决、裁定,人民法院为依法执行支付令、生效的调解书、仲裁裁决、公证债权文书所作的裁定属于该条规定的裁定。

但本法本条增加了用人单位表明有能力而逃避责任,以及增加了拒不履行欠薪保障基金委员会"追偿垫付款项决定书"确定的还款义务,也作为可按照我国《刑法》规定追究"拒不执行判决、裁定罪",扩大了刑法第313条的适用范围,按照罪刑法定原则,应通过修改刑法确定此条内容或者通过立法解释扩大"裁定"的外延,将欠薪保障委员会申请人民法院强制执行"追偿垫付款项决定书"、人民法院为此所作的裁定也列入刑法此条的"裁定"的范畴。

鉴于2011年2月25日通过、5月1日实施的我国《刑法》修正案(八)将拒不支付劳动报酬行为规定为犯罪,追究刑事责任,该修正案第41条用了三款规定此问题,即在《刑法》第276条后增加一条,作为第276条之一。本书对此也做了相关论述,故本条的设计与《刑法》修正案(八)的衔接问题还可进一步推敲,但理想的模式仍然是本书原来的设想方案。

第四十四条[逃匿责任]　用人单位欠薪,法定代表人、负责人、实际控制

人或者主要经营人逃匿的,相关部门应作如下处理:

（一）政府相关部门应当对欠薪逃匿的用人单位及其法定代表人、负责人、实际控制人或主要经营人在各部门网站和出版物上公开欠薪责任人名单、姓名和予以公开谴责,并抄报给出入境管理部门;

（二）主要使用国家财政拨款组织的一切采购、招标和投标,应当自发生欠薪逃匿起十年内禁止欠薪逃匿的用人单位及其法定代表人、负责人、实际控制人或主要经营人参与;

（三）人力资源和社会保障部门应将用人单位的劳动保障违法信息通报中国人民银行当地分行,由其纳入中国人民银行的企业信用信息基础数据库,实施严格监管;

（四）出入境管理部门应当禁止本条第（一）项所列人员出境;对欠薪逃匿情节严重,违反治安管理规定的,公安机关对欠薪责任人依法给予治安管理处罚;构成犯罪的,依法追究欠薪责任人刑事责任。

本法所指欠薪逃匿是指以下情形之一:

（一）用人单位发生欠薪,其法定代表人、负责人、实际控制人或者主要经营人离开用人单位住所,经欠薪保障基金委员会或者欠薪保障基金垫付机构通知,未在指定时间和地点接受调查或者配合处理的;

（二）用人单位发生欠薪,其法定代表人、负责人、实际控制人或者主要经营人离开用人单位住所,欠薪保障基金委员会或者欠薪保障基金垫付机构无法与其取得联系,经在用人单位住所张贴公告四十八小时后,仍未主动与欠薪保障基金委员会或者欠薪保障基金垫付机构联系的;

（三）用人单位发生欠薪,通过劳动争议仲裁程序处理的,劳动争议仲裁委员会公告送达开庭通知,自发出公告之日起经过五日,即视为送达,用人单位法定代表人、负责人、实际控制人、主要经营人或者其代理人未到庭参加庭审的。

［立法论证］本条第（一）至（三）项规定对欠薪逃匿责任人的非刑事处罚方式,对督促欠薪责任人履行法定义务,将有现实的功效。但需要相关机构协同配合,切实地、公正地执行上述处罚方式。

由于对欠薪逃匿采取了严格的法律责任承担方式,因此本条第二款对欠薪逃匿的情形作了列举。

第四十五条［不缴费责任］　用人单位未按照本法规定缴纳欠薪保障费的，由欠薪保障费征收机构责令在一个月期限内缴纳；逾期仍不缴纳的，除补缴欠缴数额外，从欠缴之日起按日加收千分之一的滞纳金；情节严重的，对用人单位，或者直接对其法定代表人、负责人、实际控制人或者主要经营人处五千元以上一万元以下的罚款。

［立法论证］本条规定了欠缴、拒缴欠薪保障费的法律责任，主要是采取经济责任承担方式。本法规定欠薪保障费按用人单位缴纳养老保险费的工资总额的万之分二点五提缴，这样的规定将用人单位必须参加的养老保险与欠薪保障费关联起来，通过制度的联动，保证欠薪保障费的征收和维护劳动者的权益。这一规则，也为我国台湾地区的积欠工资垫偿制度所施行。

各地区征收养老保险等各项社会保险费的机构已经逐步统一到地方各级税务机构，征收欠薪保障费也宜由征收养老保险等各项社会保险费的机构统一行使。

考虑到欠薪用人单位往往是因为其法定代表人、负责人、实际控制人或者主要经营人的逃避责任行为，因此本条规定可直接对这些责任人处以罚款。考虑到有滞纳金责任，故罚款的裁量幅度不宜过大，以五千元以上一万元以下为妥当。

第四十六条［骗取垫付责任］　劳动者故意提供虚假资料或者虚构事实，骗取垫付款项的，由发放垫付款项的欠薪保障基金委员会责令退还其所骗取的金额，并可处以骗取金额一至两倍的罚款；构成犯罪的，依法追究刑事责任。

［立法论证］在申请垫付欠薪案中，存在申请者单方虚假申请骗取欠薪保障基金的可能，也可能存在申请者与受理申请的工作人员串通骗取欠薪保障基金的可能，还有可能欠薪基金办理机构工作人员单方伪造欠薪申请而贪污、挪用欠薪基金。

对这些情形，是我国构建欠薪保障基金制度特别要强化规范的，否则严重损害政府和欠薪保障基金的公信力，纵容犯罪，损害广大劳动者和社会公众利益。

第四十七条［行政部门责任］　欠薪保障基金委员会及相关部门工作人员在欠薪垫付工作中滥用职权、徇私舞弊、玩忽职守的，由有关部门给予行政处分；构成犯罪的，依法追究刑事责任。

［立法论证］香港破产欠薪保障基金制度成立了一个"专责小组",专责打击虚假申请和虚假垫付,并由香港警察署商业罪案调查科负责侦办涉罪案件,取得了打击和震慑犯罪的较好效果,有效遏止了虚假申请和虚假垫付。

本法则在第三章设置了"专责机构",规定由检察机关负责侦办欠薪基金涉罪案件。

第四十八条［滞纳金和罚款的强制执行］　本法所定的滞纳金和罚款,经主管机构催缴,仍不缴纳时,由主管机构向人民法院申请强制执行。

滞纳金和罚款纳入欠薪保障基金银行专户。

［立法论证］本条根据我国《民事诉讼法》关于行政机关的生效文书需向人民法院申请强制执行的规定拟订,并参考了我国台湾地区"劳动基准法"第83条:"本法所定之罚锾,经主管机关催缴,仍不缴纳时,得移送法院强制执行。"

第九章　附　　则

第四十九条［特殊垫付］　不符合本法的欠薪垫付条件,但因欠薪引发较大影响的突发事件,用人单位法定代表人、负责人、实际控制人或者主要经营人虽未逃匿,但确需垫付欠薪的,由当地人民政府决定从应急专项资金中垫付。

发生本条第一款规定情形的垫付,经欠薪保障基金委员会审核,垫付办理机构提请法院对欠薪用人单位及其法定代表人、负责人、实际控制人或者主要经营人的财产进行保全,以便偿付欠薪和垫付款。

［立法论证］对于不符合本法欠薪垫付条件,但因欠薪引发较大影响的突发事件,法定代表人、负责人、实际控制人或者主要经营人虽未逃匿,但确需垫付欠薪的,如何处理?

对于这种事件,可以规定经欠薪保障基金委员会审核,由垫付办理机构提请法院对用人单位及其法定代表人、负责人、实际控制人或者主要经营人的财产进行保全,由当地人民政府决定从当地人民政府应急专项资金中垫付。关键是"应急专项资金"如何筹措?

香港破产欠薪保障基金的做法是,在基金入不敷出的特殊年份,由地方立法机关通过特别决议批准政府以信贷形式,向欠薪保障基金委员会提供一笔一定额度的过渡贷款,基金在有需要时才提取这笔款项。

借鉴我国香港地区的做法,应急专项资金可由地方立法机关通过特别决议批准政府以财政资金信贷形式,向欠薪保障基金委员会提供过渡贷款,基金在有需要时才提取这笔款项。当基金有盈余时,应按基金收支情况逐步偿还提取的过渡贷款。

第五十条[施行时间]　本法自　　年　　月　　日起施行,各省、自治区和直辖市可自行制定与本法不冲突的本地区欠薪保障基金条例,决定本地区施行本法的时间和步骤。

[立法论证]本条的规定也是突破性的尝试。基于我国单一制的国家结构形式,除了我国香港、澳门和台湾地区外,我国全国人大及其常委会制定的所有法律均是自上而下"一刀切"施行的。但是,我国各地区发展极不平衡,可能我国长江三角洲、珠江三角洲和环渤海等经济发达地区存在大量欠薪事件,急需建立和完善欠薪保障基金制度,而我国中西部地区、特别是西部内陆地区,在相当长一段时间内尚没有遭遇大规模欠薪带来的困惑,尚不需要花费大量人力、物力去征收欠薪保障费、管理欠薪保障基金、垫付欠薪。

但是,需要建立欠薪保障基金制度的地区在立法体制和权限上又受到了《立法法》的限制,不能通过地方法规、规章征收欠薪保障费。因此,迫切需要国家制定一部示范性和有弹性的全国欠薪保障基金立法。本条的规定就是基于上述的理由和考虑而拟订的初步设想。

第三节　结束语

要切实解决欠薪问题,需要从国家立法层面制定法律,使得向用人单位征收费用有立法依据,要赋予负责欠薪处理的机关对欠薪者采取强制措施的权力,要赋予国家出入境管理机构配合欠薪处理机构对欠薪者限制出境的规定,等等。

《欠薪保障基金法(建议稿)》是在我国香港、台湾的欠薪保障基金制度实行二十多年以后,在我国深圳市和上海市的欠薪保障基金制度实行十多年后,针对近年来发生的大量欠薪事件,提出的立法文本,希望可以作为构建我国全国示范性欠薪保障基金制度的立法参考。

要从根本制度上解决欠薪问题,欠薪保障基金制度只是关键一环,欠薪保障基金制度的构建虽可以有效解决被欠薪劳动者一段时间的生活问题,为被欠薪劳动者通过其他途径讨薪提供基本的物质保证,但欠薪保障基金制度不是万能之方济,尚需要工资保障的其他系列制度配合、协同发生作用。

本书对欠薪问题的处理提出了设立欠薪保障基金,采取社会共担和共济原则解决基金来源问题。在确定欠薪保障基金时,应合理划定救济范围,使得基金的收入和支付趋于正当和合理。本书还对工资优先权制度和欠薪入罪等其他解决欠薪的设想、制度进行了论证分析。本书提出要完善欠薪的救济机制,要完善对欠薪责任者的民事责任规定,明确劳动者的经济补偿权,对增设恶意欠薪罪采取了审慎的态度。因为恶意欠薪罪的主要要件难以厘定,在形成威慑力的同时,也可能导致选择性和偏好性执法,形成公权力过度介入,导致权力的寻租。笔者认为,即使设立工资绝对优先权和严格执行拒不生效裁判罪,也比简单增设一个新罪名更符合法律的稳定性、连续性和避免泛刑罚化倾向①。

社会现象是如此复杂,以致看似简单的欠薪问题,在本书中也没有可能将一切具体事实大致地列出,虽然进行了多次调研,收集了几百件欠薪有关的法律文书,然而笔者并不奢望将欠薪和解决欠薪的法律制度洞察了,只不过是提出笔者的一个愿景吧。

---

① 不过,在职业病防治上是否应当修改刑法增设"重大职业病事故罪"的争论方面,鉴于职业病的不可逆性、职业病严重危及劳动者的生命健康权、当前职业病高发态势,笔者赞同刑法中增设"重大职业病事故罪"。这与笔者对治理欠薪的观点有别。

附　录

附录2-1　欠薪问题抽样调查问卷

1. 您的性别:A. 男　B. 女

2. 您的年龄:A. 不满16岁　B. 已满16~55岁　C.56~60岁　D. 超过60岁

3. 您的文化程度:A. 初中以下　B. 高中　C. 大专　D. 本科及以上

4. 您的家庭居住地是:(某省某市某区或县)_____

5. 您的身份是:

A. 普通工人

B. 普通职员

C. 普通管理层人员,例如部门经理、部门主管、车间主任等。

D. 高级管理人员,例如企业的董事、总经理、监事、受聘厂长等。

E. 其他人员(请具体写明)_____

6. ①您从何时起开始工作? (某年某月)_____

②您现在的职业是(请具体写明)_____

③您目前的工作地点在(某省某市某区或县)_____

7. ①您有签订书面劳动合同吗? A. 有　B. 无

②您是直接与用人单位签订劳动合同,还是劳务派遣用工?

A. 劳动合同用工　B. 劳务派遣用工

8. ①您在劳动合同中约定的工资是多少? (＊＊元/月)试用期_____正式用工期_____

②实际发放的工资是多少? (＊＊元/月)试用期_____正式用工期_____

③您的月生活支出为_____

④您需要赡养、抚养的家庭人口有多少? _____

⑤您知道工作所在地的最低工资标准吗?

A. 知道(＊＊元/月)　B. 不知道

9. 您知道我国工资的具体构成包括哪些项目吗? (请在知道的项目上划"√")

A. 各种形式的工资(计时工资、计件工资、岗位工资、职务工资、技能工资等)

B. 奖金

C. 津贴

D. 补贴

E. 延长工作时间的工资收入(加班加点工资)

F. 特殊情况下支付的属于劳动报酬性的工资收入

G. 其他(请具体写明)_____

10. 您在劳动合同中约定的工资构成有哪些? (请在相应的项目上划"√")

A. 正常工作时间工资

B. 奖金

C. 津贴

D. 补贴

E. 延长工作时间的工资收入

F. 其他(请具体写明)_____

11. 您是否被拖欠过劳动报酬? (请在下表相应栏目中划"√")

拖欠情况　　　劳动报酬	正常工作时间工资	加班工资	经济补偿金(含代通知金)	住房公积金	其他(奖金、津贴、补贴)
从未拖欠					
偶尔拖欠(1—2次)					
经常拖欠(3次以上)					
一直拖欠					

12. 您最近一次被拖欠劳动报酬的具体情况如何?（请在下表相应栏目中填写具体时间及金额）

拖欠情况＼劳动报酬	正常工作时间工资	加班工资	经济补偿金（含代通知金）	住房公积金	其他(奖金、津贴、补贴)
拖欠时间（某年某月—某年某月）					
拖欠金额					

13. 您遭遇欠薪问题后,怎样处理?（请在下表相应栏目中划"√"）

处理方法＼劳动报酬	正常工作时间工资	加班工资	经济补偿金（含代通知金）	住房公积金	其他(奖金、津贴、补贴)
不了了之					
与单位协商					
找工会出面解决					
申请调解机构调解					
向政府部门投诉					
申请劳动仲裁					
向法院起诉					
其他(请具体写明)					

14. 您用了多长时间解决您最近一次欠薪问题?（请在下表相应栏目中划"√"）

所有时间＼劳动报酬	正常工作时间工资	加班工资	经济补偿金（含代通知金）	住房公积金	其他(奖金、津贴、补贴)
15 天以下					
16～30 天					
1 个月～6 个月（含 6 个月）					
6 个月～1 年					
1 年以上					

15. 您最近一次被欠薪追回的有多少？（请在下表相应栏目中划"√"）

追回欠薪　　　　　　　劳动报酬	正常工作时间工资	加班工资	经济补偿金（含代通知金）	住房公积金	其他（奖金、津贴、补贴）
全部未追回					
追回50%以下（含50%）					
追回50%—70%					
追回70%以上（含70%）					
全部追回					

16. 您最近一次追讨欠薪的花费占追回薪金的比例为？（请在下表相应栏目中划"√"）

比例　　　　　　　劳动报酬	正常工作时间工资	加班工资	经济补偿金（含代通知金）	住房公积金	其他（奖金、津贴、补贴）
10%以下					
11%—50%					
51%—100%					
多于欠薪					

17. 您参加了何种社会保险？（可多选）

A. 养老保险　　B. 医疗保险　　C. 失业保险

D. 工伤保险　　E. 生育保险　　F. 未参加社会保险

18. 您单位为您缴纳的社会保险费是多少？（＊＊元/月）＿＿＿＿＿＿＿

19. 您个人缴纳的社会保险费是多少？（＊＊元/月）＿＿＿＿＿＿＿

20. 对于深圳市设立欠薪保障基金（由企业每年缴纳400元，用于有条件垫付企业无法支付的拖欠工人的工资）的做法，您的看法是：

　　A. 值得肯定，可以从根本上解决欠薪问题

　　B. 值得肯定，可以作为欠薪的应急资金，但无法从根本上解决欠薪问题

　　C. 有设立的意义，但增加企业负担，不应推广到全国，只适合部分地区

D. 对解决欠薪问题没多大作用

E. 其他看法(请具体写明) _____

21. 您认为是否应当设立恶意欠薪罪,追究恶意欠薪企业负责人的刑事责任?

A. 应当设立

B. 不应当设立

C. 不确定

D. 其他看法(请具体写明) _____

22. 您认为您所在的用人单位拖欠劳动报酬的原因是:

_____

附录3－1　我国香港破产欠薪保障基金2004/05年度至2008/09年度的运作比较表

表附录3－1－1　2004/05年度至2008/09年度基金接获的申请数目

（单位:份）

年　度	2004—05	2005—06	2006—07	2007—08	2008—09
申请数目	12788	8751	7265	4506	7511

表附录3－1－2　2004/05年度至2008/09年度基金接获申请最多的首三个行业

（单位:份）

年　度	2004—05	2005—06	2006—07	2007—08	2008—09
饮食业	5644	2923	1761	983	1633
其他个人服务业		508			
进出口贸易业	949		615	599	730
零售业					1106
建造业	2872	2033	1950	1198	

表附录 3-1-3　2004/05 年度至 2008/09 年度基金批准的申请数目及特惠款项

年　　度	2004—05	2005—06	2006—07	2007—08	2008—09
批准申请数目(份)	15568	9819	6600	4177	6071
批准制度款项(百万元)	315.8	191.9	137.1	79.4	129.5

表附录 3-1-4　2004/05 年度至 2008/09 年度基金总收入及支出

（单位:百万元）

年　　度	2004—05	2005—06	2006—07	2007—08	2008—09
	2004—05	2005—06	2006—07	2007—08	2008—09
收入	452.4	502.0	522.1	559.5	471.2
支出	337.8	215.6	160.1	103.0	153.7

表附录 3-1-5　2004/05 年度至 2008/09 年度基金收入及支出分析

（单位:百万元）

年　　度	2004—05	2005—06	2006—07	2007—08	2008—09
特惠款项支出	315.8	191.9	137.1	79.4	129.5
征费收入	440.1	485.2	490.8	513.0	439.4
其他收入①	12.3	16.8	31.3	46.5	31.9
行政费用	22.0	23.7	23.0	23.7	24.1

表附录 3-1-6　2004/05 年度至 2008/09 年度基金借代位权

而收回的款项及特惠款项支出分析　　（单位:百万元）

年　　度	2004—05	2005—06	2006—07	2007—08	2008—09
借代位权而收回的款项	11.9	7.9	7.6	8.4	4.8
特惠款项支出	315.8	191.9	137.1	79.4	129.5

---

①　此处"其他收入"指银行存款利息及借代位权而收回的款项。

附录 3－2　我国香港破产欠薪保障基金 1998/99 年度、
　　　　　2003/04 年度及 2008/09 年度按经济行业
　　　　　划分接获的申请数目分析(单位:份)

行　业　＼　年　度	1998—99	2003—04	2008—09
制造业	3098	1396	907
建造业	2418	4180	722
批发、零售、进出口贸易、饮食及酒店业	7781	11106	3594
运输、仓库及通讯业	788	761	1145
金融、保险、地产及商用服务业	1542	1713	786
社区、社会及个人服务业	1444	2316	355
其他	46	95	2

附录 3－3　我国台湾积欠工资垫偿基金统计数据分析①

(一)积欠工资垫偿基金垫偿单位、垫偿人数和金额情况

1. 2007 年、2008 年和 2009 年垫偿基本数据分析

2009 年垫偿单位、人数、金额数量比 2008 年度呈较大增长趋势,这与 2008 年爆发的全球金融危机波及台湾产业有密切关系。

表附录 3－3－1　2007、2008、2009 年各年度同月同期累计垫偿单位数量比较

(单位:个)

月　份　＼　年　度	2007 年	2008 年	2009 年
1 月	9	23	10
2 月	14	27	28

①　数据来源:台湾"行政院"劳工委员会:2009 年 12 月前积欠工资垫偿基金历年数据。感谢华南师范大学硕士彭静雯协助笔者对庞杂的数据所做的整理。

月 份＼年 度	2007 年	2008 年	2009 年
3 月	22	38	47
4 月	29	48	60
5 月	37	64	74
6 月	48	77	103
7 月	56	91	117
8 月	69	106	134
9 月	79	121	157
10 月	99	127	171
11 月	118	134	185
12 月（累计）	132	145	202

数据分析:2008 年累计垫偿单位 145 个比 2007 年 132 个多 13 个,而 2009 年累计垫偿单位已经达到 202 个,比 2008 年增加 57 个。

表附录 3 - 3 - 2　2007、2008、2009 年各年度同月同期累计垫偿人数比较

（单位:个）

月 份＼年 度	2007 年	2008 年	2009 年
1 月	400	1,393	1,380
2 月	817	1,434	1,653
3 月	893	1,501	2,108
4 月	1,339	1,818	2,229
5 月	1,437	2,671	2,820
6 月	1,718	2,942	3,364
7 月	1,925	3,631	3,644
8 月	2,274	3,860	3,863
9 月	2,913	4,440	4,199
10 月	3,084	4,536	4,472
11 月	3,375	4,844	5,530
12 月（累计）	3,652	5,077	5,735

数据分析:表一反映 2009 年累计垫偿单位的数量比 2008 年大幅增加,但是从表二看出,垫偿人数增加 并不明显,说明倒闭的都是一些员工人数较小的小企业。

表附录 3 - 3 - 3　2007、2008、2009 年各年度同月同期累计垫偿金额数量比较

（单位：新台币元）

年 度 月 份	2007 年	2008 年	2009 年
1 月	26,423,235	84,041,942	283,216,058
2 月	45,803,087	85,821,783	298,302,037
3 月	51,520,568	90,295,572	331,487,987
4 月	112,146,340	112,055,865	344,012,196
5 月	119,042,817	143,058,699	378,410,710
6 月	138,100,930	156,783,811	407,236,083
7 月	154,843,856	202,570,455	431,442,154
8 月	177,931,829	219,055,177	445,343,221
9 月	257,680,065	248,581,600	467,448,018
10 月	271,510,064	253,506,175	489,217,818
11 月	289,518,029	268,631,124	529,706,518
12 月（累计）	303,318,685	280,437,986	541,008,884

数据分析：2009 年累计垫偿金额比 2008 年多出接近一半，但表二反映出垫偿人数增加并不明显，说明平均每个人垫偿的金额是比较多的。积欠工资垫偿基金的垫偿范围为事业单位发生歇业、清算或宣告破产前 6 个月内，本于劳动契约所积欠的工资。上述数据表明，由于台湾积欠工资没有最高限额的限制，因此随着薪酬增长，垫偿人数增加不明显，但平均个人垫偿金额增长较快。香港的制度限制最高垫付金额，有其合理性。

2. 2008 年度累计垫偿（从 2008 年 1 月开始累计）

表附录 3 - 3 - 4　2008 年度累计垫偿

累计垫偿单位（个）	累计垫偿人数（人）	累计垫偿金额（新台币元）
145	5,077	280,437,986

3. 2009 年累计垫偿（从 2009 年 1 月开始累计）

表附录 3 - 3 - 5　2009 年度累计垫偿

累计垫偿单位（个）	累计垫偿人数（人）	累计垫偿金额（新台币元）
202	5,735	541,008,884

4. 开办积欠工资垫偿基金至 2009 年底累计垫偿(从开办此制度开始累计)

表附录 3-3-6　开办积欠工资垫偿基金至 2009 年 12 月底累计垫偿

累计垫偿单位(个)	累计垫偿人数(人)	累计垫偿金额(新台币元)
1,041	49,190	3,466,191,646

5. 2009 年积欠工资垫偿基金各月垫偿

表附录 3-3-7　2009 年积欠工资垫偿基金各月垫偿

月份＼项目	累计垫偿单位	累计垫偿人数	累计垫偿金额
1 月	10	1,380	283,216,058
2 月	28	1,653	298,302,037
3 月	47	2,108	331,487,987
4 月	60	2,229	344,012,196
5 月	74	2,820	378,410,710
6 月	103	3,364	407,236,083
7 月	117	3,644	431,442,154
8 月	134	3,863	445,343,221
9 月	157	4,199	467,448,018
10 月	171	4,472	489,217,818
11 月	185	5,530	529,706,518
12 月	202	5,735	541,008,884
开办至 2009 年 12 月止	1,041	49,190	3,466,191,646

(二)2008 年累计、2009 年各月提缴单位及人数、应计提缴金额

1. 基本数据分析

2008 年年底至 2009 年 1 月增长了 732 个提缴单位,2009 年提缴单位的数量在 1 月—3 月、5 月—6 月呈下降趋势,2009 年 2 月份下降幅度较大。但实际上,从总体而言,提缴单位、人数和应计提缴金额的变化幅度不会特别大,比较稳定,总体的趋势还是增加的,保证了基金的充足率。

表附录 3 - 3 - 8　2007、2008、2009 年累计提缴单位及人数、应计提缴金额比较

	提缴单位数 （单位：个）	提缴人数 （单位：人）	提缴金额 （单位：新台币元）
2007 年	427,907	5,652,232	484,453,770
2008 年	428,396	5,616,571	501,870,450
2009 年	436,453	5,678,478	488,685,745

数据分析：每年度的提缴单位数主要是根据当年企业新设或者歇业、破产等情形而变化的，可比性似乎不大，单从 2007、2008、2009 年的提缴单位数看来，变化幅度不大，似乎 2007~2008 年金融危机期间没有大量企业歇业、破产的情形，总体的趋势还是增加的。此外，提缴单位、人数和应计提缴金额的变化幅度不会特别大，比较稳定，总体的趋势也是增加的，保证了基金的充足率。

2. 2008 年全年提缴单位及人数、应计提缴金额（2008 年 12 月份累计）

表附录 3 - 3 - 9　2008 年全年提缴单位及人数、应计提缴金额

	提缴单位数 （单位：个）	提缴人数 （单位：人）	提缴金额 （单位：新台币元）
2008 年	428,396	5,616,571	501,870,450

3. 2009 年各月提缴单位及人数、应计提缴金额

表附录 3 - 3 - 10　2009 年各月提缴单位及人数、应计提缴金额

项目 月份	提缴单位	提缴人数	应计提缴金额
1 月	429,128	5,597,499	40,992,705
2 月	428,662	5,554,400	40,643,634
3 月	428,173	5,524,391	40,379,335
4 月	428,534	5,524,181	40,212,748
5 月	432,005	5,545,094	40,292,356
6 月	431,837	5,530,280	40,286,850
7 月	432,808	5,584,881	40,439,726
8 月	433,404	5,596,215	40,586,376
9 月	434,236	5,634,505	40,875,871
10 月	435,269	5,676,499	41,096,577
11 月	436,380	5,688,919	41,360,817
12 月	436,453	5,678,478	41,518,750

附录3-4 我国香港和台湾欠薪保障基金制度对比简表

地区 项目	香港	台湾
设立时间和法规名称	香港《破产欠薪保障条例》于1985年4月19日开始实施,后经多次修订。与该条例相配套的香港法例还有《公司条例》中清算条款、《破产条例》中的雇员债权限额优先条款,等等。	台湾"劳动基准法"于1985年7月30日公布实施,该法第二十八条规定了"积欠工资垫偿基金"制度;1987年2月21日"行政院"劳工委员会颁行《积欠工资垫偿基金提缴及垫偿管理办法》,将该项制度具体化。这两个法律文件后均经多次修订。
受理机构	破产欠薪保障基金委员会,主要法定职能是管理基金。 　　劳工处薪酬保障组(科),负责处理有关的申请。	"中央主管机关"设"行政院劳工委员会积欠工资垫偿基金管理委员会"管理积欠工资垫偿基金。 　　"中央主管机关"委托劳工保险机构办理基金收缴有关业务。
基金构成	基金主要来自从每张商业登记证所收取的600元征款。根据《商业登记条例》第7条及第21条和《破产欠薪保障条例》第III部第6条,在2008年3月14日或该日之后发出的商业登记证,根据《2008年商业登记条例(修订:调低征费)令》,为期一年的每张征收港币450元,为期三年的每张征收港币1,350元。 　　基金的构成包括: 　　(a)税务局局长根据该条拨付的款项,不论该款项在《破产欠薪保障条例》生效日期之前或之后拨付; 　　(b)根据《破产欠薪保障条例》第VI部索回的款项(即代位追偿款项和追讨误付款项); 　　(c)从构成该基金的款项及投资而得到的利息及其他收入; 　　(d)合法拨付该基金的其他款项。例如立法会议决允许基金的过渡信贷。	凡适用劳基法行业之雇主应按当月雇佣劳工投保薪资总额及规定的费率缴纳一定数额的积欠工资垫偿基金。 　　(a)雇主依劳工保险投保薪资总额万分之二点五按月提缴("劳动基准法"定为万之十范围内提缴,1987年开始提缴时按万分之五,当基金累积超过30亿时,在1997年将费率降为万分之二点五。) 　　劳保局每月计算各雇主应提缴本基金之数额善具提缴单,于次月底前寄送雇主,于缴纳同月份劳工保险费时,一并缴纳。 　　前项提缴单,雇主于次月底前未收到时,应按上月份提缴数额暂缴,并于次月份提缴时,一并冲转结算。 　　(b)基金之收益。

项目＼地区	香港	台湾
申请人资格	雇员。如雇主为一名个别人士,而所聘用的雇员为该雇主同住的家庭成员,则不合乎申请资格。如申请人是有关公司的注册董事或曾出任该公司的注册董事,他的申请一般都不会被批准。 雇员个别申请原则。	受"劳动基准法"调整的受雇主雇佣从事工作获致工资者才可申请垫偿,事业单位的负责人或与事业单位具委任关系的人员,及承揽契约与训练契约人员均不可申请垫偿。以劳工集体申请为原则,以个别申请为例外。
申请条件	(1)申请人的工资已到期支付而未获支付; (2)申请人的代通知金已到期支付而未获支付;或 (3)向申请人支付遣散费的法律责任已产生,而该遣散费未获支付(不论该遣散费当时是否已到期支付)。	(1)当事业单位因歇业、清算或宣告破产有积欠劳工工资的事实,经劳工向雇主请求而仍不能获得清偿。 　　说明:事业单位若只是处于停工状态,尚有复工的可能时,因不属于歇业、清算或宣告破产情况,劳工此时还不可以申请垫偿积欠工资。 (2)事业单位需已提缴积欠工资垫偿基金。 　　说明:A. 事业单位如未提缴积欠工资垫偿基金,则劳工不可以申请积欠工资垫偿;B. 雇主若欠缴部分月数之积欠工资垫偿基金,但在劳工申请积欠工资垫偿时雇主已补缴所欠缴的基金者,仍可获得垫偿;或 C. 允许劳工代雇主补缴后,劳工可申请垫偿。①
申请期限	根据《破产欠薪保障条例》的规定,劳工处处长不会批准以下的申请: 　　(1)在服务的最后一天前四个月以外被拖欠的工资; 　　(2)在服务的最后一天后的六个月以外所提出有关工资的申请; 　　(3)在终止合约后六个月以外所提出有关代通知金和遣散费的申请。	积欠工资垫偿基金的垫偿期限为事业单位歇业、清算或宣告破产,本于劳动契约所积欠的工资未满六个月部分。该六个月的计算起点,自雇主歇业、清算或宣告破产当日向前逆算。 　　劳工申请垫偿积欠工资,或劳工保险局核定垫偿后劳工未领取,适用民法第 126 条请求权因 5 年间不行使而消灭。

---

　　① 台湾"行政院"劳工委员会于 2005 年 3 月 25 日以劳动二字第 0930014384 号公告发布"积欠工资垫偿基金提缴及垫偿管理办法"第 7 条之一及第 13 条修正草案,该修正案草案中对第 7 条之一的修正要点为:按本基金垫偿范围原以申请垫偿劳工之雇主已提缴本基金者为限,惟实施多年以来,迭见雇主于营运末期未为提缴或自始未曾提缴,致劳工无法申请垫偿情事。本会虽以行政解释,允劳保局于受理工资垫偿申请时,准于完备提(补)缴要件后予以审核,仍非正办,爰增列第七条之一,以符现状,俾合理保障劳工权益。草案提出增订第 7 条之一为:"劳工申请垫偿积欠工资时,劳保局发现雇主有未提缴或欠缴本基金之情事者,应于申请案符合前条规定后予以受理。"于 2006 年 1 月 3 日修正的该办法第 7 条为:"本基金垫偿范围,以申请垫偿劳工之雇主已提缴本基金者为限。雇主欠缴本基金,嗣后补提缴者,劳工亦得申请工资垫偿。"

项目＼地区	香港	台湾
申请程序	(1)如发现下列情况,雇员应尽快与劳工处劳资关系科联络: 　①雇主未能支付债务,包括工资在内; 　②雇主在不合理的情形下,将机器或原料搬离工作地点; 　③工作地点突然关闭; 　④雇主突然失踪; 　⑤雇主的资产或货物由法庭执达吏扣押。 (2)劳资关系科职员收到投诉后,会与法律援助署联络,以便该署能迅速帮助雇员进行清盘或破产的法律程序。 (3)若雇员有被拖欠工资、代通知金和遣散费,该科职员亦会与劳工处薪酬保障组(科)联络,协助雇员向基金申请特惠款项。 　申请人要宣誓声明所有提供的资料俱属正确,并需呈交支持该项申请的雇佣合约、粮单和出勤纪录等文件,以便审核。	(1)同一事业单位的劳工请求积欠工资垫偿,以1次共同申请为原则,劳工应共同推定代表人,代表申请。 (2)向劳工保险局或事业单位所在地的县市政府劳工主管机关索取"积欠工资垫偿申请书"、"积欠工资垫偿名册"、"积欠工资垫偿收据"、"劳工代表委托书"等空白书表,依式填具并请雇主签章证明。 (3)如劳工系因事业单位(含分支机构)歇业而申请垫偿时,需请事业单位所在地的县市政府劳工主管机关就下列事项做查证并开立证明公文:已注销或撤销工厂、商业或营利事业登记,或确已终止生产、营业、倒闭或解散。 (4)以上书表及证明文件备齐后,即连同积欠工资期间的"出勤记录"、"薪资账册"、"身份证正反面影本"一起送劳工保险局提出申请。
基金可垫支的范围	(1)被拖欠的薪金,包括: 　①雇员在服务的最后一天前四个月内,已为雇主服务而被拖欠的工资; 　②已放假而未获支付的年假工资、法定假日工资、分娩假期工资及疾病津贴; 　③年终酬金。 (2)代通知金(不超过相等于一个月的薪金) (3)遣散费	积欠工资垫偿基金的垫偿范围为事业单位发生歇业、清算或宣告破产前6个月内,本于劳动契约所积欠的工资。 　注意:"劳动基准法"第2条第3款所谓工资的定义系劳工因工作而获得之报酬。不符合本定义的给付,则不属垫偿基金垫偿范围,不予垫偿。垫偿金额系按实际工资金额垫偿。所谓因工作而获得之报酬包括工资、薪金、按计时、计日、计月、计件以现金或实物等方式给付之奖金、津贴及其他任何名义之经常性给予均属工资垫偿范围。而"劳动基准法施行细则"第10条所列举的各款给予,则不属于工资垫偿范围。资遣费(遣散费)也未列入保障范围。

地区 项目	香港	台湾
垫偿的最高限额	(1)工资——数额不超过港币36,000元,作为申请人在最后工作天前四个月内所提供服务的工资; (2)代通知金——数额不超过相等于申请人一个月的工资或港币22,500元(两者以较少者为准),而该款项须于申请日期前六个月内到期支付; (3)遣散费——总额不超过港币50,000元及申请人应得遣散费中超出港币50,000元的款项的50%,而付款责任须在申请日期前六个月内产生。	无明确规定
付款条件	申请经过查核而又符合下列情况时,劳工处处长批准垫支特惠款项: (1)雇主是一间有限公司,已经有人向公司提出清盘呈请; (2)如雇主并非一间有限公司,已经有人向雇主提出破产呈请; (3)如果所涉雇员人数不足20名,并有足够证据提出清盘或破产呈请,而提出呈请是不合理或不符合经济原则的,劳工处处长则可以免除上述规定。劳工处处长也可以发放特惠款项给那些雇员,若他们被雇主所拖欠债项的款额不超过10,000元,而如非因《破产条例》第6(2)(a)条的存在,便本可有一项破产呈请向该雇主提出。	当事业单位因歇业、清算或宣告破产所积欠劳工的工资未满6个月部分,经劳工向雇主请求而不能获得清偿时,可以向劳工保险局申请积欠工资垫偿,经劳保局查证属实,即可将积欠的工资代垫给劳工,劳保局再向雇主请求於规定期限内,将垫款偿还积欠工资垫偿基金。
付款的安排	劳工处薪酬保障组(科)的主要职责包括受理申请、计算垫支数目、及发放特惠款项。款项通常以划线支票邮寄给申请人。	一律由劳工保险局直接转账汇款至申请人指定之金融机构账户,如劳工死亡时,依"劳动基准法"第59条第4款规定之遗嘱顺位领取,无遗嘱者,撤销其垫偿,遗嘱顺位如下:1.配偶及子女;2.父母;3.祖父母;4.孙子女;5.兄弟姊妹。

续表

项目＼地区	香港	台湾
代位求偿权	申请人收到基金的特惠款项后,所收数额可以享有的优先偿还权,便会转让给破产欠薪保障基金。这不影响他们追讨其他债项,例如未获基金垫付的工资余额、累积假期薪金、代通知金余额、遣散费余额的偿还权利。	劳工保险局依规定垫偿劳工工资后,得以自己名义,代位行使优先受清偿权,依法向雇主或清算人或破产管理人主张于限期内偿还垫款。
复核及审核	倘若申请人对劳工处处长的决定不满,可向薪酬保障组(科)提出复核。若申请人对复核的结果仍然不满,该科可协助申请人向基金破产欠薪保障基金委员会提出复核(上诉)。	劳工对劳工保险局核定垫偿有关事项如有异议时,得于接到劳工保险局核定通知之日起 30 日内,缮具诉愿书,经由劳保局向中央主管机关提起诉愿。①
处罚	根据《破产欠薪保障条例》的规定,申请人如虚报资料,即属违法,最高可被判罚款 50,000 元及监禁三个月。	事业单位如未依法缴纳积欠工资垫偿基金,劳工行政主管机关依"劳动基准法"第 79 条可处新台币 6 千元以上 6 万元以下罚款(该法原规定为"2 千元以上 2 万元以下罚款")。

---

① 台湾于 1987 年 2 月 21 日由"内政部"发布的"积欠工资垫偿基金提缴及垫偿管理办法"第 13 条规定:"劳工对劳保局之核定事项有异议时,得于接到核定通知之日起三十日内向管理委员会提出异议。"台湾"行政院"劳工委员会于 2006 年 1 月 3 日修正了该办法第 13 条,修正后的条文为:"劳工对劳工保险局核定垫偿有关事项如有异议时,得于接到劳工保险局核定通知之日起 30 日内,缮具诉愿书,经由劳保局向中央主管机关提起诉愿。"台湾"行政院"劳工委员会于 2005 年 3 月 25 日以劳动二字第 0930014384 号公告发布修正案草案中的修正要点之一为:"删除原条文有关人民对于劳工保险局所为垫偿核定不服得为'异议'之程序,其救济方式改依诉愿法规定,以提起诉愿为之,以符依法行政原则并缩短行政救济程序。"

附录3-5　深圳市和上海市欠薪保障基金制度对比简表

地区 项目	深圳市	上海市
欠薪基金设立时间	1996年10月29日颁布,1997年1月1日实施《深圳经济特区企业欠薪保障条例》;2008年修订为《深圳经济特区欠薪保障条例》。	1999年11月23日颁布,2000年1月1日实施《上海市小企业欠薪基金试行办法》,2000年批转《关于本市小企业欠薪保障金收缴的实施意见》。 　　现行规则为2007年6月21日颁行的《上海市企业欠薪保障金筹集和垫付的若干规定》。
颁布机构和规范性质	深圳市人大常委会颁布的地方法规	上海市人民政府颁布的地方规章
欠薪保障基金来源	1. 欠薪保障费;2. 财政补贴; 3. 欠薪保障基金的合法利息以及接受的合法捐赠; 4. 垫付欠薪款项的追偿所得。	1. 企业缴纳的欠薪保障费及其利息收入; 2. 垫付欠薪款项的追偿所得; 3. 财政补贴; 4. 其他收入。
欠薪基金收缴机构和办法	用人单位应当在每年第一季度缴纳四百元欠薪保障费。新成立的用人单位于成立次年开始缴纳。由深圳市社会保险经办机构负责代征。	企业、企业分支机构每年缴纳一次欠薪保障费。缴费的具体数额,为本市公布的月最低工资标准的数额。上海市社会保险经办机构负责欠薪保障费的征缴工作。
欠薪保障金制度适用范围	用人单位:深圳经济特区内的企业、其他经济组织、民办非企业单位等组织,但个体工商户除外。 员工:与用人单位建立劳动关系的劳动者。	用人单位:上海市范围内的企业,包括领取营业执照的企业分支机构。但建筑施工企业除外,建筑施工企业实行工资保证金制度。 员工:与用人单位建立劳动关系的劳动者。
申请期限	员工申请欠薪垫付,应当在知道或者应当知道本条例第十四条(申请条件)规定情形之日起30日内,向区劳动行政部门提交书面申请	劳动者申请垫付欠薪的,应当自取得证明欠薪事实的材料之日起30日内,向市劳动保障局提出申请。 劳动者因非自身原因超出规定期限提出申请的,市劳动保障局可以适当延长其申请期限。

地区 项目	深圳市	上海市
申请条件	用人单位发生欠薪,且有下列情形之一时,员工可以向区劳动行政部门提出欠薪垫付申请: 　(一)人民法院依法受理破产申请; 　(二)法定代表人或者主要负责人隐匿或者逃逸。	有下列情形之一的,企业无力或暂时无力支付欠薪,被欠薪的劳动者本人可以申请垫付欠薪: 　(一)企业因宣告破产、解散或者被撤销进入清算程序,且欠薪事实已由企业、企业清算组织确认,或者已由人力资源和社会保障行政部门或者劳动争议处理机构查实的; 　(二)企业因经营者隐匿、出走等原因已停止经营,且欠薪事实已由人力资源和社会保障行政部门或者劳动争议处理机构查实的。 　除上述情形外,因企业欠薪可能引发重大冲突,负责处理纠纷的行政机关已将纠纷情况和欠薪事实查清的,被欠薪的劳动者也可以申请垫付欠薪。
不予垫付的情形	下列人员的欠薪垫付申请不予受理: 1. 欠薪单位的法定代表人或者主要负责人; 2. 前项人员的近亲属; 3. 拥有欠薪单位股份且股本额达到二十万元以上的人员; 4. 欠薪前三个月的平均工资超过上年度深圳市职工月平均工资三倍的人员; 5. 累计欠薪数额不足两百元的人员。	属于下列人员的,上海市人力资源和社会保障部门不予垫付欠薪: 1. 欠薪企业的法定代表人或者经营者; 2. 欠薪企业中与前项人员共同生活的近亲属; 3. 拥有欠薪企业 10% 以上股份的人员; 4. 月工资超过上海市职工月平均工资水平三倍的人员; 5. 累计欠薪数额不到 200 元的人员。
垫付的款项	欠薪 　欠薪月数不超过六个月的,垫付欠薪按照实际欠薪月数计算;超过六个月的,按照六个月计算。 　每月欠薪数额高于深圳市上年度职工月平均工资百分之六十的,垫付标准按照深圳市上年度职工月平均工资的百分之六十计算;每月欠薪数额低于深圳市上年度职工月平均工资百分之六十的,垫付标准按照实际欠薪数额计算。不能确认欠薪数额的,按照深圳市职工最低工资标准确定垫付数额。	工资;解除、终止劳动合同的经济补偿金 　欠薪月数不超过 6 个月的,垫付欠薪按照实际欠薪月数计算;超过 6 个月的,按照 6 个月计算。 　拖欠的月工资或者月经济补偿金高于上海市当年职工月最低工资标准的,垫付欠薪的款项按照月最低工资标准计算;低于月最低工资标准的,按照实际欠薪数额计算。

附录3-6　上海市欠薪保障金2007、2008、2009年征缴和垫付情况(单位:万元)

年份	征缴金额	垫付金额	垫付人数(人)	涉及企业数(户)
2007	9,557.86	—	126	3
2008	12,152.56	2,129.83	7876	52
2009	12,961.12	1,446.98	5429	84
合计	34,671.54	3,576.81	13431	139

附录3-7　深圳市欠薪保障基金1997—2009年收支情况一览表

年度	缴费情况		垫付情况			资金追偿情况
	企业数	金额	企业数	人数	金额	
	(户)	(万元)	(户)	(人)	(万元)	(万元)
1997	29,010	986	19	2,212	186	42
1998	37,025	1,023	18	2,837	273	91
1999	43,218	1,237	26	3,065	369	99
2000	46,747	1,474	29	3,186	412	108
2001	50,735	1,743	36	3,317	427	112
2002	55,048	2,038	40	3,255	432	131
2003	60,956	2,612	40	3,595	517	96
2004	—	1,741	57	6,853	1,037	172
2005	—	4,688	49	7,696	1,962	815
2006	—	5,018	33	3,241	669	323
2007	—	—	44	4,523	1,230	—
2008	—	7,606	96	13,596	4,412	588
2009	—	2,122	90	12,384	3,643	2,830

数据说明:第一,感谢华南师范大学法学硕士生彭静雯根据笔者提供的部分资料,协助笔者收集了比较全面的深圳市欠薪保障基金收支数据,并整合成本表格。

第二,此份表格整合的数据来源主要来自于三份文档:

1.《深圳市欠薪保障基金运行情况(1997—2003年表格)》,摘自:曾志红:《我国企业欠薪保障体系与基金构建研究》(公共管理硕士学位论文),国防科学技术大学2004年。

2.《深圳欠薪保障基金2002—2006年收支情况一览表》,摘自:《深圳市欠薪保障费将由工商部门转为社保局收取》,网址 http://www.sznews.com/news/content/2007-06/11/content_1229139.htm,访问时间2010年3月16日。

3.《深圳欠薪保障基金2007年收支情况》,摘自:《工人不再被欠薪,广州施工单位缴纳工资保证金》,网址 http://huilin.myttc.cn/n/20090619/75312_1.html,访问时间2010年3月16日。但该新闻报道中出现的数据为:2007年全年,深圳使用欠薪保障基金批准垫付欠薪1235万元,2007年全年的垫付额为1230万元。这两个数据不同。本表后一数据即垫付额1230万元。

第三,两份文档(《深圳市欠薪保障基金运行情况(1997年—2003年表格)》和《深圳欠薪保障基金2002—2006年收支情况一览表》)关于2002年、2003年的数据存在着偏差,除了垫付人数和垫付金额能吻合,其余不吻合。《深圳欠薪保障基金2002—2006年收支情况一览表》来源于深圳新闻网 http://www.sznews.com/news/content/2007-06/11/content_1229139.htm,属于官方数据,而前一文档属于论文作者收集数据,因此本书采纳了官方数据。访问时间2010年3月16日。

第四,2008年以及2009年的数据是直接从深圳人力资源和社会保障网下载的资料摘录的。但2009年的资金追偿额2830万元是包含当年以及以往年度垫付欠薪的追偿额,当年的追偿额数据无法查到。其他空白栏的数据表示在论文截稿日止无法查找到。

第五,上述表格中深圳市欠薪保障基金的相关数据不全面,无法体现其每年累积数据、利息收入、管理费用、追偿费用和欠薪的行业特点等,此与上海市欠薪保障金类似。

参考文献

中文著作

1. 林嘉主编:《劳动法和社会保障法》,中国人民大学出版社 2009 年版。

2. 黎建飞:《劳动与社会保障法教程》,中国人民大学出版社 2007 年版。

3. 郑尚元:《劳动合同法的制度与理念》,中国政法大学出版社 2008 年版。

4. 黎建飞主编:《社会保障法》,中国人民大学出版社 2008 年第 3 版。

5. 林嘉、杨飞、林海权:《劳动就业法律问题研究》,中国劳动社会保障出版社 2005 年版。

6. 李立新:《劳动者参与公司治理的法律探讨》,中国法制出版社 2009 年版。

7. 林嘉:《社会保障法的理念、实践与创新》,中国人民大学出版社 2002 年版。

8. 黄宗智:《经验与理论——中国社会、经济与法律的实践历史研究》,中国人民大学出版社 2007 年版。

9. 王全兴主编:《劳动法学》,高等教育出版社 2008 年版。

10. 董保华等:《社会法原论》,中国政法大学出版社 2001 年版。

11. 蔡定剑主编:《中国就业歧视现状和反歧视对策》,中国社会科学出版社 2007 年版。

12. 蔡定剑、张千帆主编:《海外反就业歧视制度与实践》,中国社会科学出版社 2007 年版。

13. 胡玉浪:《劳动报酬权论》,知识产权出版社 2008 年版。

14. 李炳安:《劳动权论》,人民法院出版社 2006 年版。

15. 白凯:《中国的妇女与财产:960—1949》,上海书店出版社 2007 年版。

16. 姜颖:《劳动合同法论》,法律出版社 2006 年版。

17. 张桂林、彭润金等:《七国社会保障制度研究——兼论我国社会保障制度建设》,中国政法大学出版社 2005 年版。

18. 董保华主编:《劳动关系调整的社会化与国际化》,上海交通大学出版社 2006 年版。

19. 范跃如:《劳动争议诉讼特别程序原理》,法律出版社 2008 年版。

20. 林晓云等编著:《美国劳动雇佣法》,法律出版社 2007 年版。

21. 中华全国总工会政策研究室、中国职工交流中心:《台港澳劳动法律法规选编》,1997 年。

22. 王利明:《民法典体系研究》,中国人民大学出版社 2008 年版。

23. 王利明:《民法总则研究》,中国人民大学出版社 2003 年版。

24. 王保树、崔勤之:《中国公司法原理》,社会科学文献出版社 2006 年版。

25. 杨立新:《民事裁判方法》,法律出版社 2008 年版。

26. 梁慧星:《民法解释学》,中国政法大学出版社 1995 年版。

27. 朱慈蕴:《公司法人格否认法理研究》,法律出版社 1998 年版。

28. 柳经纬:《感悟民法》,人民法院出版社 2006 年版。

29. 侯猛:《中国最高人民法院研究——以司法的影响力切入》,法律出版社 2007 年版。

30. 徐昕:《论私力救济》,中国政法大学出版社 2005 年版。

31. 田思路、贾秀芬:《契约劳动的研究——日本的理论与实践》,法律出版社 2007 年版。

32. 王益英主编:《外国劳动法和社会保障法》,中国人民大学出版社 2001 年版。

33. 陆学艺主编:《当代中国社会结构》,社会科学文献出版社 2010 年版。

34. 子彬:《国家的选择与安全》,上海三联书店 2006 年版。

35. 赵立新:《德国日本社会保障法研究》,知识产权出版社 2008 年版。

36. 汤维建等:《群体性纠纷诉讼解决机制论》,北京大学出版社 2008

年版。

37. 韩延龙、常兆儒编:《中国新民主主义革命时期根据地法制文献选编》第4卷,中国社会科学出版社1984年版。

38. 朱景文主编:《法理学研究》上、下册,中国人民大学出版社2006年版。

39. 梁治平编:《法律的文化解释》,三联书店1994年版。

40. 黄程贯:《劳动法》,台湾"国立"空中大学2001年印行第3版。

41. 林丰宾:《劳动基准法论》,台湾三民书局股份有限公司2006年版。

42. 黄越钦:《劳动法新论》,台湾翰芦图书出版有限公司2006年版。

43. 钟秉正:《社会保险法论》,台湾三民书局股份有限公司2005年版。

44. 陈新三编著:《劳动基准法裁判汇编》,陈新三自刊2008年版。

45. 李诚等编译:《比较劳资关系》,华泰文化事业公司2000年版。

46. 杨通轩:《集体劳工法——理论与实务》,五南图书出版公司2007年版。

47. 郭明政:《社会安全制度与社会法》,翰芦图书出版有限公司1997年版。

48. 财团法人台湾国际劳雇组织基金会:《劳工退休保障制度国际比较》,翰芦图书出版有限公司2005年版。

49. 洪德钦主编:《欧洲联盟人权保障》,"中央研究院"欧美研究所2006年版。

50. 焦兴铠:《国际劳动基准之建构》,新学林出版股份有限公司2006年版。

51. 黄茂荣:《法学方法与现代民法》,中国政法大学出版社2001年版。

52. 王泽鉴:《民法总则(增订版)》,中国政法大学出版社2001年版。

53. 王泽鉴:《民法概要》,中国政法大学出版社2003年版。

54. 焦兴凯主编:《美国最高法院重要判决之研究:2000~2003》,"中央研究院"欧美研究所2007年版。

55. 史尚宽:《劳动法原论》,正大印书馆1978年版。

外文译(编)著

1. [德]W·杜茨:《劳动法》,张国文译,法律出版社 2005 年版。

2. 叶静漪,[瑞典]Ronnie Eklund 主编:《瑞典劳动法导读》,北京大学出版社 2008 年版。

3. [日]大须贺明:《生存权论》,林浩译,法律出版社 2001 年版。

4. [日]马渡淳一郎:《劳动市场法的改革》,田思路译,清华大学出版社 2006 年版。

5. [美]罗伯特·A·高尔曼:《劳动法基本教程》,马静等译,中国政法大学出版社 2003 年版。

6. [美]道格拉斯·L·莱斯利:《劳动法概要》,张强等译,中国社会科学出版社 1997 年版。

7. 琳达·狄更斯、聂尔伦编著:《英国劳资关系调整机构的变迁》,英中协会译,北京大学出版社 2007 年版。

8. 罗结珍译:《法国劳动法典(1993 年版本)》,国际文化出版公司 1996 年版。

9. [英]凯瑟琳·巴纳德:《欧盟劳动法》,付欣译,法律出版社 2005 年版;

10. 中华全国总工会政策研究室、国际联络部:《外国劳动法律法规选编》,1997 年。

11. 劳动和社会保障部劳动科学研究所编:《外国劳动和社会保障法选》,中国劳动出版社 1999 年版。

12. 张新宝:《侵权责任法立法研究》,中国人民大学出版社 2009 年版。

13. [日]高见泽磨:《现代中国的纠纷与法》,何勤华等译,法律出版社 2003 年版。

14. [日]高桥宏志:《民事诉讼法——制度与理论的深层分析》,林剑锋译,法律出版社 2003 年版。

15. 阿马蒂亚·森:《以自由看待发展》,任赜、于真译,中国人民大学出版社 2002 年版。

16. [美]约翰·罗尔斯:《正义论》,何怀宏、何包钢、廖申白译,中国社会科学出版社 1988 年版。

17.［丹麦］考斯塔·艾斯平－安德森:《福利资本主义的三个世界》,郑秉文译,法律出版社 2003 年版。

18.［德］韦伯:《社会学的基本概念》,顾忠华译,广西师范大学出版社 2005 年版。

19.［德］韦伯:《法律社会学》,顾忠华译,广西师范大学出版社 2005 年。

20.［德］韦伯:《经济行动与社会团体》,康乐、简惠美译,广西师范大学出版社 2005 年。

21.［德］卡尔·拉伦茨:《法学方法论》,陈爱娥译,商务印书馆 2003 年版。

22.［美］埃尔曼:《比较法律文化》,贺卫方、高鸿钧译,清华大学出版社 2002 年版。

23.［英］阿米·吉特曼等:《结社:理论与实践》,吴玉章、毕小青译,三联书店 2006 年版。

24.［德］韦伯:《经济与社会》,阎克文译,上海人民出版社 2010 年版。

25.［法］涂尔干:《社会分工论》,渠东译,商务印书馆 2000 年版。

26.［美］罗纳德·J.艾伦、理查德·B.库恩斯、埃利诺·斯威夫特:《证据法:文本、问题和案例》(第三版),张保生、王进喜、赵滢译,高等教育出版社 2006 年版。

27.［法］E.迪尔凯姆:《社会学方法的准则》,狄玉明译,商务印书馆 1995 年版。

28.［德］P.科斯洛夫斯基:《资本主义的伦理学》,.王彤译,中国社会科学出版社 1996 年版。

29.［美］埃德加·博登海默:《法理学——法律哲学和方法》,张智仁译,上海人民出版社 1992 年版。

英文著作

1. Alvin Goldman, *Labor Law and Industrial Relations in the United states of America*, Kluwer Law and Taxation Publishers, 1984.

2. Ichel Despax and Jacques Rojot, *Labour Law and Industrial Relations in France*, Kluwer Law and Taxation Publishers, 1987.

3. Maria Matey, *Labour Law and Industrial Relations in Poland*, Kluwer Law and Taxation Publishers, 1988.

4. Manfred Weiss, Marlene Schmidt, *Labour Law and Industrial Relations in Germany*, Kluwer Law and International, 2000.

5. Donald D. Carter, Geoffrey England, Brian Etherington, Gilies Trudeau, *Labour Law in Canada*, Kluwer Law and International, 2002.

6. A. C. L. Davies, *Perspectives on Labour Law*, Cambridge University Press, 2004.

7. Marion G. Crain, Pauline T. Kim, Michael Selmt, *Worklaw: Cases and Materials*, Matthew Bender & Company, Inc, 2005.

8. Patrick J. Cihon, James Ottavio Castagnera, *Employment and Labor Law*, West/Thomson Learning, 2002.

9. John D. R. Craig and S. MichaelLynk, *Globalization and the future of labour law*, Cambridge University Press, 2006.

10. Andrea Bianchi, *Globalization of Human Right : The Role of Non-state Actors*, *Global Law Without a State*, Dartmouth publishing company, 1997.

11. Roger Blanpain, *New developments in Employment Discrimination Law*, Wolters Kluwer, 2008.

12. Edited by Catherine. Barnard, SimonDeakin and Gillian S Morris, *The Future of Labour Law: Liber Amicorum Bob Hepple QC*, Oxford and Portland Oregon, 2004.

13. Victor Craig; *Susan Walker*, *Employment Law: An Introduction* (3rd Edition), W. Green, 2008.

14. Dominic Wilkinson, *Employment Law(ELT)*, Round Hall, 2008.

15. Douglas Brodie, *Employment Law SULI*, *Volume* 1 (*Employ Contracts*), W. Green, 2007.

16. Richard Carlson, *Carlson's Federal Employment Laws Annotated*, West Group, 2008.

17. Chris Chapman, *Employment Court Practice*, 2E, Sweet & Maxwell (UK), 2007.

18. DavidGolder, *Labor and Employment Law: Compliance and Litigation*, 3d, West Group, 2006.

19. Rothstein Craver, Mark Rothstein, Elinor Schroeder, *Employment Law*, 3d, West Group, 2008.

20. Abigail Modjeska, *Federal Labor Law: NLRB Practice*, West Group, 2008.

21. Robert Nobile, *Essential Facts: Employment*, West Group, 2007.

22. William Caldwell, *Compensation Guide*, West Group, 2008.

23. Michael Snyder, *Compensation and Benefits*, West Group, 2007.

中文期刊论文

1. 林嘉:《社会法在构建和谐社会中的使命》,《法学家》2007 年第 2 期。

2. 黎建飞:《论社会法责任与裁判的特殊性》,《法学家》2007 年第 2 期。

3. 郑尚元:《社会法语境与法律社会化——"社会法"的再解释》,《清华法学》2008 年第 3 期。。

4. 黎建飞:《拖欠民工工资中的法律问题》,《法学杂志》2004 年第 2 期。

5. 黎建飞:《工资的属性与特殊保护》,《法治论坛》第 10 辑(2008 年第 2 期)

6. 郑尚元:《劳动争议案件审判制度比较与分析》,《法律适用》2005 年第 10 期。

7. 程延园:《"劳动三权":构筑现代劳动法律的基础》,《中国人民大学学报》2005 年第 2 期。

8. 姚辉:《侵权责任法视域下的人格权》,《中国人民大学学报》2009 年第 3 期。

9. 叶林:《商行为的性质》,《清华法学》2008 年第 4 期。

10. 余明勤:《贯彻〈劳动保障监察条例〉》,《中国劳动保障》2005 年第 12 期。

11. 黎建飞:《社会变革中的中国劳动合同立法》,《法学家》2009 年第 6 期。

12. 许建宇:《构建我国欠薪保障制度的法学思考》,《中州学刊》2006 年第 5 期。

13. 胡玉浪:《我国欠薪法律责任制度的反思和重构》,《福建政法管理干部学院学报》2007 年第 3 期。

14. 邱宝华:《欠薪保障制度及其在我国的建立》,《工友》2007 年第 5 期。

15. 王连国:《"欠薪支付令"法律适用问题探析——〈劳动合同法〉第 30 条第二款之理解与应用》,《中国劳动》2009 年第 1 期。

16. 魏蜀明:《香港欠薪保障制度》,《企业改革与管理》2007 年第 11 期。

17. 张文:《深圳市企业欠薪保障制度的运作实践、存在的问题及解决办法》,《特区经济》1998 年第 8 期。

18. 翟玉娟:《深港两地欠薪保障法律制度比较研究》,《天津市政法管理干部学院学报》2004 年第 3 期。

19. 杨冬梅:《内地和香港有关欠薪立法的比较研究》,《工会理论与实践》1998 年第 4 期。

20. 翟玉娟:《深圳的工资保障制度及其立法借鉴》,《深圳大学学报(人文社会科学版)》2003 年第 4 期。

21. 魏丽:《工资优先权制度的合理性分析及其立法完善》,《江西社会科学》2007 年第 6 期。

22. 于海涌:《法国工资优先权制度研究——兼论我国工资保护制度的完善》,《中山大学学报(社会科学版)》2006 年第 1 期。

23. 刘焱白:《论我国欠薪保障优先权法律制度》,《南华大学学报(社会科学版)》2006 年第 2 期。

24. 邱宝华:《建立欠薪保障法律制度,促进劳动就业》,《政治与法律》2006 年第 1 期。

25. 程乐华、董曙辉:《欠薪保障制度的初步探析》,《社会学研究》1997 年第 3 期。

26. 劳动科学研究院工资所课题组:《关于建立我国工资保障制度的研究》,《经济研究参考》1997 年第 AO 期。

27. 徐延君、王崇光:《我国实施最低工资保障制度的现状、问题与对策建议》,《经济研究参考》1996 年第 F7 期。

28. 周立英:《论企业欠薪的规制》,《企业研究》2006 年第 1 期。

29. 易重华:《从欠薪看我国工会建设面临的历史转折》,《学习月刊》2004 年第 2 期。

30. 王嘉林:《加强立法,建立欠薪处理机制》,《中国劳动》2002 年第 12 期。

31. 张学良:《国外企业欠薪保障制度及其对我国的借鉴》,《当代经济管理》2006 年第 6 期。

32. 常凯:《劳权本位:劳动法律体系构建的基点和核心——兼论劳动法律体系的几个基本问题》,《工会理论与实践》第 15 卷(2001 年 12 月第 6 期)。

33. 南海市劳动局:《实施工资监控,解决欠薪难题》,《创业者》2000 年第 4 期。

34. 冯梅、丛海彬、徐楷:《浅析俄罗斯刑法恶意欠薪罪及对我国的启示》,《黑龙江省政法管理干部学院学报》2009 年第 1 期。

35. 徐楷、宋敏:《俄罗斯刑法恶意欠薪罪解构与借鉴》,《山东省青年管理干部学院学报》2009 年第 2 期。

36. 张昌吉、姜瑞麟:《我国积欠工资垫偿制度之探讨》,《政大劳动学报》第 17 期(2006 年 1 月)。

37. 刘士豪:《我国积欠工资垫偿制度的分析》,台湾"行政院"劳工委员会、台湾铭传大学《劳动基准法实务争议问题学术研讨会论文手册》(2007 年 12 月)。

38. 王惠玲:《积欠工资垫偿基金制度修正刍议》,台湾国立政治大学劳工研究所《工资保护制度学术研讨会》(1999 年 11 月);

39. 董泰祺等:《积欠工资垫偿基金制度改进之研究》,台湾"行政院"1994 年度研考经费补助案。

40. 王振家:《我国国家对关厂、歇业劳工权益保障作为之研究》,台湾"国家图书馆"典藏电子全文 2002 年。

41. 焦兴铠:《全球化与基本劳动人权之保障》,《理论与政策》2004 年第 4 期。

学位论文

1. 曾志红:《我国企业欠薪保障体系与基金构建研究》,公共管理硕士学位论文,国防科学技术大学 2004 年。

2. 赵莹莹:《工资债权优先性法律研究》,法学硕士学位论文,中国人民大学 2008 年。

3. 林虹均:《企业并购中劳工权益保障之相关问题研究》,法学硕士论文,中国文化大学劳动学研究所,2006 年。

英文期刊论文

1. Barbara A. Atkin, Elaine Kaplan, and Gregory O'Duden: *Wedging Open the Courthouse Door: Federal Employee Access to Judicial Review of Constitutional and Statutory Claims*; Employee Rights and Employment Policy Journal (2008 J. 233) 234–2392).

2. Onnig H. Dombalagian, *Choice of Law and Capital Markets Regulation*; Tulane Law Review (May 2008) 1906–1921.

3. Steven L. Willborn, *Workers in Troubled Firm: When Are (Should) They Be Protected?* University of Pennsylvania Journal of Labor & Employment Law (Fall 2004) 34–51.

4. GuyDavidov, *Labor Law in the Eastern Mediterranean: Wrongful Disissal and Managerial Prerogative: Unbound: Some Comments on Israel. s Judicially - Developed Labor Law*; Comparative Labor Law& Policy Journal (winter, 2009) 283–320.

5. Nan S. Ellis, *Work Is Its Own Reward: Are Workfare Participants Workers Entitled to Protection under the Fair Labor Standards Act*; Cornell Journal of Law and Public Policy (Fall, 2003) 2–49.

6. Seth D. Harris, *Conceptions of Fairness and the Fair Labor Standard Act*; Hofstra labor &Employment Law Journal (Fall, 2000) 19–37.

7. Mohar Ray, *Undocumented Asian American Workers and State Wage Laws in the Aftermath of Hoffman Plastic Compounds*; Asian American Law Journal (nov, 2006) 91–104.

8. kevin J. Miller, *Welfare and the Minimum Wage: Are Workfare Participants "Workers" Under the Fair Labor Standards Act?*; University ofChicago Law Review (Winter, 1999) 184–227.

裁判文书

近五年来珠江三角洲地区两百件与欠薪有关的案件裁判文书。

社会调查

问卷调查和个别访谈调查资料(2009年6月—2010年1月期间进行)。

其他文献和数据

近百件与工资、欠薪有关的境内外规范性文件,以及国际劳工组织各种出版物、国际劳工组织网络资源、中国期刊网络和 Westlaw、Lexisnexis 上有关欠薪保障的相关论文和资料资源,等等。

1. 香港立法会会议过程正式记录有关劳工问题部分(资料)。

2. 香港破产欠薪保障基金委员会周年报告(2002年—2009年)。

3. 香港法律改革破产欠薪保障基金委员会《关于〈公司条例〉的清盘条文报告书》。

4. 林洁仪:《香港及选定地方的劳资审裁机构及其他解决劳资纠纷机制的运作》,2004年。

5. 台湾"行政院"劳工委员会:《积欠工资垫偿基金预算》(2007年、2008年、2009年),《积欠工资垫偿基金决算(整编本)》(2007年、2008年),《积欠工资垫偿基金统计年报》(1986—2008年),《积欠工资垫偿基金统计月报》(1986—2008年)。

6. 上海市欠薪保障基金部分数据(2007 年、2008 年、2009 年)和深圳市欠薪保障基金部分年份的部分数据(1997—2009 年)。

网站资源

1. 中国人民共和国人力资源和社会保障部网:www. mohrss. gov. cn

2. 中华人民共和国国家统计局网: www. stats. gov. cn

3. 中国民商法律网:www. civillaw. com. cn

4. 中国法院网:www. chinacourt. org

5. 法律图书馆网:www. law—lib. com

6. 台湾"行政院"劳工委员会劳工保险局全球资讯网:www. bli. gov. tw

7. 香港劳工处:www. labour. gov. hk